Gotthard Schneck, Friedemann Senge

Rechtskunde Heilpädagogik
Ein Lehrbuch

LAMBERTUS

Gotthard Schneck, Friedemann Senge

Rechtskunde Heilpädagogik
Ein Lehrbuch

Lambertus

Die Deutsche Bibliothek - CIP-Einheitsaufnahme

Ein Titeldatensatz für diese Publikation ist bei
Der Deutschen Bibliothek erhältlich

Umschlaggestaltung: Christa Berger, Solingen
Satz und Layout: texte + töne, Emmendingen
Herstellung: Druckerei F.X. Stückle, Ettenheim
ISBN 3-7841-1301-X

Inhalt

Einleitung

Die professionelle Ausbildung zur Heilpädagogin, zum Heilpädagogen wurde während der letzten Jahrzehnte rechtlich auf zwei Ebenen fixiert: Fachschule/Fachakademie für Heilpädagogik und Fachhochschule – Studiengang Heilpädagogik. Grundlage beider Ausbildungsgänge ist die Tatsache, daß heilpädagogisches Handeln im gesellschaftlichen Kontext stattfindet, der wiederum von einer zunehmenden Verrechtlichung gekennzeichnet ist. Damit muß die Rechtswissenschaft einen wesentlichen Beitrag zur Ausbildung der künftigen Heilpädagogen leisten. Dieses Lehrbuch hat das Ziel, auf dem Hintergrund der verschiedenartigen heilpädagogischen Praxisfelder der Jugend- und Behindertenhilfe das notwendige Grundlagenwissen zu vermitteln. Die Autoren stellen die einschlägigen gesetzlichen Bestimmungen vor, geben die aktuelle Rechtsprechung wieder und bringen Fallbeispiele aus der Praxis. Fragenkataloge dienen der Selbstprüfung.

Thematisch geht es schwerpunktmäßig um Menschen mit Beeinträchtigungen, ihre rechtliche Stellung in der Gesellschaft, ihre soziale Sicherung und um die Heilpädagogen selbst als Mitarbeiter/-innen in Betreuungseinrichtungen. Auch die heilpädagogische freie Praxis wurde in ihren Grundzügen dargelegt. Somit kann das Buch nicht nur die Ausbildung begleiten, sondern auch den rechtlichen Durchblick im beruflichen Alltag erleichtern.

Die Gliederung des Buches berücksichtigt die Beziehungszusammenhänge, innerhalb derer Heilpädagogen wirken, sowie die damit verbundene rechtliche Systematik. Gleichwohl lassen sich die Inhalte der zehn Kapitel nicht immer überschneidungsfrei voneinander abgrenzen. Dadurch bedingte einzelne Wiederholungen wurden in Kauf genommen, einerseits im Interesse einer jeweils in sich vollständigen Stoffdarstellung, andererseits um die Benutzerfreundlichkeit durch Verzicht auf kapitelübergreifende Verweisungen zu erhöhen.

Bei den angesprochenen Personengruppen sind stets Frauen und Männer gemeint, auch wenn von den gesetzlichen Formulierungen her und aus Vereinfachungsgründen überwiegend die männliche Form im Text verwendet wurde.

Abkürzungen

ArbstättVO	Arbeitsstättenverordnung
Art.	Artikel
ASG	Arbeitsschutzgesetz
ASiG	Arbeitssicherheitsgesetz
AVR	Arbeitsvertragsrichtlinien
AZG	Arbeitszeitgesetz
BAG	Bundesarbeitsgericht
BAT	Bundesangestelltentarifvertrag
BayObLG	Bayerisches Oberstes Landesgericht
BDSG	Bundesdatenschutzgesetz
BErzGG	Bundeserziehungsgeldgesetz
BeschFG	Beschäftigungsförderungsgesetz
BetrVG	Betriebsverfassungsgesetz
BG	Berufsgenossenschaft
BGB	Bürgerliches Gesetzbuch
BGH	Bundesgerichtshof
BR-Dr	Bundesrat-Drucksache
BPersVG	Bundespersonalvertretungsgesetz
BSchG	Beschäftigtenschutzgesetz
BSHG	Bundessozialhilfegesetz
BT-Dr	Bundestag-Drucksache
BUrlG	Bundesurlaubsgesetz
BVerG	Bundesverfassungsgericht
BVerwG	Bundesverwaltungsgericht
DAG	Deutsche Angestelltengewerkschaft
EGBGB	Einführungsgesetz zum bürgerlichen Gesetzbuch
EntgeltFZG	Entgeltfortzahlungsgesetz
EinglH-VO	Eingliederungshilfe-Verordnung
EG	Europäische Gemeinschaft
EuGH	Europäischer Gerichtshof
FamRZ	Zeitschrift für das gesamte Familienrecht
FGG	Gesetz über die Angelegenheiten der freiwilligen Gerichtsbarkeit
GG	Grundgesetz

HeimG	Heimgesetz
HS	Halbsatz
JGG	Jugendgerichtsgesetz
KGJ	Jahrbuch für Entscheidungen des Kammergerichts
KSchG	Kündigungsschutzgesetz
MAV	Mitarbeitervertretung
MAVO	Mitarbeitervertretungsordnung
MuSchG	Mutterschutzgesetz
NJW	Neue Juristische Wochenschrift
OLG	Oberlandesgericht
ÖTV	Gewerkschaft Öffentlicher Dienste, Transport und Verkehr
RBerG	Rechtsberatungsgesetz
SchwbG	Schwerbehindertengesetz
SGB I	Sozialgesetzbuch - Allgemeiner Teil
SGB III	Sozialgesetzbuch - Arbeitsförderung
SGB IV	Sozialgesetzbuch - Gemeinsame Vorschriften für die Sozialversicherung
SGBV	Sozialgesetzbuch - Gesetzliche Krankenversicherung
SGB VI	Sozialgesetzbuch - Gesetzliche Rentenversicherung
SGB VII	Sozialgesetzbuch - Gesetzliche Unfallversicherung
SGB VIII	Sozialgesetzbuch - Kinder- und Jugendhilfe
SGB X	Sozialgesetzbuch - Verwaltungsverfahren
SGB XI	Sozialgesetzbuch - Soziale Pflegeversicherung
SGG	Sozialgerichtsgesetz
SR	Sonderregelungen
StGB	Strafgesetzbuch
StPO	Strafprozeßordnung
TVG	Tarifvertragsgesetz
UVT	Unfallversicherungsträger
VGH	Verwaltungsgerichtshof
VKA	Vereinigung kommunaler Arbeitgeber
VwGO	Verwaltungsgerichtsordnung
WRV	Weimarer Reichsverfassung
ZPO	Zivilprozeßordnung

I. Rechtliche Rahmenbedingungen der Ausbildung zur Heilpädagogin/zum Heilpädagogen

LERNZIELE:
Die Studierenden sollen die für ihre Ausbildung maßgeblichen rechtlichen Grundlagen kennenlernen und diese auf konkrete Ausbildungssituationen anwenden können.

1. Geschichtliche Entwicklung

Ausbildung von Heilpädagogen

Während Ansätze heilpädagogischen Arbeitens schon im 18. und 19. Jahrhundert nachzuweisen sind, erfolgt in Deutschland Ausbildung die **Ausbildung von Heilpädagogen** erst seit den 60iger Jahren. Die erste deutsche Ausbildungsstätte für Heilpädagogen nahm ihre Tätigkeit 1963 in München an der Heckscher Klinik auf.
Im Jahre 1975 formulierte die Arbeitsgemeinschaft für Erziehungshilfe „Richtlinien für die Fachschulausbildung, Prüfung und staatliche Anerkennung von Heilpädagogen im Bereich der Jugendhilfe."

2. Rechtliche Fixierung der Ausbildung

Im Laufe der Zeit erfolgte die **rechtliche Fixierung** der Ausbildung auf zwei Ebenen:

(1) Fachschulen/Fachakademien für Heilpädagogik

(2) Fachhochschulen-Studiengang Heilpädagogik.

2.1 Fachschulen/Fachakademien

Rahmenvereinbarung der Kultusminister

Die rechtliche Regelungskompetenz für diese Ausbildung liegt nach dem Grundgesetz ausschließlich bei den Bundesländern (vgl. Art. 30 GG, BVerfGE 59, 377), die hierfür eigene Ausbildungsordnungen geschaffen haben. Um die gegenseitige Anerkennung der Ausbildung sicherzustellen, hat die Ständige Konferenz der Kultusminister der Länder in der Bundesrepublik Deutschland am 12.9.1986 die **Rahmenvereinbarung zur Ausbildung und Prüfung von Heilpädagogen** verabschiedet.

Ziel der Ausbildung

Darin wird als **Ziel der Ausbildung** die Befähigung angesehen, „als Erzieher beeinträchtigten Kindern, Jugendlichen und Erwachsenen heilpädagogische Hilfen zu geben."
Die Ausbildung kann sowohl in Vollzeit als auch in Teilzeitform durchgeführt werden.

Voraussetzung für die Ausbildung

Voraussetzung für die Ausbildung ist die staatliche Anerkennung als Erzieher/Erzieherin oder eine vom jeweiligen Bundesland als gleichwertig anerkannte Qualifikation sowie eine mindestens einjährige hauptberufliche praktische Tätigkeit in einer sozial- oder sonderpädagogischen Einrichtung.

Ausbildungsinhalte

Die Ausbildung muß zu gleichen Teilen in folgenden Bereichen erfolgen: Theoretische Grundlagen aus Pädagogik, Psychologie, Soziologie, Medizin und Recht, allgemeine und spezielle Methoden heilpädagogischen Handelns, angeleitete Anwendung in der heilpädagogischen Praxis.

Staatliche Prüfung

Die Ausbildung schließt mit einer **staatlichen Prüfung** ab, die einen schriftlichen und mündlichen Teil sowie ein Kolloquium im didaktisch-methodischen Anwendungsbereich umfaßt.

Gegenseitige Anerkennung

Die Abschlußzeugnisse, welche dieser Rahmenvereinbarung entsprechen, erkennen die Bundesländer gegenseitig an.
Als Beispiel für eine Landesregelung soll die Verordnung der Landesregierung Baden-Württemberg über Schulen für Heilpädagogik vom 16.10.1981 kurz dargestellt werden:

Schulbezeichnung:	Fachschule für Heilpädagogik
Dauer:	Vollzeit: 18 Monate, Teilzeit: 3 Jahre
Zugangsvoraussetzung:	Abgeschlossene Erzieherausbildung (Fachschule) oder gleichwertiger Abschluß einer sozialen, sozialpädagogischen oder pädagogischen Ausbildung.

Mindestens einjährige Berufstätigkeit nach Abschluß der Ausbildung.
Die Verordnung der Landesregierung vom 15.9.1981 sieht mindestens 1400 Stunden für den fachtheoretischen und mindestens 500 Stunden für die fachpraktische Ausbildung vor.

Schwerpunkte sind folgende Fächer:
Pädagogik, Heilpädagogik,
Psychologie, klinische Psychologie, Soziologie
Med. Lehre der Behinderung, Psychiatrie,
Gesundheits- und Krankheitslehre
Methodik und Didaktik der Heilpädagogik
Rechts- und Berufskunde
Musische Fächer, Handfertigkeiten.

Die Abschlußprüfung ist schriftlich in folgenden Fachbereichen abzulegen:
Pädagogik, Heilpädagogik
Psychologie, klinische Psychologie, Soziologie oder med. Lehre der Behinderung.
Die mündliche Prüfung umfaßt folgende Bereiche:
Gesundheits- und Krankheitslehre
Methodik und Didaktik der Heilpädagogik
Rechts- und Berufskunde und eine Fächergruppe, die nicht schriftlich bearbeitet wurde.

Nur die bestandene Prüfung berechtigt zur Führung folgender Berufsbezeichnung: Staatlich anerkannte Heilpädagogin/Staatlich anerkannter Heilpädagoge. Ansonsten ist die Berufsbezeichnung „Heilpädagoge" nicht gesetzlich geschützt.

2.2 Fachhochschulen

Mit der Errichtung der Fachhochschulen ab Beginn der 70er Jahre wurde an einigen Fachhochschulen der grundständige Studiengang **Heilpädagogik** eingeführt. Die rechtlichen Grundlagen sind im Hochschulrahmengesetz (HRG) des Bundes enthalten (Art. 75 Nr.1 a GG). Die weitere Ausgestaltung erfolgt in den jeweiligen Hochschulgesetzen der einzelnen Bundesländer.
Der Studiengang Heilpädagogik soll anhand der Regelung der Evangelischen Fachhochschule Rheinland-Westfalen-Lippe, Bochum, im folgenden dargestellt werden:

Studiendauer:	6 Studiensemester, 1 Prüfungssemester
Studienumfang:	133 Semesterwochenstunden
Prüfungen:	11 Prüfungsleistungen
Praktika:	1 Blockpraktikum (50 Arbeitstage, nach dem 2. Semester) 1 Teilzeitpraktikum (40 Arbeitstage, nach dem 4. Semester) 1 einjähriges Berufspraktikum zur Erlangung der staatlichen Anerkennung
Fächerkanon:	Erziehungswissenschaft Heilpädagogik Didaktik und Methodik der Heilpädagogik einschließlich Medienpädagogik Psychologie Sozialmedizin

Anthropologie
Theologie
Sozialphilosophie
Soziologie
Rechtswissenschaft
Politikwissenschaft
Wahlbereich
Studienabschluß: Diplomprüfung

Die Fachhochschule Freiburg bietet neben einem grundständigen Studium Heilpädagogik auch ein Aufbaustudium Heilpädagogik an.

3. Weiterführende Literatur

Seifert/Hönig, Grundgesetz, 5. Auflage, Baden-Baden 1995
Bundesanstalt für Arbeit, blätter zur berufskunde, Heilpädagoge/Heilpädagogin, Sachstand September 1993
Ständige Konferenz von Ausbildungsstätten für Heilpädagogik in der Bundesrepublik Deutschland: Ausbildung zur staatlich anerkannten Heilpädagogin/zum staatlich anerkannten Heilpädagogen – Selbstverständnis und Konzeption – Handreichung und Materialien – Stand: 4/97

II. Einführung in das Rechtssystem der Bundesrepublik Deutschland

LERNZIELE

Die Arbeit des Heilpädagogen hat in unserem Rechtssystem vielfache rechtliche Bezüge. Es ist deshalb wichtig, den Aufbau dieses Systems zu kennen.

1. DIE BUNDESREPUBLIK DEUTSCHLAND ALS DEMOKRATISCHER UND SOZIALER BUNDESSTAAT

Ausgangspunkt ist die Tatsache, daß die Bundesrepublik Deutschland nach der Formulierung des Grundgesetzes ein **demokratischer** und **sozialer** Bundesstaat ist (Art. 20 I GG).

Demokratischer Bundesstaat

Sozialstaat

Demokratie bedeutet, daß die gesamte Staatsgewalt nicht von bestimmten Gruppierungen, sondern vom Volk ausgeht (Art. 20 II S 1 GG). Der Sozialstaat hat die Aufgabe, die wirtschaftlich Schwachen zu schützen, ihnen Freiheit von Not, ein menschenwürdiges Dasein und eine angemessene Beteiligung am allgemeinen Wohlstand zu gewähren (vgl. BSGE 10, 100; Seifert/Hömig, Grundgesetz, Art. 20 Nr.4).

2. DIE BUNDESREPUBLIK DEUTSCHLAND ALS RECHTSSTAAT

Die Bundesrepublik Deutschland ist auch ein **Rechtsstaat** (Art.20 III GG). Der Begriff „Rechtsstaat" bedeutet zum einen, daß die gesamte Gesetzgebung an die Verfassung, also das Grundgesetz gebunden ist. Aber auch der Verfassungsgesetzgeber ist nicht völlig frei, sondern nach Art. 79 III GG insoweit gebunden, als eine Änderung des Grundgesetzes dann nicht zulässig ist, wenn die Gliederung des Bundes in Länder, die grundsätzliche Mitwirkung der Länder bei der Gesetzgebung des Bundes oder die in den Artikeln 1 (Menschenwürde, Rechtsverbindlichkeit der Grundrechte) und 20 (Verfassungsgrundsätze, Widerstandsrecht) niedergelegten Grundsätze berührt werden.

VERFASSUNG → GESETZGEBUNG

Weiter umfaßt der Rechtsstaatbegriff auch die Grundregel, daß die vollziehende Gewalt (Regierung und nachgeordnete Behörden) und die Rechtssprechung (Gerichte) an Gesetz und Recht (Gewohnheitsrecht und allgemeine Rechtsgrundsätze) gebunden sind.

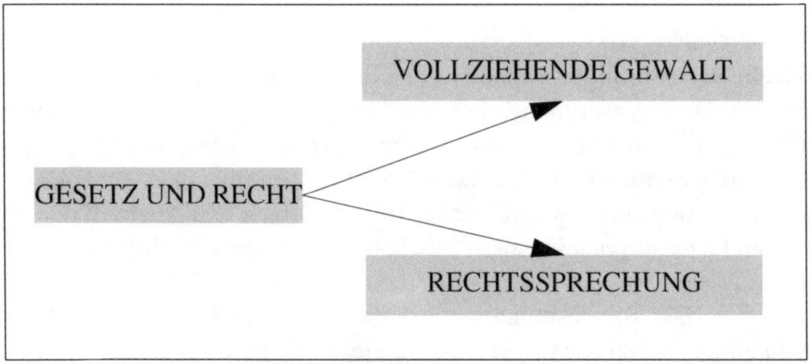

Für die öffentliche Verwaltung als Teil der vollziehenden Gewalt wird hier der Grundsatz der **Gesetzmäßigkeit der Verwaltung** festgelegt. Damit muß sich das Verwaltungshandeln nach dem Grundgesetz, den einfachen Gesetzen, Rechtsverordnungen und Satzungen ausrichten, also nach dem schriftlich vorliegenden Recht. Gesetzmäßigkeit der Verwaltung

Gesetze sind die Hauptform des schriftlich vorliegenden Rechts. Sie werden durch das zuständige Verfassungsorgan beschlossen (z.B. bei Bundesgesetzen durch den Deutschen Bundestag). Bei Bundesgesetzen müssen im übrigen die Voraussetzungen des Art. 78 GG vorliegen (Mitwirkung des Bundesrates, der sich aus Mitgliedern der Landesregierungen zusammensetzt und damit die Mitwirkung der Länder garantiert – Art. 50,51 GG). Es kommt dabei darauf an, ob es sich um sogenannte **Zustimmungsgesetze** oder **Einspruchsgesetze** handelt. Gesetze

Bei Zustimmungsgesetzen hat der Bundesrat drei Möglichkeiten: Zustimmung, Versagung der Zustimmung, Anrufung des Vermittlungsausschusses, der sich aus Mitgliedern des Bundestages und des Bundesrates zusammensetzt. Sofern es sich um Einspruchsgesetze handelt, muß sich der Bundesrat entscheiden, ob er den Vermittlungsausschuß anrufen will oder nicht. Die Regelungen für den Vermittlungsausschuß sind in Art. 77 II GG enthalten.

Es wird zwischen Gesetzen im **materiellen** Sinn und Gesetzen im **formellen** Sinn unterschieden. Der Unterschied liegt darin begründet, ob das Gesetz **unmittelbar** in die Rechtssphäre des einzelnen Bürgers eingreift (materielles Gesetz), z.B. durch die Normen des BGB, oder ob der

einzelne Bürger nicht unmittelbar davon betroffen wird (formelles Gesetz), z.B. durch das Haushaltsgesetz (Art. 110 II S 1 GG).
Unterhalb der einfachen Gesetze gibt es zwei weitere wichtige Rechtsquellen:

- Rechtsverordnungen
- Satzungen

Rechtsverordnungen

Rechtsverordnungen enthalten ebenfalls allgemein verbindliche Regelungen. Diese Verordnungen werden aber im Gegensatz zum formellen Gesetzgebungsverfahren (unter Aufhebung der Gewaltenteilung) von der **vollziehenden Gewalt erlassen**. Sie bedürfen aber in jedem Falle einer gesetzlichen Grundlage, wobei **Inhalt, Zweck** und **Ausmaß** der erteilten Ermächtigung in einem Gesetz bestimmt werden müssen (Art. 80 I S 1,2 GG).
Beispiel: Die Bundesregierung hat nach § 47 BSHG (= gesetzliche Grundlage) durch Rechtsverordnung die sogenannte Eingliederungshilfe-Verordnung erlassen, welche die näheren Bestimmungen zur Eingliederungshilfe für Behinderte trifft (BGBl I 1975 S. 433).

Satzungen

Als dritte Form des schriftlich fixierten Rechts gibt es die sogenannten **Satzungen**, die von einer juristischen Person des **öffentlichen Rechts** im Rahmen ihrer gesetzlichen Autonomie für ihren Zuständigkeitsbereich erlassen werden.
Beispiel: Die Träger der Sozialversicherung sind Körperschaften des öffentlichen Rechts (§ 29 I SGB IV). Jeder Versicherungsträger gibt sich eine Satzung als autonomes Recht (§ 34 I S 1 SGB IV).

Ungeschriebenes Recht

Das **ungeschriebene Recht**, auch Gewohnheitsrecht genannt, hat heute in der Bundesrepublik Deutschland gegenüber dem geschriebenen Recht nur eine geringe Bedeutung. Das Gewohnheitsrecht ist aber allenfalls allgemein verbindlich und entsteht durch längere Übung, die von den Beteiligten als verbindlich angesehen wird (BVerfGE 34, 293, 303ff.). Es muß aber in jedem Fall **allgemein** gelten; dies trifft nicht zu, wenn sich das Rechtsverhältnis nur auf zwei bestimmte Personen bezieht.

Gerichte

Gerichtszweige

Die dritte Gewalt im Staat wird von unabhängigen **Gerichten** wahrgenommen. Sie üben diese Gewalt durch die **Rechtsprechung** aus. Von den verschiedenen Sachbereichen her gibt es im wesentlichen folgende Gerichtszweige:

Verfassungsgerichtsbarkeit
(Bundesverfassungsgericht und Verfassungsgerichte der Länder)
Beispiel: Jeder hat das Recht, durch das Bundesverfassungsgericht überprüfen zu lassen, ob er durch die öffentliche Gewalt in seinen Grundrechten verletzt worden ist (Art.93 I Nr. 4a GG).

Ordentliche Gerichtsbarkeit
(Amtsgerichte, Landgerichte, Oberlandesgerichte, Bundesgerichtshof)
Beispiel: Eine Schadenersatzforderung in Höhe von 12000 DM kann vor dem zuständigen Landgericht eingeklagt werden (Die Amtsgerichte sind nur bis zu einem Streitwert von nicht mehr als 10000 DM zuständig – § 23 Nr.1 GVG).

Verwaltungsgerichtsbarkeit
(Verwaltungsgerichte, Oberverwaltungsgerichte (in Baden-Württemberg und Bayern: Verwaltungsgerichtshof), Bundesverwaltungsgericht)
Beispiel: Bei Ablehnung eines Anspruchs auf Eingliederungshilfe nach dem BSHG kann das Verwaltungsgericht angerufen werden.

Arbeitsgerichtsbarkeit
(Arbeitsgerichte, Landesarbeitsgerichte, Bundesarbeitsgericht)
Beispiel: Sofern ein Arbeitgeber den Anspruch eines Arbeitnehmers auf Arbeitsentgelt nicht erfüllt, kann der Arbeitnehmer Klage zum Arbeitsgericht erheben.

Sozialgerichtsbarkeit
(Sozialgerichte, Landessozialgerichte, Bundessozialgericht)
Beispiel: Wenn der Rentenversicherungsträger die Zahlung einer Rente wegen Erwerbsminderung ablehnt, kann dagegen Klage zum Sozialgericht erhoben werden.

Finanzgerichtsbarkeit
(Finanzgerichte, Bundesfinanzhof)
Beispiel: Eine fehlerhafte Berechnung der zu zahlenden Einkommensteuer kann vor dem Finanzgericht angegriffen werden.

Zu beachten ist, daß bei bestimmten Gerichtsarten **vor** Klageerhebung die Durchführung eines **außergerichtlichen Vorverfahrens** notwendig ist (z.B. sehen die §§ 68ff. VwGO für Anfechtungsklagen vor Klageerhebung die Durchführung eines Widerspruchsverfahrens vor (siehe auch VIII, 2.2).
Die vom Grundgesetz festgelegte Bindung der Rechtssprechung an „Gesetz und Recht“ umfaßt sowohl das geschriebene wie das ungeschriebene Recht.

Fall

Im Rahmen Ihrer Arbeit in einer heilpädagogischen Tagesstätte kommt die Mutter eines von Ihnen betreuten Kindes zu Ihnen. Sie sagt Ihnen, daß sie vom Vater des Kindes getrennt lebe und daß es große Probleme deswegen gebe, weil der Vater keiner vernünftigen

Umgangsregelung zugänglich sei. Alle ihre bisherigen Bemühungen seien fehlgeschlagen. Sie raten ihr, sich an das zuständige Gericht zu wenden, um eine gerichtliche Umgangsregelung herbeizuführen. Welches ist das zuständige Gericht?

Lösung

Sachlich zuständig ist das Familiengericht (eine Abteilung des Amtsgerichts – § 1684 III, IV BGB). Örtlich zuständig ist dasjenige Familiengericht, in dessen Bezirk das Kind seinen Wohnsitz hat (§§ 621 a I ZPO, 64 III, 43, 36 FGG).

3. Übungsfragen

(1) Welche Funktion hat die Bundesrepublik Deutschland als Sozialstaat?

(2) Welcher rechtliche Rahmen ist für die vollziehende Gewalt in unserem Rechtsstaat vorgegeben?

(3) Was versteht man unter Gesetzmäßigkeit der Verwaltung?

(4) Nennen Sie zwei Formen des schriftlich fixierten Rechts!

(5) Welches Gericht ist sachlich für den Bereich der gesetzlichen Rentenversicherung in erster Instanz zuständig?

4. Weiterführende Literatur

Jarass/Pieroth, Grundgesetz für die Bundesrepublik Deutschland, 4. Auflage, München 1997

Seifert/Hömig, Grundgesetz, 5. Auflage, Baden-Baden 1995

Haase/Keller, Grundlagen und Grundformen des Rechts, 10. Auflage, Stuttgart 1995

Stern/Heldrich u.a., Einführung in das deutsche Recht, 3. Auflage, München 1991

Gastiger, Gesetzestexte für Sozialarbeit und Sozialpädagogik (Loseblatt)

III. ANWENDUNG DES RECHTS

Ziel der Vermittlung der Rechtskunde an die künftigen Heilpädagogen ist letztlich die Erlernung der Fähigkeit, das Recht auf einen konkreten Lebenssachverhalt richtig anzuwenden.
Daß dies nicht immer einfach ist, ersieht der künftige Heilpädagoge schon aus den in diesem Lehrbuch behandelten Fällen.
Notwendig ist deshalb die Kenntnis und richtige Anwendung der **juristischen Arbeitstechnik**, um zu einer richtigen Lösung zu kommen.

Juristische Arbeitstechnik

1. Juristische Arbeitstechnik

Folgende Schritte sind notwendig:
1.1 Genaue Erfassung des Sachverhalts
1.2 Feststellung der anzuwendenden Rechtsbestimmungen
1.3 Darstellung der Rechtslage

Sachverhalt
Rechtsbestimmungen
Rechtslage

Der folgende Fall soll nach diesem Schema bearbeitet werden, wobei die Darstellung der Rechtslage mangels ausreichender Informationen zum Sachverhalt offen bleiben muß.

> Sie arbeiten als Heilpädagoge in einem heilpädagogischen Heim. An einem schönen Sommertag unternehmen Sie mit einer Gruppe von Kindern einen Fahrradausflug, bei dem zeitweise auch eine vielbefahrene Straße benützt werden muß. Trotz Ihrer Anweisung, hintereinander zu fahren, fährt ein Gruppenmitglied plötzlich, ohne sich umzuschauen, zur Straßenmitte. Es kommt dabei zu einem Zusammenstoß mit einem gerade zum Überholen ansetzenden PKW. Das Gruppenmitglied wird zur Seite geschleudert und dabei verletzt. Auch der PKW wird erheblich beschädigt. Nach einiger Zeit macht der Eigentümer des PKW Reparaturkosten in Höhe von 3000 DM gegen den Träger des Heimes wegen Aufsichtspflichtverletzung geltend.

2. Sachverhalt

Um die Frage der Aufsichtspflichtverletzung zu klären, bedarf der Sachverhalt noch weiterer Aufklärung. Wichtig ist vor allem das Alter der

Gruppenmitglieder. Da es sich um Minderjährige in einem heilpädagogischen Heim handelt, ist die Frage von Bedeutung, inwieweit bei dem Schadensverursacher Verhaltensauffälligkeiten vorliegen, die sich in solchen Situationen auswirken können. Auch ein eventuelles Mitverschulden des PKW-Fahrers (z.B. überhöhte Geschwindigkeit) muß geklärt werden. Da es sich um eine mögliche Aufsichtspflichtverletzung handelt, hängt die Haftung des Einrichtungsträgers auch davon ab, ob er bei Ihrer Anstellung und der Überwachung Ihrer Arbeit die notwendige Sorgfalt angewendet hat.

3. Gesetzliche Grundlagen

Gemeint ist hier in erster Linie die sogenannte **Anspruchsgrundlage**. Ein Anspruch beinhaltet nach der Definition des BGB (§ 194 I) das Recht, von einem anderen ein Tun oder Unterlassen zu verlangen.
Die hier vorrangig anzuwendende Vorschrift ist § 832 BGB, welche die Frage der Ersatzpflicht bei einer Aufsichtspflichtverletzung regelt. Die Frage des Mitverschuldens richtet sich nach § 254 BGB. Sofern eine Aufsichtspflichtverletzung vorliegen sollte, kann sich der Einrichtungsträger möglicherweise nach § 831 BGB entlasten.

4. Darstellung der Rechtslage

Bei der Darstellung der Rechtslage ist primär zu klären, ob überhaupt eine Aufsichtspflichtverletzung gegeben ist. Hätte der Schaden durch Sie verhindert werden können? Liegt also ein schuldhaftes Verhalten Ihrerseits vor? Wenn eine Aufsichtspflichtverletzung vorliegt, muß die Frage geklärt werden, ob sich der Einrichtungsträger entlasten kann.

5. Weiterführende Literatur

Tettinger, Einführung in die juristische Arbeitstechnik, 2. Auflage, München 1992

Diederichsen/Wagner, Die BGB-Klausur, 9. Auflage, München 1998

IV. RECHTLICHE STELLUNG DES KLIENTEN DES HEILPÄDAGOGEN IN DER GESELLSCHAFT

LERNZIELE

Die Klienten des Heilpädagogen stehen in vielfältigen Rechtsbeziehungen zu ihrem gesellschaftlichen Umfeld. Diese Rechtsbeziehungen sind für die heilpädagogische Arbeit im Einzelfall von großer Bedeutung, so daß der Heilpädagoge die hierfür geltenden rechtlichen Grundlagen kennen muß.

1. GRUNDRECHTE DES KLIENTEN

1.1 Definition der Grundrechte

Der Teil I unseres Grundgesetzes trägt die Überschrift: „Die Grundrechte". Diese werden in den Artikeln 1 bis 19 aufgefächert.

Die Grundrechte enthalten in erster Linie die Verpflichtung des Staates, die **Freiheit** des einzelnen Bürgers zu schützen und zu fördern (BVerfGE 50, 337; 68, 205). Darüber hinaus enthalten die Grundrechte eine **Wertordnung**, nach der sich die Gesetzgebung, Verwaltung und Rechtsprechung richten müssen (BVerfGE 49, 141).

Wertordnung

Das heutige Staatsverständnis beinhaltet auch die Verpflichtung des Staates, seinen Bürgern **soziale Sicherheit** zu gewähren. Damit tritt im Grundrechtsbereich neben die Freiheitssicherung gegenüber dem Staat die grundrechtlich abgesicherte Teilhabe an staatlichen Leistungen (BVerfGE 33, 330).

soziale Sicherheit

Folgende Rechte sind zu unterscheiden:

- Menschenrechte, d.h. Rechte, die allen zustehen (z.B. Art.1 I GG)
- Bürgerrechte, d.h. Rechte, die nur **deutschen** Staatsbürgern zustehen (z.B. Art.8 GG)
- Grundrechte, die nur natürlichen Personen zustehen (z.B. Art. 1 I GG)
- Grundrechte, die auch für inländische **juristische** Personen gelten (z.B. Art. 2 I GG, vgl. auch Art.19 III GG).

1.2 Drittwirkung der Grundrechte

Aus den Grundrechten können **meistens direkt** keine subjektiven Ansprüche des Bürgers abgeleitet werden. Die Grundrechte beeinflussen aber die Rechtsbeziehungen der Bürger untereinander, sodaß die Rechtsnormen auf dem Hintergrund der Grundrechte ausgelegt werden müssen (vgl. BVerfGE 66, 135).
Beispiel: Maßnahmen des Familiengerichts im Falle der Gefährdung des Kindeswohls (§ 1666 BGB) können nur im Rahmen des staatlichen Wächteramts nach Art. 6 II GG erfolgen.

1.3 Schranken in der Ausübung der Grundrechte

Der Mensch lebt nicht nur als Individuum, er ist auch in die Gemeinschaft eingebunden. Dies bedingt, daß Grundrechte immer nur im Rahmen des **sozialen Bezuges** ausgeübt werden können. Z.B. bestimmt Art. 2 I GG, daß zwar jeder das Recht auf freie Entfaltung seiner Persönlichkeit hat. Dieses Recht ist aber dadurch begrenzt, daß nicht die Rechte anderer verletzt werden dürfen. Es darf auch nicht gegen die verfassungsmäßige Ordnung oder gegen das Sittengesetz verstoßen werden. Gerade die letztere Norm ist schwer zu definieren, weil es sich hier um gemeinsame Grundüberzeugungen der Gesellschaft handelt (BAG, NJW 1976, 1958), die aber wiederum einem Wandel unterworfen sind, z.B. die Frage der Legalisierung homosexueller Partnerschaften.

Gesetzesvorbehalt

Grundrechte können auch unter einem **Gesetzesvorbehalt** stehen (vgl. Art. 2 II S 3 GG), d.h. ein Eingriff in diese Grundrechte ist nur aufgrund eines formellen Gesetzes zulässig.
Die Auswirkungen der Grundrechte soll der nachfolgende Fall demonstrieren:

> In einer heilpädagogischen Einrichtung wird auch der 5jährige Oliver betreut. Das Kind ist außerordentlich aggressiv gegen die anderen Kinder der Gruppe. Zum Schutz dieser Kinder sieht sich die betreuende Heilpädagogin gezwungen, Oliver regelmäßig über längere Zeit in einem separaten Raum unterzubringen und die Türe abzusperren. Als die Eheleute Huber, die Eltern des Oliver, nach einiger Zeit von dieser Vorgehensweise erfahren, wenden sie sich an die Einrichtungsleitung mit der Forderung, Oliver dürfe nicht mehr eingesperrt werden.

Wie sieht die Rechtslage aus?
Der Fall hat offensichtlich etwas mit den Grundrechten zu tun. Man stößt dabei auf die Vorschrift des Art. 2 II S 2 GG, wonach die **Freiheit** der Person unverletzlich ist. Gilt diese Vorschrift aber auch schon für ein 5jähriges Kind? Damit stellt sich die Frage nach der **Grundrechtsfähigkeit**, nämlich der Fähigkeit, Träger von Grundrechten zu sein. Grundsätzlich ist diese Fähigkeit unabhängig vom Alter eines Menschen. Sie gilt also auch für Kinder (vgl. BVerfGE 79, 163).

Grundrechtsfähigkeit

Damit verbunden ist die Frage, inwieweit Kinder ihre Grundrechte **selbständig** (also ohne ihre gesetzlichen Vertreter) geltend machen können (= **Grundrechtsmündigkeit**). Dies hängt entscheidend von ihrer geistigen Urteils- und Entscheidungsfähigkeit ab (BVerfGE 59, 387). Daß ein 5jähriges Kind dazu nicht in der Lage ist, liegt auf der Hand. Deshalb können (und müssen) hier die Eltern als gesetzliche Vertreter des Kindes für dieses handeln. Liegt hier nun eine Verletzung der Freiheit des Kindes vor?

Grundrechtsmündigkeit

Freiheit im Sinne des Grundgesetzes bedeutet **Bewegungsfreiheit im räumlichen Sinn**. Eine Freiheitsentziehung liegt nur dann vor, wenn der Eingriff gegen oder ohne den Willen des Betroffenen in dessen persönliche Freiheit eine entsprechende **Stärke** und **Dauer** aufweist.
Nachdem hier das Kind wiederholt über einen längeren Zeitraum in einem Zimmer eingesperrt wird, ist von einer Freiheitsentziehung auszugehen, nicht von einer **Freiheitsbeschränkung**, die bei Minderjährigen gegebenenfalls entsprechend ihrem Alter und Entwicklungstand aus pädagogischen Gründen angezeigt ist. Wenn aber eine Freiheitsentziehung notwendig ist, so bedarf diese nach Art. 104 II S 1 GG einer richterlichen Zustimmung, die im Einzelfall unverzüglich nachgeholt werden muß, wenn sie nicht vorher erreicht werden kann. Auch die Eltern benötigen bei minderjährigen Kindern dazu die Genehmigung des Familiengerichts (§ 1631 b BGB).
Da hier keine gerichtliche Genehmigung vorlag, ist das Handeln der Heilpädagogin rechtswidrig. Eine gerichtliche Genehmigung könnte im übrigen in diesem Fall nicht erteilt werden, weil der Aggressivität dieses erst 5jährigen Kindes durch pädagogische und therapeutische Maßnahmen begegnet werden kann, also eine Freiheitsentziehung nicht zwingend geboten ist.
Im Bereich der Freiheitsentziehung ist weiter folgendes zu beachten:
Eine gerichtliche Genehmigung ist dann nicht erforderlich, wenn der Betroffene auf Grund seiner Urteils- und Entscheidungsfähigkeit (das bedeutet nicht volle Geschäftsfähigkeit) mit der Freiheitsentziehung **einverstanden** ist.

Einwilligung des Betroffenen

Freiheitsentziehung nur auf Grund eines Gesetzes

„Die Freiheit einer Person kann nur auf Grund eines förmlichen Gesetzes und nur unter Beachtung der darin vorgeschriebenen Formen beschränkt werden. Festgehaltene Personen dürfen weder seelisch noch körperlich mißhandelt werden" (Art. 104 I GG).
Ein solches Gesetz ist z.B. das BGB (vgl. §§ 1631 b, 1906 IV) als Bundesgesetz.

Landesrechtliche Unterbringungsgesetze

Daneben gibt es auch **landesrechtliche Unterbringungsgesetze**, welchem dem Schutz der öffentlichen Sicherheit und Ordnung dienen (vgl. z.B. das bayerische Unterbringungsgesetz – UnterbrG).

Verfahrensvorschriften

Die **Verfahrensvorschriften** enthält das Gesetz über die Angelegenheiten der freiwilligen Gerichtsbarkeit (§§ 70ff. FGG).

körperlicher Zwang

Auch gegenüber Klienten angewandter **körperlicher Zwang** beeinträchtigt die persönliche Freiheit. Zulässig ist er nur,

(1) um den Betreuten daran zu hindern, Leben und Gesundheit der eigenen Person oder anderer Personen unmittel zu gefährden,

(2) um einer tiefgreifenden Störung der Gemeinschaft entgegenzuwirken,

(3) um Maßnahmen durchzuführen, die zur Aufrechterhaltung der Sicherheit und Ordnung unumgänglich sind (z.B. Durchsuchung nach Waffen),

(4) um eine notwendige Absonderung durchzuführen.

Rechtfertigungsgründe für eine Freiheitsentziehung können auch sein

Notwehr

(1) die **Notwehr** (= Maßnahmen, die erforderlich sind, um einen gegenwärtigen rechtswidrigen Angriff von sich oder einem anderen abzuwehren (vgl. §§ 32 II StGB, 227 II BGB)

Notstand

(2) der **rechtfertigende Notstand** (= Abwehr einer nicht anders zu behebenden Gefahr von sich oder einem anderen (vgl. §§ 34 StGB, 228 BGB).

1.4 Gerichtliche Kontrolle der Einhaltung der Grundrechte

Grundrechtskontrolle

Es muß in einem Rechtsstaat die Möglichkeit bestehen, überprüfen zu lassen, ob jemand durch die öffentliche Gewalt in seinen Grundrechten verletzt ist. Diese Berechtigung verschafft Art. 93 I Nr. 4 a GG, wonach **jedermann** das Recht hat, in einem solchen Fall eine **Verfassungsbeschwerde** zum Bundesverfassungsgericht zu erheben.
Dabei ist zu beachten, daß die Verfassungsbeschwerde in der Regel erst dann zulässig ist, wenn der **Rechtsweg erschöpft** ist (§ 90 II S 1 BVerfGG). Grundsätzlich steht jedermann der Rechtsweg offen, der sich durch die öffentliche Gewalt in seinen Rechten verletzt sieht (Art. 19 IV S 1 GG). Dies ist eine der wichtigsten Bestimmungen unseres Grundgesetzes. Der Bürger ist damit Subjekt (nicht Objekt), „das dem Staat mit ei-

genem Recht gegenübersteht." (vgl. 50 Jahre Grundgesetz – Eine Serie der Süddeutschen Zeitung, S. 97-100).

1.5 Grundrechtskollision

Eine **Grundrechtskollision** liegt dann vor, wenn verschiedene Träger von Grundrechten konträre Interessen haben. Nach Meinung des Bundesverfassungsgerichts muß hier abgewogen werden, welches Interesse das höhere Gewicht hat (vgl. BVerfGE 28, 261). Dies ist im Einzelfall nicht immer einfach.

Auf das Arbeitsfeld des Heilpädagogen bezogen, tritt eine solcher Interessenkonflikt in den meisten Fällen zwischen Eltern und Kindern auf. Dabei muß in jedem Fall dem Kindeswohl Rechnung getragen werden (BVerfGE 72, 137). Die Schwierigkeit liegt aber darin, daß der Begriff „Kindeswohl" ein **unbestimmter Rechtsbegriff** ist. Dieser muß im Sinne der in den Grundrechten enthaltenen Wertordnung ausgefüllt werden. Mit zunehmender Selbständigkeit der Minderjährigen tritt das Elternrecht zurück (BVerfGE 59, 382; 72, 137).

1.6 Weitere wichtige Grundrechte in der heilpädagogischen Arbeit

(1) Menschenwürde

Menschenwürde

Art.1 (1) GG legt lapidar fest: „Die Würde des Menschen ist unantastbar. Sie zu achten und zu schützen ist Verpflichtung aller staatlichen Gewalt." Damit ist zum Ausdruck gebracht, daß die Menschenwürde an der obersten Stelle der Werteskala des Grundgesetzes steht (BVerfGE 27, 6). Dies gilt damit auch für die Arbeit des Heilpädagogen mit den verschiedenartigen Personengruppen. Auch für ihn muß die Menschenwürde die oberste Maxime darstellen. Gerade bei Klienten, die auf Grund ihrer Behinderung in besonderer Weise auf den Schutz anderer angewiesen sind, muß auf die Gewährleistung der Menschenwürde geachtet werden.

(2) Körperliche Unversehrtheit

Körperliche Unversehrtheit

Dieses Grundrecht (Art. 2 (2) S 1 GG) richtet sich primär gegen den Staat, welcher die Aufgabe hat, den einzelnen vor rechtswidrigen Übergriffen anderer und Not zu schützen (BVerfGE 53, 57; 56; 73).

(3) Gleichheitssatz, Benachteiligungsverbot für Behinderte

Gleichheitssatz Benachteiligungsverbot

Eines der wichtigsten Grundrechte ist der Gleichheitssatz: „Alle Menschen sind vor dem Gesetz gleich." (Art.3 I GG). Sowohl die Rechtsetzung als auch die Rechtsanwendung sind an diese Norm gebunden. Eine besondere Ausprägung findet dieser Satz in Art. 3 III S 2 GG, wonach niemand wegen seiner Behinderung **benachteiligt** werden darf. Die Umsetzung dieses Programmsatzes in unserer Gesellschaft steht aber erst am Anfang. Gerade auch die heilpädagogische Arbeit kann dazu beitragen, die Umsetzung zu realisieren. Es sind zwischenzeitlich auch Entscheidungen des Bundesverfassungsgerichts auf der Grundlage Art.3 III S 2 GG ergangen. Von großer Bedeutung ist die Entscheidung vom 19.1.99 (1 BvR 2161/94), wonach nunmehr auch solche Personen ein Testament errichten können, die testierfähig, aber nicht in der Lage sind, zu sprechen und zu schreiben.

(4) Meinungsfreiheit

Recht auf freie Meinungsäußerung und ungehinderte Information

Der mit „Meinungsfreiheit" überschriebene Art.5 GG enthält zwei Grundrechte:

- das Recht auf **freie Meinungsäußerung**
- das Recht auf **ungehinderte Information** aus allgemein zugänglichen Quellen.

Schranken

Die freie Meinungsäußerung kann „in Wort, Schrift und Bild" erfolgen. Es kommt dabei nicht darauf an, ob die geäußerten Urteile **objektiv** richtig oder falsch sind (BVerfGE 30, 347). Eine Grenze ist nur dort gegeben (vgl. Art.5 II GG), wo allgemeine Gesetze ein bestimmtes Rechtsgut als höherwertig gegenüber der Meinungsfreiheit schützen.
Beispiel: § 86 I Nr.4 StGB verbietet es, solche Propagandamittel zu verbreiten, welche Bestrebungen einer ehemaligen nationalsozialistischen Organisation fortsetzen.
Weitere Schranken sieht das Grundgesetz auch in der Verletzung von Jugendschutzbestimmungen und des Rechtes der persönlichen Ehre.
Das Recht auf ungehinderte Information steht grundsätzlich auch Minderjährigen zu. Der Erziehungsauftrag kann aber im Einzelfall gebieten, Grenzen zu setzen, um schädliche Einflüsse von Minderjährigen fern zu halten. Dies könnte z.B. für bestimmte Fernsehsendungen zutreffen. Auch hier treffen bei einer Entscheidung durch die Eltern zwei Grundrechte aufeinander, weil die Eltern nach Art.6 II GG das Grundrecht der Erziehung haben und dieses Recht im Einzelfall Vorrang vor dem Grundrecht der Informationsfreiheit haben kann.

(5) Brief- und Fernmeldegeheimnis

Brief- und Fernmeldegeheimnis

Dieses Grundrecht schützt primär den einzelnen vor staatlichen Eingriffen (Art. 10 GG). Auch Minderjährige partizipieren an diesem Grundrecht. Es hat aber auch Auswirkungen auf das (zivilrechtliche) Verhältnis Heilpädagoge – Klient. Eine Einschränkung des Grundrechts eines minderjährigen Klienten kann sich aber wiederum aus dem Erziehungsauftrag ergeben.

1.7 Übungsfragen

(1) Welche Rechtsverhältnisse regeln die Grundrechte?

(2) Haben die Grundrechte etwas mit einer Wertordnung zu tun?

(3) Was versteht man unter Bürgerrechten?

(4) Definieren Sie den Begriff „Drittwirkung“ der Grundrechte!

(5) Gibt es in der Ausübung der Grundrechte Schranken? Nennen Sie ein Beispiel!

(6) Stehen die Grundrechte auch Minderjährigen zu?

(7) Können Minderjährige Grundrechte ohne ihre gesetzlichen Vertreter ausüben?

(8) Was verstehen Sie unter Freiheitsentziehung?

(9) Wann ist körperlicher Zwang eine legale Maßnahme?

(10) Nennen Sie ein Beispiel für eine „Grundrechtskollision“!

1.8 Weiterführende Literatur

Seifert/Hömig, Grundgesetz, 5. Auflage, Baden-Baden 1995

Jarass/Pieroth, Grundgesetz für die Bundesrepublik Deutschland, München 2000

Weis, Meine Grundrechte (Beck Rechtsberater im dtv, Nr. 5221), 3. Auflage, München 1995

Kimms/Schlünder, Verfassungsrecht II Grundrechte, München 1998

2. Handlungsfähigkeit der Minderjährigen

Lernziele

Zielgruppe der heilpädagogischen Arbeit sind wesentlich die Minderjährigen. Von besonderer Bedeutung ist hier die Rechtsstellung der Minderjährigen in Bezug auf ihre (selbständige) Handlungsfähigkeit.

2.1 Handlungsfähigkeit

Schon der Begriff „Handlungs-fähigkeit" bringt zum Ausdruck, daß es hier um die Fähigkeit geht, **Rechtshandlungen** vorzunehmen, welche einen verbindlichen Charakter haben. Daß dies bei Minderjährigen schon aus Haftungsgründen nur mit Einschränkungen möglich sein kann, liegt auf der Hand.
Dies gilt sowohl im Bereich der **Geschäftsfähigkeit**, also der Fähigkeit, Rechtsgeschäfte vorzunehmen, z.B. einen Kauf, als auch im Bereich der **Deliktsfähigkeit**, also der Möglichkeit, für einen Schaden haftbar gemacht zu werden.

2.2 Geschäftsfähigkeit

(1) Die rechtliche Situation soll nachfolgender Fall verdeutlichen:

> Sie leiten in einem heilpädagogischen Heim eine Gruppe im Alter von 13 bis 17 Jahren. Eines Tages kommt Hans (14) zu Ihnen. Er habe von Fritz (16) einen Taschenrechner bekommen und ihm dafür eine Armbanduhr gegeben. Seine Eltern wüßten von dieser Sache nichts. Erst jetzt habe er festgestellt, daß die Armbanduhr bedeutend mehr wert sei als der Taschenrechner. Fritz weigere sich aber, die Armbanduhr zurückzugeben.

Hier stellt sich die Frage nach der Rechtslage.
Zuerst ist festzustellen, daß es sich um einen **Vertrag** handelt, also die Übereinkunft von Hans und Fritz, die betreffenden Gegenstände zu tauschen. Damit handelt es sich um einen möglichen Tauschvertrag (§§ 515ff. BGB). Konnten diese beiden aber auf Grund ihrer Minderjährigkeit diesen Vertrag abschließen? Die Regelung der Geschäftsfähigkeit enthält § 104 BGB. Danach ist geschäftsunfähig, wer noch nicht **sieben** Jahre alt ist (§ 104 Nr.1 BGB). Geschäftsunfähig sind aber auch diejenigen Minderjährigen zwischen 7 und 18, bei denen durch eine nicht nur vorübergehende geistige Erkrankung/Behinderung eine **freie Willensbestimmung** ausgeschlossen ist, z.B. bei einem hochgradig geistig behinderten Minderjährigen (§ 104 Nr.2 BGB). Beide Vertragspartner sind 14 und 16 Jahre alt. Eine Geschäftsunfähigkeit im Sinne des § 104 Nr.2 BGB liegt bei keinem vor.

Geschäftsunfähigkeit

Wenn beide oder nur einer geschäftsunfähig wären, wäre der Vertrag von vornherein unwirksam, weil ein Geschäftsunfähiger keinen wirksamen Vertrag abschließen kann (§ 105 I BGB).

Beide sind über 7 Jahre alt und damit **beschränkt geschäftsfähig** (§ 106 BGB). Dies bedeutet, daß beide schon in begrenztem Umfang Rechtshandlungen vornehmen können. Maßgebend dafür sind die §§ 107-113 BGB. Zur Klärung des Falles ist aber noch eine Unterscheidung notwendig. Für den juristischen Laien bildet der Tausch eine Einheit. Er wird aber rechtlich in zwei verschiedene Rechtsakte aufgeteilt, in das **Verpflichtungsgeschäft** (=Tauschvertrag) und die Übertragung des Eigentums an den Tauschgegenständen (=**Verfügungsgeschäft**).

Beschränkte Geschäftsfähigkeit

Der Tauschvertrag hängt hier, da er ohne Einwilligung der gesetzlichen Vertreter abgeschlossen wurde, nach § 108 I BGB von deren Genehmigung ab. Sofern diese – was in diesem Falle zu erwarten ist – die Genehmigung verweigern, ist der Vertrag unwirksam.

Die Übertragung des Eigentums sowohl an dem Taschenrechner als auch an der Armbanduhr stellt dagegen ein reines Vorteilsgeschäft dar und ist nach § 107 BGB wirksam. Auf Grund der Unwirksamkeit des Tauschvertrages liegt eine sogenannte ungerechtfertigte Bereicherung vor, sodaß mit Zustimmung der gesetzlichen Vertreter die Rückübertragung des Eigentums an den Tauschgegenständen erfolgen muß.

(2) Einseitiges Rechtsgeschäft

Einseitiges Rechtsgeschäft

Neben den Verträgen (siehe den vorherigen Fall) gibt es aber auch sogenannte **einseitige Willenserklärungen**, die wiederum in empfangsbedürftige und nicht empfangsbedürftige unterschieden werden. Beispiele:

- nicht empfangsbedürftige Willenserklärung: z.B. Errichtung eines Testaments, welche auch durch einen Minderjährigen ab dem 16. Lebensjahr ohne Zustimmung der gesetzlichen Vertretung erfolgen kann (§ 2229 I, II BGB)
- empfangsbedürftige Willenserklärung: z.B: Kündigung eines Ausbildungsverhältnisses. Zu einer einseitigen Willenserklärung bedarf der beschränkt Geschäftsfähige der **vorherigen** Zustimmung (= Einwilligung der gesetzlichen Vertreter (§ 111 BGB). Ohne Einwilligung ist die einseitige Willenserklärung unwirksam.

(3) Willenserklärungen gegenüber Minderjährigen

Willenserklärung gegenüber Minderjährigen

Auch die rechtliche Wirksamkeit von Willenserklärungen, die **gegenüber** Minderjährigen abgegeben werden, bedarf der Klärung.

Hier muß wiederum zwischen Geschäftsunfähigen und beschränkt Geschäftsfähigen unterschieden werden.

Bei Geschäftsunfähigen wird die Willenserklärung erst wirksam, wenn sie dem gesetzlichen Vertreter zugeht (§ 131 I BGB). Dasselbe gilt auch bei beschränkt Geschäftsfähigen mit der Einschränkung, daß die Erklärung dann wirksam ist, wenn sie dem Minderjährigen nur einen rechtlichen Vorteil bringt (z.B. ein Vertragsangebot) oder der gesetzliche Vertreter seine Einwilligung mit dem Zugang erteilt hat (§ 131 II BGB).

2.3 Deliktsfähigkeit

Im beruflichen Alltag eines Heilpädagogen stellt sich gegebenenfalls auch die Frage, inwieweit ein Minderjähriger für einen von ihm angerichteten Schaden aufkommen muß. Dabei ist die Frage der **Haftung** von der Frage der **Leistungsfähigkeit** des Verpflichteten zu unterscheiden. Beide sind, von der Frage der Billigkeitshaftung abgesehen, voneinander unabhängig. Die Frage der Deliktsfähigkeit soll folgender Fall erläutern:

> In einer Klinik für Kinder- und Jugendpsychiatrie betreuen Sie auf Ihrer Station den 14jährigen Max. Als sich dieser für kurze Zeit allein im Behandlungszimmer aufhält, versucht er, ein medizinisches Gerät in Betrieb zu setzen, wodurch durch unsachgemäße Behandlung ein beträchtlicher Schaden an dem Gerät entsteht. Die Klinikleitung überlegt, inwieweit Max für den Schaden haftbar gemacht werden kann.

Wie stellt sich die Rechtslage dar?

Delikt

Primär ist zu klären, was man unter Delikt zu verstehen hat.

Unerlaubte Handlung

Delikt ist eine **unerlaubte Handlung**. Die Unerlaubtheit besteht in der **Rechtswidrigkeit** der Handlung, also einem Verstoß gegen die Rechtsordnung.

Das medizinische Gerät befindet sich im Eigentum des Klinikträgers. Dieser hat aus seinem Eigentumsrecht heraus einen Anspruch darauf, daß dieser Gerät nicht beschädigt wird. Genau dies hat aber Max getan. Auf welcher Rechtsvorschrift beruht nun hier eine mögliche Haftung?

Verschulden

Die auf viele Fälle anwendbare Vorschrift ist der § 823 BGB, welche wesentlich auf das **Verschulden** abstellt. Hier liegt eindeutig eine **fahrlässige** Handlung vor, weil die notwendige Sorgfalt im Umgang mit dem Gerät nicht beachtet wurde (§ 276 I S 2 BGB). Nun ist zu prüfen, welche Auswirkung die Minderjährigkeit des Max auf eine eventuelle Haftung hat. Somit stellt sich die Frage der **Zurechnungsfähigkeit**. Hier sind die Vorschriften der §§ 276 S 3, 827, 828 BGB anzuwenden. Grundsätzlich schließt § 828 I BGB die Haftung dann aus, wenn der Minderjährige das 7. Lebensjahr noch nicht vollendet hat.

Zurechnungsfähigkeit

Ist der Schädiger zwischen 7 und 18 Jahre alt, hängt seine Verantwortlichkeit davon ab, inwieweit er „die zur Erkenntnis der Verantwortlichkeit erforderliche **Einsicht** hat" (§ 828 II BGB).
Der Schädiger ist in diesem Falle 14 Jahre alt, sodaß die Frage der Einsicht eingehend geprüft werden muß. Allein die Tatsache, daß sich der Jugendliche in einer psychiatrischen Klinik befindet, besagt noch nicht, daß ihm die notwendige Einsicht fehlt. Es muß in jedem Fall der geistige Entwicklungsstand überprüft werden.
Die psychische Erkrankung könnte aber ein Anhaltspunkt dafür sein, daß ein Ausschluß der Verantwortlichkeit nach § 827 BGB vorliegt. Diese Bestimmung spricht von einem „die freie Willensbestimmung ausschließenden Zustand krankhafter Störung der Geistestätigkeit" (§ 827 S 1 BGB). Ob bei Max ein solcher Zustand gegeben ist, muß nach psychiatrischen Grundsätzen abgeklärt werden.
Für die Frage der Verantwortlichkeit für den Schaden sind also folgende Fragen zu klären:

- Einsichtsfähigkeit
- Ausschluß des freien Willens auf Grund einer krankhaften geistigen Störung.

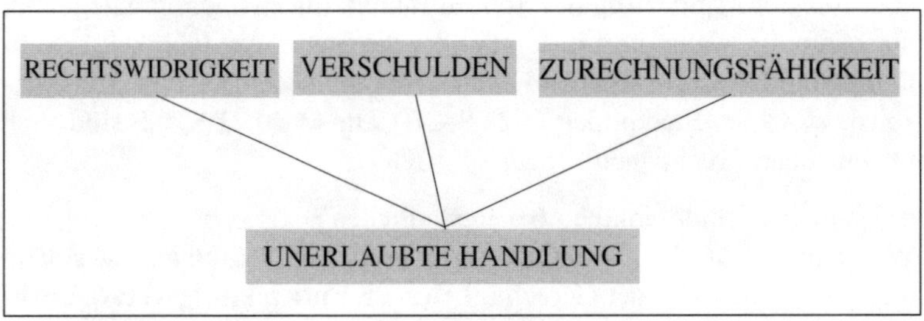

Rechtswidrigkeit: Verstoß gegen die Rechtsordnung
Verschulden: Vorsatz oder Fahrlässigkeit
Zurechungsfähigkeit: Frage des Ausschlusses der Verantwortlichkeit

2.4 Strafrechtliche Verantwortlichkeit Minderjähriger

(1) Strafbare Handlung

Strafbare Handlung

Eine strafbare Handlung liegt nur dann vor, wenn drei Voraussetzungen gegeben sind:
a) Erfüllung des Tatbestandes eines Strafgesetzes
b) Rechtswidrigkeit der Tat
c) Verschulden.

(2) Schuldfähigkeit bei Minderjährigen

Schuld-unfähigkeit

a) Schuldunfähigkeit

Hier kommt es bei Minderjährigen wesentlich auf die **Einsichtsfähigkeit** und die **Steuerungsfähigkeit** an. Ein absoluter Schuldausschließungsgrund ist gegeben, wenn der Minderjährige zum Zeitpunkt der Tat das **14. Lebensjahr** noch nicht vollendet hat (§ 19 StGB). Bei Jugendlichen kann die Schuld dann ausgeschlossen sein, wenn **psychische Störungen** den Täter daran hindern, entweder **das Unrecht der Tat einzusehen** oder **nach dieser Einsicht zu handeln** (§ 20 StGB). Diese Vorschrift benennt folgende Störungen:

- krankhafte seelische Störungen
- tiefgreifende Bewußtseinsstörungen
- Schwachsinn
- schwere andere seelische Abartigkeit.

Schuldunfähigkeit ist aber nur dann gegeben, wenn diese Störungen entweder die Einsichtsfähigkeit oder die Steuerungsfähigkeit **ausschließen**. In einem solchen Fall ist eine Bestrafung nicht möglich. Wenn kein Ausschluß der Schuldfähigkeit gegeben ist, können diese Störungen aber zu einer **Minderung der Schuld** führen. Eine Minderung liegt aber nur dann vor, wenn die Einsichts- oder die Steuerungsfähigkeit **erheblich** gemindert ist. In solchen Fällen wird die Strafe nach den Grundsätzen des § 49 StGB gemildert (§ 21 StGB). Die §§ 20,21 STGB sind auch im Jugendstrafrecht anzuwenden (§ 2 JGG).

Bedingte Schuld-unfähigkeit

b) Bedingte Schuldfähigkeit bei Jugendlichen

Während die §§ 20, 21 StGB von psychischen Störungen ausgehen, müssen aus Gründen der Gerechtigkeit auch **Entwicklungsverzögerungen** bei Jugendlichen im Strafrecht berücksichtigt werden. Dies ist in § 3 JGG vorgesehen. Danach ist ein Jugendlicher nur dann strafrechtlich verantwortlich, wenn er zum Zeitpunkt der Tat nach seiner sittlichen und geistigen Entwicklung reif genug ist, das Unrecht der Tat einzusehen und nach dieser Einsicht zu handeln.

2.5 Übungsfragen

(1) Worin besteht der Unterschied zwischen den Begriffen „Handlungsfähigkeit“ und „Geschäftsfähigkeit“?

(2) Hängt bei einem Minderjährigen unter 7 Jahren die Frage der Geschäftsfähigkeit von seinem Entwicklungsstand ab?

(3) Unter welchen Voraussetzungen ist ein Minderjähriger zwischen 7 und 18 Jahren geschäftsunfähig?

(4) Was heißt „beschränkte Geschäftsfähigkeit“?

(5) Wie wirkt sich die beschränkte Geschäftsfähigkeit auf eine einseitige Willenserklärung aus?

(6) Können Willenserklärungen wirksam auch gegenüber Minderjährigen abgegeben werden?

(7) Was versteht man unter „Deliktsfähigkeit“?

(8) Unter welchen Voraussetzungen muß ein Minderjähriger für einen Schaden aufkommen?

(9) Spielt bei der Deliktsfähigkeit das Alter eines Minderjährigen eine Rolle?

(10) In welchem Verhältnis stehen die Vorschriften der §§ 827 und 828 BGB zueinander?

(11) Unter welchen Voraussetzungen ist strafrechtlich die Schuld bei Minderjährigen ab dem 14. Lebensjahr ausgeschlossen?

(12) Welche seelischen Störungen schließen die Schuld aus?

(13) Welche Rolle spielt der Entwicklungsstand bei jugendlichen Straftätern?

2.6 Weiterführende Literatur

Palandt, Bürgerliches Gesetzbuch, 59. Auflage, München 2000
Jauernig, Bürgerliches Gesetzbuch, 8. Auflage, München 1997
Köhler, BGB, Allgemeiner Teil, 20. Auflage, München 1998
Eckert, Wenn Kinder Schaden anrichten, 2. Auflage, München 1993
Lackner/Kühl, Strafgesetzbuch, 23. Auflage, München 1999
Eisenberg, Jugendgerichtsgesetz, 8. Auflage, München 2000

3. RECHTSVERHÄLTNIS ELTERN-KIND

LERNZIELE

Bei der heilpädagogischen Arbeit mit Minderjährigen muß der Heilpädagoge eine genaue Kenntnis der Rechtsposition der Eltern (sowie der an ihre Stelle tretenden Personen) einerseits und der Minderjährigen andererseits haben. Nur damit kann er auch seine Rechtsposition richtig einordnen.

3.1 Elternpflicht und Elternrecht

Das Verhältnis der Eltern zu ihren (minderjährigen) Kindern wird durch das als Grundrecht ausgestaltete Elternrecht geprägt (Art. 6 II GG). Dieses Elternrecht kann aber kein absolutes Recht darstellen, es ist vielmehr, wie das Bundesverfassungsgericht zum Ausdruck bringt, von der **elterlichen Verantwortung** geprägt (BVerfGE 72, 122), also ein **pflichtgebundenes Recht**, das sich am Wohle des Minderjährigen orientieren muß. Der Staat hat nach dem Grundgesetz ein **„Wächteramt"** (Art. 6 II S 2 GG), das ihn verpflichtet, die Pflege und Erziehung eines Minderjährigen sicherzustellen (vgl. BVerfGE 24,144; 60,88). Er darf aber nur dann eingreifen, wenn das Wohl des Minderjährigen gefährdet ist (vgl. BVerfG 72, 134).

Wächteramt des Staates

Eine **Trennung** des Minderjährigen von der Familie (als schärfste Maßnahme) darf nur dann erfolgen, „wenn die Erziehungsberechtigten versagen oder wenn die Kinder aus anderen Gründen zu verwahrlosen drohen" (Art. 6 III GG).

Trennung von der Familie

Der Eingriff darf nur auf Grund einer **gesetzlichen** Regelung erfolgen, wie sie z.B. in den §§ 1666, 1666a BGB, 42, 43 SGB VIII enthalten ist. „Pflege und Erziehung der Kinder" als Pflicht und Recht der Eltern werden im BGB als **„Elterliche Sorge"** bezeichnet (§ 1626 BGB).

Elterliche Sorge

(1) Pflicht und Recht der Eltern

Das Kindschaftsrechtsreformgesetz hat § 1626 I BGB neu formuliert und damit die Pflichtgebundenheit des Elternrechts betont: „Die Eltern haben die **Pflicht** und das **Recht**, für das minderjährige Kind zu sorgen (elterliche Sorge)."

(2) Elternbegriff

Elternbegriff

Eltern im Sinne des § 1626 I BGB sind die miteinander verheirateten Eltern, aber auch die nicht miteinander verheirateten Eltern, wenn sie eine Sorgeerklärung (§ 1626 a I Nr.1 BGB) abgegeben haben. Solange keine Sorgeerklärung vorliegt, hat die **Mutter** allein die elterliche Sorge (§ 1626 a II BGB).

(3) Inhalt der elterlichen Sorge

Die elterliche Sorge umfaßt nach dem Gesetzeswortlaut die

Personensorge

Vermögenssorge

- Sorge für die Person (Personensorge) und die
- Sorge für das Vermögen (Vermögenssorge)

des Minderjährigen.

Die Personensorge setzt sich aus zwei Bereichen zusammen:

- **tatsächliche** Personensorge und
- **rechtliche** Personensorge.

a) Tatsächliche Personensorge

Tatsächliche Personensorge

Wesentliche Elemente der tatsächlichen Personensorge enthält § 1631 I BGB: Pflege, Erziehung, Beaufsichtigung, Aufenthaltsbestimmung.

Die Eltern sind diejenigen, die vorrangig die Erziehungsziele bestimmen (vgl. BT-Dr 8/2788 S 48). § 1626 II BGB legt einen partnerschaftlichen Erziehungsstil fest mit der Verpflichtung der Eltern, in der Erziehung der wachsenden Selbständigkeit des Minderjährigen Rechnung zu tragen und Einvernehmen anzustreben. In dieselbe Richtung weist auch § 1631a BGB in den Bereichen Ausbildung und Beruf.

Im Erziehungsgeschehen ist auch heute noch die Anwendung von körperlicher Gewalt gegenüber Kindern ein besonderes Problem. Die Vorschrift des § 1631 II BGB, wonach entwürdigende Erziehungsmaßnahmen, insbesondere körperliche und seelische Mißhandlungen unzulässig sind, wird vielfach als unzureichend angesehen. Ein Gesetzentwurf vom 23.6.99 (BT-Dr.14/1247) sieht deshalb folgende Formulierung dieser Bestimmung vor: „Kinder haben ein Recht auf gewaltfreie Erziehung. Körperliche Strafen, seelische Verletzungen und andere entwürdigende Maßnahmen sind unzulässig." In diese Richtung geht auch ein Gesetzentwurf des Bundesrates vom 24.9.99 (BR-Dr.369/99).

Zur Erziehung gehört auch der Bereich der religiösen oder weltanschaulichen Erziehung (vgl. Gesetz über die religiöse Kindererziehung vom 15.7.1921 -RGBl. 939, 1263), ebenso die Schul- und Berufsausbildung.

Das Aufenthaltsbestimmungsrecht umfaßt letztlich auch das Recht, das Kind von jedem herauszuverlangen, der es dem oder den Personensorgeberechtigten widerrechtlich vorenthält (§ 1632 I BGB).

Umgang

Von Bedeutung ist auch das Recht, den **Umgang** des Kindes – auch mit Wirkung für und gegen Dritte – zu bestimmen (§ 1632 II BGB). Der Frage des Umgangsrechtes hat das Kindschaftsrechtsreformgesetz große Bedeutung beigemessen, insbesondere wenn sich das Kind nur bei einem Elternteil befindet. Nach den Grundsätzen der Pädagogik stellt § 1626 III BGB fest, daß der Umgang mit **beiden** Elternteilen in der Regel (Ausnahmen müssen besonders begründet werden!) dem Wohl eines Kindes entspricht. Dies gilt auch für den Umgang mit anderen Personen, wenn Bindungen des Kindes an diese bestehen. Die entsprechenden Regelungen enthalten die §§ 1684, 1685 BGB.

Das **Kind** hat ein **Recht** auf Umgang mit jedem Elternteil. Jeder Elternteil ist zum Umgang nicht nur berechtigt, sondern auch **verpflichtet**. Keine Verpflichtung zum Umgang, aber sehr wohl ein **Recht** haben Großeltern, Geschwister, Ehegatten und frühere Ehegatten eines Elternteils sowie Pflegepersonen, bei denen das Kind längere Zeit in Pflege war (§ 1685 I,II BGB).

In nicht von den Beteiligten zu behebenden Konfliktfällen kann das **Familiengericht** angerufen werden (§§ 1684 III, 1685 III BGB).

Dies sollte allerdings nur als letzte Möglichkeit gesehen werden, wenn alle Versuche einer einvernehmlichen Regelung gescheitert sind. Gerade in diesen Fällen kommt der Mitwirkung sachkundiger Dritter (z.B. auch von Heilpädagogen) eine besondere Bedeutung zu.

Fall

Sie arbeiten als Heilpädagoge in einer Frühförderstelle und betreuen auch ein dreijähriges Kind, dessen Eltern getrennt leben. Das Kind lebt bei der Mutter. Der Vater hat das Kind schon zwei Jahre mangels Interesse nicht mehr gesehen, pocht aber jetzt plötzlich wieder auf sein Umgangsrecht. Er möchte das Kind jedes zweite Wochenende zu sich holen. Die Mutter ist nicht grundsätzlich dagegen, möchte aber selbst mit dem Vater nicht zusammenkommen. Die Forderung des Vaters scheint ihr überzogen, da sich das Kind erst wieder langsam an den Vater gewöhnen müsse. Sie hat deshalb bisher dem Umgang nicht zugestimmt. Der Vater hat daraufhin beim Familiengericht eine gerichtliche Regelung beantragt. Was würden Sie der Mutter raten?

Lösung

Nachdem der Vater sein Kind schon zwei Jahre nicht mehr gesehen hat, muß eine behutsame Anbahnung des Kontakts erfolgen. Da die Mutter ein Zusammenkommen mit dem Vater ablehnt, könnten die ersten Kontakte zwischen Kind und Vater an Ihrer Frühförderstelle stattfinden, am besten mit Ihrer Beteiligung, weil das Kind Sie kennt. Sie könnten der Mutter empfehlen, dem Familiengericht einen entsprechenden Vorschlag zu unterbreiten (§ 1684 IV S 3,4 BGB).

b) Rechtliche Personensorge

Rechtliche Personensorge

Die rechtliche Personensorge umfaßt die **gesetzliche Vertretung** des Minderjährigen im Bereich der Personensorge (vgl. § 1629 I S 1 BGB). Die Eltern (bei gemeinsamer elterlicher Sorge) bzw. der alleinvertretungsberechtigte Elternteil vertreten den Minderjährigen „nach außen". Bei Verträgen (z.B. einem Ausbildungsvertrag) werden der Ausbildende und der Auszubildende (nicht der gesetzliche Vertreter, außer bei Übernahme von Verpflichtungen durch diesen) Vertragspartner, so daß der Vertrag nur für und gegen den Minderjährigen wirkt. Nur der Minderjährige (und nicht seine gesetzlichen Vertreter) werden durch einen solchen Vertrag verpflichtet. Eine gegenüber einem Minderjährigen abzugebende Willenserklärung wird auch dann wirksam, wenn sie nur **einem** Elternteil zugeht (§ 1629 I S 2 BGB). Ein Elternteil kann durch den anderen auch **bevollmächtigt** werden, für ihn zu handeln (§§ 167ff. BGB).

c) Vermögenssorge

Vermögenssorge

Auch die Vermögenssorge gliedert sich wie die Personensorge in Bereiche **tatsächliche** und **rechtliche** Vermögenssorge. Zum Vermögen eines Minderjährigen gehört alles, was einen wirtschaftlichen Wert hat, z.B. Grundbesitz, Wertpapiere, Bankkonten usw. Sowohl die tatsächliche Sorge, z.B. die Pflege eines dem Minderjährigen gehörenden Hauses, wie die gesetzliche Vertretung müssen darauf gerichtet sein, das Vermögen zu **erhalten** und zu **vermehren** (KGJ 47, 39, vgl. auch § 1642 BGB).

Genehmigung des Familiengerichts

Die gesetzlichen Vertreter eines Minderjährigen unterliegen allerdings im Bereich der Vermögenssorge gewissen Beschränkungen. Bestimmte Rechtsgeschäfte sind an die Genehmigung des Familiengerichts gebunden (§ 1643 BGB). Dies sind vor allem Grundstücksgeschäfte (§ 1821 BGB), dann aber auch die in den §§ 1822 Nr. 1,3,5,8 bis 11, 1643 II BGB genannten sonstigen Rechtsgeschäfte. Verträge, welche ohne die erforderliche Genehmigung abgeschlossen werden, sind solange schwebend unwirksam, bis die Genehmigung erteilt oder versagt wird (§§ 1643 III, 1829 BGB). Ein einseitiges Rechtsgeschäft, das ohne gerichtliche Zustimmung vorgenommen wird, ist unwirksam (§§ 1643 III, 1831 BGB).

Haftungsbeschränkung

Im Zusammenhang mit der Vermögenssorge ist die **Haftungsbeschränkung** zugunsten des Minderjährigen von Bedeutung, wie sie in

§ 1629 a BGB festgelegt ist. Danach wird der vermögensrechtliche Schutz eines Minderjährigen auch dadurch gewährleistet, daß Verbindlichkeiten, welche die Eltern im Rahmen ihrer gesetzlichen Vertretungsmacht oder sonstige vertretungsberechtigte Personen durch Rechtsgeschäft oder eine sonstige Handlung (Realakt) für den Minderjährigen begründet haben oder die während der Minderjährigkeit durch einen Erwerb von Todes wegen entstanden sind, nur bis zur Höhe des bei **Eintritt der Volljährigkeit vorhandenen Vermögens** erfüllt werden müssen. Auch Verbindlichkeiten aus Rechtsgeschäften, die der Minderjährige selbst mit Zustimmung seiner gesetzlichen Vertreter vorgenommen hat, sind hier einbezogen, ebenso Rechtsgeschäfte, zu denen die gesetzlichen Vertreter die Genehmigung des Familien- bzw. Vormundschaftsgerichts erhalten haben (§§ 1643, 1821, 1822 BGB). Zu beachten ist, daß nur Verbindlichkeiten betroffen sind, die zum Zeitpunkt der Volljährigkeit noch bestehen. Während der Minderjährigkeit haftet der Minderjährige **unbeschränkt**.

d) Übertragung der elterlichen Sorge

Sorgerechtsübertragung

Die elterliche Sorge als solche kann als ureigenste Pflicht und ureigenstes Recht der Eltern nicht auf andere Personen übertragen werden, sehr wohl aber die Ausübung, sofern ein sachlicher Grund vorliegt, z.B. bei Aufnahme eines Kindes in eine sonderpädagogische Kindertagesstätte oder bei Inanspruchnahme von Hilfe zur Erziehung nach dem SGB VIII. Die Eltern sind aber bei einer solchen Übertragung nicht jeder Verantwortung enthoben. Sie müssen sich jeweils überzeugen, daß das Wohl ihres Kindes auch durch die anderen Betreuungspersonen gewährleistet ist. Ein Verzicht auf die elterliche Sorge ist ausgeschlossen.

e) Ausübung der elterlichen Sorge

Ausübung der elterlichen Sorge

Die elterliche Sorge steht beiden Elternteilen **zu gleichen Teilen** zu, sodaß kein Elternteil mehr Rechte und Pflichten als der andere hat. So bestimmt § 1627 S 1 BGB: „Die Eltern haben die elterliche Sorge in eigener Verantwortung und im gegenseitigen Einvernehmen zum Wohle des Kindes auszuüben.“ Die Eltern müssen deshalb versuchen, Einvernehmen herzustellen (§ 1627 S 2 BGB). Wenn dies allerdings im Einzelfall oder bei einer bestimmten Art von Angelegenheiten nicht möglich ist, bleibt die Sache dann zu Lasten des Kindes unentschieden, wenn es sich um keine Sache von **erheblicher** Bedeutung für das Kind handelt, z.B. ob der Minderjährige einen bestimmten Film im Kino ansehen kann. Anders zu beurteilen sind Meinungsverschiedenheiten, die Angelegenheiten von erheblicher Bedeutung betreffen, wie z.B. die Wahl der Art einer weiterführenden Schule. In einem solchen Fall sieht § 1628 BGB vor, daß das Familiengericht auf **Antrag** eines Elternteils die Entscheidung **einem** Elternteil übertragen kann. Dabei muß das Familiengericht die Entscheidung treffen, die aus seiner Sicht dem Wohl des Minderjährigen am besten entspricht (§ 1697 a BGB). Es muß dabei auf eine Einigung der Eltern hinwirken (§ 52 FGG), weil ein Einvernehmen der familiären Situation am besten entspricht und die Gefahr besteht, daß eine Entscheidung des Gerichts die Spannungen in der Familie verschärft.

Entscheidungen bei Trennung der Eltern

Auch wenn die Eltern nicht nur vorübergehend **getrennt** leben, können Entscheidungen, die für das Kind von erheblicher Bedeutung sind, nur im gegenseitigen Einvernehmen getroffen werden (§ 1687 I S 1 BGB).

Angelegenheiten des täglichen Lebens

Der praktischen Handhabung des Elternrechts dient die Vorschrift, daß der Elternteil, bei dem sich das Kind rechtmäßig aufhält, die alleinige Entscheidung in **Angelegenheiten des täglichen Lebens** hat. Das Gesetz enthält in diesem Fall auch die Definition, was unter solchen Angelegenheiten zu verstehen ist: in der Regel Angelegenheiten, die häufig vorkommen und die keine schwer abzuändernden Auswirkungen auf die Entwicklung des Kindes haben (§ 1687 I S 2, 3 BGB), z.B. die gewöhnliche medizinische Versorgung, nicht aber z.B. ein Schulwechsel (OLG München FamRZ 1999, 111).

Solange sich ein Kind bei dem anderen Elternteil rechtmäßig aufhält, hat dieser auch allein über Angelegenheiten der **tatsächlichen Betreuung** zu entscheiden, z.B. welche Fernsehsendung das Kind sehen kann. Der Elternteil, bei dem sich das Kind befindet, hat das Recht der **Notvertretung** bei Gefahr in Verzug.

Er hat auch eine Loyalitätsverpflichtung, was das Verhältnis des Kindes zum anderen Elternteil anbetrifft (§ 1684 II S 1 BGB).

Angelegenheiten der tatsächlichen Betreuung

Wenn sich das Kind bei einem Elternteil rechtmäßig aufhält, der nicht Inhaber der elterlichen Sorge ist, kann dieser allein in **Angelegenheiten der tatsächlichen Betreuung** entscheiden. Bei Gefahr in Verzug hat auch dieser Elternteil ein Notvertretungsrecht. Er ist auch an die entsprechende Loyalitätspflicht gegenüber dem anderen Elternteil gebunden.

Wichtig für die heilpädagogische Arbeit ist die Vorschrift des § 1688 BGB, welche Minderjährige in Familienpflege, in Heimerziehung oder in einer sonstigen betreuten Wohnform (§ 34 SGB VIII), bei intensiver sozialpädagogischer Einzelbetreuung (§ 35 SGB VIII) und bei Eingliederungshilfe für seelisch behinderte Kinder und Jugendliche (§ 35 a SGB VIII) betrifft.

Die Pflegeperson und die Personen, welche die Erziehung und Betreuung des Minderjährigen im Rahmen der vorgenannten Hilfen übernommen haben, sind – wenn der Inhaber der elterlichen Sorge nicht etwas anderes bestimmt hat – berechtigt, in **Angelegenheiten des täglichen Lebens** zu entscheiden und den Inhaber der elterlichen Sorge insoweit zu vertreten. Dazu gehört die Verwaltung der Ausbildungsvergütung bzw. des Arbeitseinkommens sowie die Geltendmachung und Verwaltung von Unterhaltsleistungen, Versicherungsleistungen, Versorgungs- und sonstigen Sozialleistungen. Ferner können alle notwendigen Rechtshandlungen bei Gefahr in Verzug vorgenommen werden, z.B. die Einwilligung in medizinisch notwendige Maßnahmen. Es besteht in diesen Fällen die Verpflichtung, die vertretungsberechtigten Eltern unverzüglich zu unterrichten.

f) Auskunftsanspruch

Auskunft

Bei der Arbeit mit Kindern und Jugendlichen, deren Eltern getrennt leben, kann sich die Frage stellen, inwieweit der Elternteil bei dem sich der Minderjährige nicht befindet, **Auskunft** über den Minderjährigen verlangen kann.

Nach § 1686 BGB kann jeder Elternteil, auch wenn ihm das Sorgerecht nicht zusteht, **vom anderen Elternteil** Auskunft über die persönlichen Verhältnisse des Minderjährigen verlangen, vorausgesetzt, er hat ein berechtigtes Interesse. Ein Auskunftsanspruch gegenüber anderen Personen, welche den Minderjährigen z.B. in einer Einrichtung betreuen, ist damit nicht gegeben. Das berechtigte Interesse ist zu bejahen, wenn der Elternteil sonst keine Möglichkeit hat, sich z.B. über die Entwicklung des Kindes zu informieren (BayObLG FamRZ 96, 813) und die Auskunft dem Kindeswohl nicht entgegensteht.

Wenn Streit über die Auskunftspflicht bzw. den Inhalt der Auskunft besteht, kann das Familiengericht angerufen werden.

g) Ende der elterlichen Sorge

Ende der elterlichen Sorge

Die elterliche Sorge endet kraft Gesetzes mit der Vollendung des 18. Lebensjahres (§ 2 BGB). Dies gilt auch, wenn der Minderjährige zum Zeitpunkt seiner Volljährigkeit nach § 104 Nr.2 BGB geschäftsunfähig ist.

Auch mit dem Tod eines Minderjährigen ist die elterliche Sorge beendet, ebenso mit der Adoption. Durch die Adoption erhalten die Annehmenden die elterliche Sorge.

Die Alleinsorge einer Mutter nach 1626 a II BGB wird durch die Sorgeerklärung beider Eltern nach § 1626 a I Nr.1 BGB in die gemeinsame elterliche Sorge übergeleitet.

Tod eines oder beider Elternteile

Tod eines Elternteils oder beider Elternteile:

Sofern beide Elternteile zum Zeitpunkt des Todes eines Elternteils gemeinsam die elterliche Sorge haben, wird der überlebende Elternteil kraft Gesetzes alleiniger Sorgerechtsinhaber (§ 1680 I BGB). Die Situation muß anders beurteilt werden, wenn der verstorbene Elternteil Alleininhaber der elterlichen Sorge auf Grund der Trennung der Eltern war (§§ 1671, 1672 BGB). Hier setzt die Übertragung des Sorgerechts auf den anderen Elternteil durch das Familiengericht eine Prüfung des Kindeswohls voraus. Dasselbe gilt, wenn die verstorbene Mutter Alleininhaberin des Sorgerechts nach § 1626 a II BGB war. Beim Tod beider Elternteile muß für minderjährige Kinder ein Vormund (s. 3.2(2)) bestellt werden (§ 1773 I BGB).

h) Auswirkung von Getrenntleben und Scheidung auf das gemeinsame Sorgerecht

Getrenntleben und Scheidung

Grundsätzlich ist festzustellen, daß die Neuregelung des Familienrechts verstärkt von der Fortdauer der gemeinsamen elterlichen Verantwortung für die Kinder auch nach Trennung und Scheidung ausgeht. Der Zwangsverbund zwischen Ehescheidung und Regelung des Sorgerechts ist deshalb entfallen.

Die Trennung der Eltern ändert grundsätzlich nichts an der gemeinsamen elterlichen Sorge. Allerdings wird durch die Trennung in der Regel die Ausübung der gemeinsamen Sorge erschwert, insbesondere durch das oft negativ geprägte Verhältnis zueinander. Deshalb sieht die gesetzliche Regelung (§ 1671 BGB) vor, daß **jeder** Elternteil beantragen kann, daß das Familiengericht ihm die elterliche Sorge **ganz** oder **teilweise allein** überträgt.

Nach der Auffassung des Bundesgerichtshofes enthält das Kindschaftsrechtsreformgesetz„ kein Regel-Ausnahme-Verhältnis in dem Sinn, daß eine Priorität zugunsten der gemeinsamen elterlichen Sorge bestehen und die Alleinsorge eines Elternteils nur in Ausnahmefällen als ultima ratio in Betracht kommen sollte ...“ Vielmehr sei der Alleinsorge eines Elternteils dann der Vorzug zu geben, wenn „es den Eltern nicht gelingt, zu Entscheidungen im Interesse des Kindes zu gelangen. (BGH, NJW 2000, 203). Oberste Richtschnur für eine Sorgerechtsregelung ist damit das Wohl des Kindes.

Das Familiengericht **muß** die Übertragung vornehmen, wenn der andere Teil zustimmt und das Kind (ab dem vollendeten 14. Lebensjahr) der Übertragung nicht widerspricht **oder** zu erwarten ist, daß die Aufhebung der gemeinsamen Sorge und die Übertragung auf den Antragsteller dem Kindeswohl am besten entspricht.

Fall

Sie arbeiten als Heilpädagoge in einer integrativ arbeitenden Kindertagesstätte und übernehmen dort eine neue Gruppe. Als Sie die Unterlagen der Gruppenmitglieder durchsehen, stellen Sie fest, daß bei der fünfjährigen Sandra nur vermerkt ist, daß die Eltern getrennt leben. Zur Frage nach Inhabern der elterlichen Sorge fehlen jegliche Angaben. Wer kann Inhaber der elterlichen Sorge sein?

Lösung

Es stellen sich folgende Fragen:

(1) Sind oder waren die Eltern miteinander verheiratet? Wenn die Eltern noch miteinander verheiratet sind und keine Sorgerechtsentscheidung auf Grund des Getrenntlebens ergangen ist, steht beiden das Sorgerecht nach wie vor gemeinsam zu. Ist eine Sorgerechtsentscheidung ergangen, ist derjenige sorgeberechtigt, dem das Familiengericht das Sorgerecht allein übertragen hat.

(2) Sind die Eltern nicht miteinander verheiratet, so hat entweder die Mutter das alleinige Sorgerecht oder die elterliche Sorge steht nach Abgabe einer Sorgeerklärung beiden gemeinsam zu. Auch hier ist zu prüfen, ob auf Grund der Trennung eine Sorgerechtsentscheidung des Familiengerichts ergangen ist.

i) Tatsächliche Verhinderung in der Ausübung und Ruhen der elterlichen Sorge

Tatsächliche Verhinderung und Ruhen der elterlichen Sorge

Bei der tatsächlichen Verhinderung muß zwischen Verhinderung auf **längere** Zeit (z.B. längere Freiheitsstrafe) und einer **kürzeren** Verhinderung (z.B. Krankenhausaufenthalt) unterschieden werden.

Bei gemeinsamer elterlicher Sorge hat bei tatsächlicher Verhinderung eines Elternteils der andere Elternteil die alleinige elterliche Sorge (§ 1678 I BGB). Bei längerer Verhinderung ist aus Gründen der Rechtssicherheit und des Nachweises der Vertretungsbefugnis eine Feststellung des Familiengerichts angezeigt, daß die elterliche Sorge ruht (§ 1674 BGB). Auch in diesem Fall hat der andere Elternteil die alleinige elterliche Sorge.

Eine andere Regelung gilt, wenn die elterliche Sorge dem verhinderten Elternteil allein zustand (vgl. § 1678 I HS 2 BGB). Dann ist eine gerichtliche Entscheidung darüber erforderlich, wer künftig das Sorgerecht ausübt.

k) Ruhen der elterlichen Sorge aus rechtlichen Gründen

Die elterliche Sorge kann auch aus **rechtlichen** Gründen ruhen. Das Gesetz sieht zwei Voraussetzungen vor:

Ruhen der elterlichen Sorge aus rechtlichen Gründen

- **Geschäftsunfähigkeit** (§§ 104 Nr. 2, 1673 BGB). In diesem Fall übt der andere Elternteil die elterliche Sorge allein aus (§ 1678 I HS 1 BGB). Diese Rechtsfolge tritt nicht ein, wenn die elterliche Sorge dem Elternteil, dessen elterliche Sorge ruht, allein zustand (§ 1678 I HS 2 BGB). Hier muß das Familiengericht eine entsprechende Entscheidung treffen.
- **beschränkte Geschäftsfähigkeit** (§§ 106, 1673 II BGB). Hier steht die tatsächliche Personensorge nach wie vor beiden Elternteilen zu, die rechtliche Personensorge und die Vermögenssorge aber dem anderen Elternteil. Der Fall der beschränkten Geschäftsfähigkeit ist nach der jetzigen Rechtslage nur bei Minderjährigkeit eines Elternteils gegeben.

l) Gefährdung des Kindeswohls

Gefährdung des Kindeswohls

Durch den weitgehenden Wegfall der Eingriffstatbestände des früheren Jugendwohlfahrtsrechtes ist die Vorschrift des § 1666 BGB zu einer der wichtigsten Normen des Familienrechts geworden. Mit dieser Vorschrift schafft der Staat eine wesentliche Voraussetzung zur Erfüllung seines Wächteramtes nach Art. 6 II S 2 GG, wenn die Eltern ihrer Sorgepflicht für die Kinder nicht nachkommen. § 1666 I BGB lautet:

Eingriff des Staates

„Wird das körperliche, geistige oder seelische Wohl des Kindes oder sein Vermögen durch mißbräuchliche Ausübung der elterlichen Sorge, durch Vernachlässigung des Kindes, durch unverschuldetes Versagen der Eltern, oder durch das Verhalten eines Dritten gefährdet, so hat das Familiengericht, wenn die Eltern nicht gewillt oder nicht in der Lage sind, die Gefahr abzuwenden, die zur Abwendung der Gefahr erforderlichen Maßnahmen zutreffen.“

Dabei ist vor allem der **Verhältnismäßigkeitsgrundsatz** zu beachten, der besagt, daß der Eingriff nur insoweit berechtigt ist, als eine Notwendigkeit dafür besteht. Dies wirkt sich vor allem beim Entzug der elterlichen Sorge aus. Die gesamte elterliche Sorge darf nur entzogen werden, wenn ein teilweiser Entzug nicht ausreicht. Vor allem bei der Frage der Trennung eines Kindes von der elterlichen Familie ist sorgfältig zu prüfen, ob nicht andere Maßnahmen, insbesondere Hilfen nach dem SGB VIII (s. VIII, 2.3(1)) ausreichend sind (§ 1666 a I BGB).

Verhältnismäßigkeit

Trennung des Kindes von der Familie

Zu beachten ist, daß ein Eingriff auch dann zulässig ist, wenn die Eltern **kein Verschulden** trifft, z.B. bei Vorliegen einer psychischen Krankheit oder unzureichender Erziehungskompetenz (OLG Oldenburg FamRZ

1999,38). Das Eingreifen des Familiengerichts nach § 1666 BGB setzt keinen Antrag voraus. Das Gericht muß bei Vorliegen entsprechender Informationen, die in der Regel vom Jugendamt kommen, aber z.B. auch von einem freien Träger der Jugendhilfe von sich aus tätig werden.

Fall

Sie arbeiten als Heilpädagoge in einer Fachklinik für Kinder- und Jugendpsychiatrie und betreuen dort auch einen achtjährigen Jungen. Im Rahmen der Elternarbeit erfahren sie von den Eltern, daß diese ihren Sohn so schnell wie möglich aus der Klinik nehmen wollen, obwohl die klinische Weiterbehandlung nach Meinung der behandelnden Fachkräfte unbedingt erforderlich ist und ein Abbruch der Behandlung mit einem schweren Schaden für das Kind verbunden wäre. Die Eltern sind aber völlig uneinsichtig. Sie überlegen im Team, wie das Problem gelöst werden kann.

Lösung

Die Eltern sind Inhaber des Personensorgerechts. Da sie nicht zu überzeugen sind, einem weiteren Klinikaufenthalt zuzustimmen, muß im Interesse des Kindes das Familiengericht informiert werden, damit ihnen das Personensorgerecht insoweit (Aufenthaltsbestimmung und Klinikbehandlung) entzogen und ein Pfleger bestellt wird, der anstelle der Eltern die notwendigen Entscheidungen treffen kann. Notfalls muß das Familiengericht eine **vorläufige Anordnung** als Eilmaßnahme treffen, um das Herausnehmen des Kindes aus der Klinik zu verhindern (vgl. BayObLG NJW 92, 121).

Eingriff in die Vermögenssorge

Ein Eingriff in das elterliche Recht der Vermögenssorge spielt in der Praxis gegenüber den Eingriffen in das Personensorgerecht eher eine untergeordnete Rolle. Gefährdungstatbestände, die in der Regel auftreten, sind in § 1666 II BGB genannt, mögliche Schutzmaßnahmen des Familiengerichts in § 1667 BGB.

Entzug der elterlichen Sorge

Soweit bei gemeinsamer elterlicher Sorge einem Elternteil die elterliche Sorge oder ein Teil davon entzogen wird, übt der andere Elternteil die elterliche Sorge allein aus (§ 1680 III, I BGB). Wenn dem Elternteil, dem das Sorgerecht entzogen wird, die elterliche Sorge nach den §§ 1671, 1672 I, 1626 a II BGB allein zustand, muß das Familiengericht entscheiden, ob das Sorgerecht durch den anderen Elternteil oder einen Vormund/ Pfleger ausgeübt wird.

Auf Grund des verfassungsrechtlichen Ranges des Elternrechts dürfen Maßnahmen nach den §§ 1666, 1667 BGB nur solange aufrechterhalten werden, als eine Gefahr für das Kindeswohl besteht (§ 1696 II BGB). Bei längerer Dauer der Maßnahme muß diese durch das Gericht in angemessenen Zeitabständen überprüft werden (§ 1696 III BGB).

3.2 Pflegschaft/Vormundschaft/Beistandschaft

Wenn die Eltern für die Ausübung der elterlichen Sorge aus welchem Grund auch immer ausfallen, muß der Gesetzgeber eine Alternativlösung zur Verfügung stellen. Ausgangspunkt ist dabei die Notwendigkeit, die elterliche Sorge **insgesamt** zu ersetzen oder nur in **Teilbereichen** zu ergänzen. Das BGB stellt dafür zwei Formen zur Verfügung: Pflegschaft und Vormundschaft.

(1) Pflegschaft für Minderjährige

Pflegschaft für Minderjährige

Eine Pflegschaft kommt nur in Betracht, wenn die Eltern in einem **Teilbereich** der elterlichen Sorge verhindert sind, die elterliche Sorge auszuüben (§ 1909 BGB – „Ergänzungspflegschaft"), d.h. die elterliche Sorge steht außerhalb dieses Teilbereichs den Eltern zu (z.B. bei Entzug nur des Aufenthaltsbestimmungsrechts). Verhinderung kann tatsächliche oder rechtliche Verhinderung bedeuten aber auch teilweiser Entzug der Sorge nach den §§ 1666, 1667 BGB). Nach § 1630 I BGB erstreckt sich die elterliche Sorge nicht auf Angelegenheiten, für die ein Pfleger bestellt ist.

Fall

Sie betreuen in einem heilpädagogischen Heim den zehnjährigen Julian, Kind der Eheleute H. Für die Gruppe, in welcher Julian lebt, ist in den Sommerferien ein Aufenthalt an der italienischen Adria geplant. Dazu sollen die Sorgeinhaber um ihre Zustimmung gebeten werden. Aus den Unterlagen wissen Sie, daß Julians Eltern schon seit längerer Zeit getrennt leben und daß das Jugendamt in B zum Pfleger bestellt ist. Wer kann die Zustimmung zum Ferienaufenthalt erteilen?

Lösung

Hierzu muß geklärt werden, wer für den Bereich der Personensorge zuständig ist, da die Entscheidung über den Ferienaufenthalt in diesen Bereich fällt. Offenbar ist eine Entscheidung des Familiengerichts nach § 1666 BGB ergangen, die aber auf Grund der Tatsache, daß ein Pfleger bestellt ist, nur einen Teil der elterlichen Sorge betrifft. Welchen Bereich die Pflegerbestellung (= Wirkungskreis des

Pflegers) umfaßt, hat das Familiengericht bei der Anordnung der Pflegschaft festgelegt. Am zweckmäßigsten wird dies bei dem die Pflegschaft führenden Jugendamt nachgefragt.

Auf die Pflegschaft finden im wesentlichen die für die Vormundschaft geltenden Vorschriften (s. 3.2(2)) Anwendung (§ 1915 I BGB). Die Pflegschaft endet kraft Gesetzes, wenn die elterliche Sorge endet, z.B. durch Volljährigkeit (§ 1918 I BGB). Eine Pflegschaft, die nur für eine einzelne Angelegenheit angeordnet wurde, endet mit der Erledigung der Angelegenheit (§ 1918 III BGB). Im übrigen hebt das Vormundschaftsgericht die Pflegschaft auf, wenn der Grund für deren Anordnung entfallen ist (§ 1919 BGB). Eine Pflegschaft muß auch dann eingerichtet werden, wenn ein Vormund rechtlich verhindert ist, bestimmte Vertretungsaufgaben für sein Mündel zu übernehmen, z.B. der Vormund wäre gleichzeitig Testamentvollstrecker und Vormund eines Erben (BayObLG FamRZ 59, 125).

(2) Vormundschaft

Vormundschaft

Durch die Abschaffung der Entmündigung mit der damit verbundenen Vormundschaft für Erwachsene gibt es jetzt nur noch eine Vormundschaft für **Minderjährige**.

a) Voraussetzungen einer Vormundschaft

Voraussetzungen

Das Gesetz (§ 1773 I BGB) nennt zwei Voraussetzungen:

- wenn ein Minderjähriger nicht unter elterlicher Sorge steht (z.B. als Vollwaise)
- wenn die Eltern weder in den die **Person** noch in den das **Vermögen** betreffenden Angelegenheiten zur **Vertretung des Minderjährigen** berechtigt sind (z.B. bei dem Kind einer minderjährigen Mutter, die nicht mit dem Vater des Kindes verheiratet ist und auch keine Sorgeerklärung vorliegt).

b) Aufgaben des Vormunds

Aufgaben des Vormunds

Der Aufgabenbereich entspricht in etwa demjenigen der elterliche Sorge, ist aber nicht identisch. Der Vormund hat nach § 1793 I S 1 BGB das Recht und die Pflicht, für die **Person** und das **Vermögen** des Mündels zu sorgen, insbesondere den Mündel zu **vertreten**.
Auch der Vormund ist wie die Eltern an ein partnerschaftliches Erziehungsverhalten gebunden (§§ 1793 I S 2, 1626 II BGB). Der Vormund handelt grundsätzlich selbständig.

Er unterliegt allerdings der **Aufsicht des Vormundschaftsgerichts** (§ 1837 II BGB). Dies kann gerade dann von besonderer Bedeutung sein, wenn ein Kind, das unter Vormundschaft steht, im Rahmen der heilpädagogischen Arbeit betreut wird, und z.B. die betreuende Einrichtung erhebliche Bedenken gegen die Vormundschaftsführung hat. Hier kann sich die Einrichtung – wenn eine Einigung mit dem Vormund nicht möglich ist – direkt an das Vormundschaftsgericht wenden. Die Vormundschaftsführung ist – insbesondere im Vermögensbereich – in den durch das BGB bezeichneten Fällen an die Genehmigung des Vormundschaftsgerichts gebunden (vgl. §§ 1821, 1822 BGB). Wenn der Vormund sein Mündel in einer Einrichtung unterbringen will, und diese Unterbringung mit **Freiheitsentziehung** verbunden ist, benötigt er dafür die Genehmigung des Vormundschaftsgerichts (§§ 1800, 1631 b BGB), so z.B. bei der Unterbringung in einer geschlossenen Abteilung einer Klinik für Kinder- und Jugendpsychiatrie.

Aufsicht des Vormundschaftsgerichts

Freiheitsentziehung

c) Begründung der Vormundschaft

Neben der kraft Gesetzes eintretenden Vormundschaft des Jugendamtes (vgl. §§ 1791 c, 1751 BGB) wird die Vormundschaft durch **Anordnung** des Vormundschaftsgerichts/Familiengerichts begründet (§§ 1774, 1697 BGB).

Begründung der Vormundschaft

d) Auswahl und Bestellung des Vormunds

Die Auswahl des Vormundes ist ebenfalls Sache des Vormundschaftsgerichts/Familiengerichts. Bei dem künftigen Vormund muß es sich in jedem Fall um eine Person handeln, die nach ihren persönlichen Verhältnissen, ihrer Vermögenslage und nach den sonstigen Umständen zur Führung der Vormundschaft geeignet ist (§ 1779 II S 1 BGB). Primär soll zum Vormund eine **Einzelperson** bestellt werden (Einzelvormund), weil hier am ehesten eine persönliche Bindung zwischen Vormund und Mündel möglich ist. Da aber nicht in jedem Fall ein geeigneter Einzelvormund zur Verfügung steht oder spezielle Fachkenntnisse für die Vormundschaftsführung notwendig sind, sieht das BGB auch die Möglichkeit vor, einen **rechtsfähigen Verein**, der vom zuständigen Landesjugendamt für geeignet erklärt worden ist, zum Vormund zu bestellen (§ 1791 a BGB). Vormund ist hier nicht der einzelne Mitarbeiter, sondern der Verein. Um aber den persönlichen Bezug zum Mündel sicherzustellen, ist der Verein gehalten, einzelne Mitglieder/Mitarbeiter mit der Vormundschaftsführung zu beauftragen (§ 1791 a III S 1 BGB). Der Heilpädagoge, der einen Minderjährigen betreut, für den ein Vereinsvormund bestellt ist, tut gut daran, sich zu informieren, wer konkret durch den Verein mit der Vormundschaftsführung beauftragt wurde.

Auswahl und Bestellung

Einzelvormund

Vereinsvormund

Amtsvormund

Wenn kein geeigneter Einzelvormund und auch kein Vereinsvormund zur Verfügung steht, muß das zuständige **Jugendamt** zum **Amtsvormund** bestellt werden (§ 1791 b I BGB).

e) Vormundbestellung

Vormund-bestellung

Die Vormundbestellung erfolgt in jedem Fall durch das **Vormundschaftsgericht**, beim Einzelvormund durch **persönliche Verpflichtung** „zu treuer und gewissenhafter Führung der Vormundschaft" (§ 1789 BGB). Der Einzelvormund weist sich durch eine **Bestallungsurkunde** aus (§ 1791 BGB). Die Bestellung eines Vereinsvormundes oder eines Amtsvormundes erfolgt durch eine **schriftliche Verfügung** des Vormundschaftsgerichts (§§ 1791 a II, 1791 b II BGB), die gleichzeitig als Nachweis der Bestellung dient.

f) Beendigung des Amtes des Vormundes, Beendigung der Vormundschaft

Beendigung des Amtes des Vormunds

Das Amt des Vormundes endet zu dem Zeitpunkt, zu dem die Vormundschaft beendet ist. Es endet auch mit seiner Entlassung (vgl. §§ 1886ff. BGB).

Der Vormund muß das von ihm verwaltete Vermögen an den Mündel herausgeben und über die Verwaltung Rechnung legen (§ 1890 BGB).

Beendigung der Vormundschaft

Die Vormundschaft als solche endet mit der Volljährigkeit des Mündels, mit dem Eintritt bzw. Wiedereintritt der elterlichen Sorge oder mit dem Tod des Mündels.

(3) Beistandschaft

Beistandschaft

Die gesetzliche Neuregelung des Rechtsinstituts der **Beistandschaft** ist im Rahmen der Beratungstätigkeit des Heilpädagogen gegebenenfalls von Bedeutung. Die Beistandschaft bezieht sich jetzt nur noch auf folgende Bereiche (oder einen Teil derselben):

Aufgaben des Beistandes

- Feststellung der Vaterschaft
- Geltendmachung von Unterhaltsansprüchen (§ 1712 BGB).

Voraussetzung für die Beistandschaft

Voraussetzung für die Beistandschaft ist der **schriftliche Antrag** des **Elternteils**, dem für den Aufgabenkreis der beantragten Beistandschaft die **alleinige** elterliche Sorge zusteht (§ 1713 I BGB). Der häufigste Fall ist die Geltendmachung von Unterhaltsansprüchen, wobei es sich hier um einen Bereich der Personensorge handelt.

Der Antrag muß beim **Jugendamt** gestellt werden, das mit dem Eingang des Antrags kraft Gesetzes Beistand wird (§ 1714 BGB). Bei entsprechender landesrechtlicher Regelung (Art. 144 EGBGB), z.B. in Bayern: Art.49 a Bayerisches Kinder- und Jugendhilfegesetz (BayKJHG), kann mit Zustimmung des vertretungsberechtigten Elternteils die Beistandschaft auf einen rechtsfähigen Verein übertragen werden, der dazu die behördliche Erlaubnis besitzt (§ 54 SGB VIII).

Beendigung der Beistandschaft

Die Beistandschaft endet, wenn der Antragsteller dies **schriftlich** verlangt. Sie endet auch dann, wenn die Voraussetzungen für die Antragstellung nicht mehr vorliegen, z.B.das alleinige Sorgerecht (§ 1715 BGB). Wichtig ist, daß durch die Bestellung eines Beistandes das Sorgerecht nicht eingeschränkt wird, d.h. der antragstellende Elternteil kann insoweit den Minderjährigen nach wie vor vertreten – mit Ausnahme einer Prozeßführung. Wenn ein Minderjähriger in einem Rechtsstreit von einem Beistand vertreten wird, ist der sorgeberechtigte Elternteil von der Vertretung ausgeschlossen (§ 53 a ZPO).

3.3 Übungsfragen

(1) Warum ist das Elternrecht ein pflichtgebundenes Recht?

(2) Was verstehen Sie unter elterlicher Sorge im Sinne des BGB?

(3) Nennen Sie drei Bereiche im Rahmen der tatsächlichen Personensorge!

(4) Haben außer den Eltern noch andere Personen ein Umgangsrecht mit dem Kind?

(5) Gibt es eine Haftungsbeschränkung zugunsten von Minderjährigen, wenn ja, was ist deren Inhalt?

(6) Welche rechtlichen Grundsätze gelten für die gemeinsame Ausübung der elterlichen Sorge?

(7) Welche Auswirkungen haben Trennung und Scheidung auf das gemeinsame Sorgerecht?

(8) Was versteht man unter rechtlicher Verhinderung an der Ausübung der elterlichen Sorge?

(9) Wie nimmt der Staat sein Wächteramt bei Gefährdung des Kindeswohls wahr?

(10) Was bedeuten die Begriffe „Pflegschaft“ und „Vormundschaft“?

3.4 Weiterführende Literatur

Palandt, Bürgerliches Gesetzbuch, 59. Auflage, München 2000
Jauernig u.a., Bürgerliches Gesetzbuch, 9. Auflage, München 1999
Lüderitz, Familienrecht, 27. Auflage, München 1999

v.Münch, Ehe- und Familienrecht von A-Z (Beck Rechtsberater im dtv, Nr.5042), 14. Auflage, München 1999

Oberloskamp, Ich erziehe mein Kind allein (Beck Rechtsberater im dtv, Nr.5245, 4. Auflage, München 1999

Oberloskamp (Hrsg.), Vormundschaft, Pflegschaft und Beistandschaft für Minderjährige, 2. Auflage, München 1998

V. Die Rechtsposition erwachsener Behinderter einschließlich der rechtlichen Betreuung

LERNZIELE
Eine fachgerechte Betreuung behinderter Erwachsener erfordert auch von einem Heilpädagogen eine genaue Kenntnis der Rechte und Pflichten des Behinderten, insbesondere seiner rechtlich relevanten Handlungsfähigkeit, der Ausgestaltung einer rechtlichen Betreuung und seiner strafrechtliche Verantwortlichkeit.

1. Geschäftsfähigkeit

Geschäftsunfähigkeit

Die volle Geschäftsfähigkeit tritt in der Regel mit der Volljährigkeit ein (§ 2 BGB). Dies ist dann nicht der Fall, wenn der Betreffende zu diesem Zeitpunkt nach § 104 Nr.2 BGB **geschäftsunfähig** ist. Eine Geschäftsunfähigkeit ist nach dieser Bestimmung dann gegeben, wenn jemand an einer nicht nur vorübergehenden krankhaften Störung der Geistestätigkeit (z.B. Geisteskrankheit oder Geistesschwäche) leidet **und** diese Störung eine freie Willensentscheidung ausschließt. Damit ist zum Ausdruck gebracht, daß nicht jede geistige Störung zur Geschäftsunfähigkeit führt. Letztere muß im Einzelfall festgestellt werden.
Neben einer totalen Geschäftsunfähigkeit sieht die Rechtsprechung auch die Möglichkeit einer **partiellen** Geschäftsunfähigkeit. Eine solche liegt dann vor, wenn die betreffende Person nur einen bestimmten Kreis von Angelegenheiten, z.B. die Vermögensangelegenheiten, nicht selbst regeln kann (vgl. Palandt, BGB, 59. A., Anm. 3 zu § 104).
Soweit eine Geschäftsunfähigkeit vorliegt, sind alle Willenserklärungen des Geschäftsunfähigen unwirksam (§ 105 I BGB); ebenso werden ihm zugehende Willenserklärungen erst dann wirksam, wenn sie dem gesetzlichen Vertreter zugehen (§ 131 I BGB).

2. Rechtliche Betreuung

Der Begriff „Betreuung" hat in unserem Sprachgebrauch verschiedene Inhalte. Hier wird er im Sinne einer **rechtlichen** Betreuung verwendet

(§§ 1896ff. BGB). Damit ist klargestellt, daß es sich hier um **staatliche Rechtsfürsorge** handelt (vgl. Palandt, BGB, 59. A., Einf. 1 vor § 1896).

2.1 Voraussetzungen

Die Anordnung ist nur für **Volljährige**, nicht für Minderjährige möglich. Voraussetzung ist immer, daß eine **Notwendigkeit** für eine Betreuung besteht. Dies ist immer dann der Fall, wenn ein Volljähriger infolge einer **psychischen Krankheit** oder einer **körperlichen, geistigen oder seelischen Behinderung** seine Angelegenheiten ganz oder teilweise nicht besorgen kann. Eine Betreuung ist aber dann nicht notwendig, wenn der Volljährige zur Erledigung seiner Angelegenheiten einen Bevollmächtigten (§ 167 BGB) bestellen kann oder andere Hilfen, bei denen kein gesetzlicher Vertreter bestellt wird, ausreichend sind (§ 1896 BGB).

2.2 Betreuungsverfahren

(1) Antrag an das Vormundschaftsgericht

Antrag

Das Antragsrecht steht nur dem zu Betreuenden selbst zu, wobei auch ein Geschäftsunfähiger antragsberechtigt ist (§ 1896 I BGB). Der Betroffene ist ohne Rücksicht auf seine Geschäftsfähigkeit verfahrensfähig (§§ 66 FGG).

(2) Betreuerbestellung von Amts wegen

Betreuerbestellung

Es muß auch die Möglichkeit geben, einen Betreuer dann zu bestellen, wenn einerseits die Notwendigkeit für eine Betreuung besteht, andererseits aber keine Antragstellung erfolgt. Dies ist in § 1896 I BGB vorgesehen. Damit können Personen und Institutionen, z.B. eine Behinderteneinrichtung, beim zuständigen Vormundschaftsgericht eine Betreuerbestellung **anregen**. Zuständig ist das Gericht, in dessen Bezirk der zu Betreuende seinen gewöhnlichen Aufenthalt hat (§ 65 I FGG).

(3) Verfahrenspfleger

Verfahrenspfleger

Wenn es im Interesse des Betroffenen notwendig erscheint, bestellt das Gericht für ihn einen Verfahrenspfleger (§ 67 FGG).

(4) Anhörung des Betroffenen, Sachverständigengutachten

Anhörung Sachverständigengutachten

Bevor ein Betreuer bestellt wird, muß das Gericht den Betroffenen **persönlich anhören**, auch um sich einen unmittelbaren Eindruck von ihm zu machen (vgl. Art. 103 I GG). Es ist ein **Sachverständigengutachten** einzuholen; in bestimmten Fällen genügt ein ärztliches Zeugnis (§§ 68, 68 b FGG).

(5) Entscheidung des Vormundschaftsgerichts

Gerichtliche Entscheidung

Wesentlicher Inhalt der gerichtlichen Entscheidung ist die Bezeichnung des Betreuers und seines Aufgabenkreises sowie bei Anordnung eines Einwilligungsvorbehalts die Bezeichnung der einwilligungsbedürftigen Willenserklärungen (§ 69 FGG).

(6) Betreuer

Betreuer

Vorrang als Betreuer haben **natürliche Personen**, weil hier die persönliche Betreuung, auf welche das Gesetz großen Wert legt, am besten gesichert ist. Der zu Betreuende hat ein Vorschlagsrecht. Als Einzelbetreuer kommen Privatpersonen, Vereinsbetreuer (Mitarbeiter eines anerkannten Betreuungsvereins) und Behördenbetreuer (Mitarbeiter einer Betreuungsbehörde) in Betracht (§ 1897 BGB). Diese weisen sich durch eine gerichtliche Bestellungsurkunde aus (§ 69 b II FGG). Um Interessenkonflikte schon von vornherein zu vermeiden, sieht § 1897 III BGB vor, daß solche Personen nicht zu Betreuern bestellt werden dürfen, die zu einer Anstalt, einem Heim oder einer sonstigen Einrichtung, in welcher der Volljährige untergebracht ist oder wohnt, in einem Abhängigkeitsverhältnis (z.B. im Rahmen eines Arbeitsverhältnisses) oder in einer anderen engen Beziehung (z.B. als Mitglied eines Organs des Einrichtungsträgers) stehen.

Für den Fall, daß kein geeigneter Einzelbetreuer zur Verfügung steht oder entsprechende Fachkenntnisse erforderlich sind, sieht das BGB eine **Vereinsbetreuung** vor. Betreuer ist hier ein nach § 1908 f BGB anerkannter Verein. Um den personalen Bezug herzustellen, muß der Verein die Wahrnehmung der Betreuung einzelnen Personen übertragen, die namentlich dem Vormundschaftsgericht zu benennen sind. Wenn ein Heilpädagoge einen Klienten hat, der unter einer Vereinsbetreuung steht, sollte er klären, welche Person des Betreuungsvereins die Betreuung wahrnimmt (§ 1900 II BGB). Wenn weder ein Einzelbetreuer noch ein Betreuungsverein zur Verfügung steht, bestellt das Vormundschaftsgericht die **Betreuungsbehörde** zum Betreuer (§ 1900 IV BGB). Auch die Behörde muß wie der Betreuungsverein die Betreuung einzelnen Mitarbeitern übertragen.

Der Betreuungsverein und die Betreuungsbehörde weisen sich als Betreuer durch eine Bestellungsurkunde aus (§ 69 b II FGG).

(7) Durchführung der Betreuung

Entscheidend ist hier die Vorschrift des § 1901 BGB. Danach hat der Betreuer die zu seinem Aufgabenkreis gehörenden Angelegenheiten im Einklang mit dem Wohl des Betreuten zu besorgen, wobei der Lebensgestaltung des Betreuten nach dessen Willen – soweit mit dessen Wohl vereinbar -Raum zu geben ist. Aufgabe des Betreuers ist es auch, daran mitzuwirken, daß nach Möglichkeit die Krankheit oder Behinderung behoben, gebessert oder wenigstens die Folgen gemildert werden.

Gesetzliche Vertreter

Der Betreuer ist auch **gesetzlicher Vertreter** des Betreuten, d.h. er vertritt ihn **innerhalb seines Aufgabenkreises** außergerichtlich und gerichtlich (§ 1902 BGB).

Grundsätzlich ändert die Bestellung eines Betreuers nichts an der Geschäftsfähigkeit des Betreuten, sofern nicht Geschäftsunfähigkeit nach § 104 Nr.2 BGB vorliegt. Allerdings sind mit dieser rechtlichen Situation auch Gefahren verbunden, nämlich dann, wenn die Gefahr droht, daß der Betreute sich selbst durch unkontrollierte Rechtshandlungen (z.B. unüberlegte Käufe) schädigt bzw. es zu widersprechenden Rechtsgeschäften des Betreuten und des Betreuers kommt (BT-Drucks 11/4528).

Einwilligungsvorbehalt

§ 1903 BGB sieht deshalb die gerichtliche Anordnung eines Einwilligungsvorbehalts vor mit der Folge, daß der Betreute zu einer Willenserklärung in dem durch den **Einwilligungsvorbehalt** erfaßten Bereich der Einwilligung des Betreuers bedarf. Es gelten dann die Vorschriften für beschränkt geschäftsfähige Minderjährige entsprechend (§§ 108-113, 131 Abs.2, 206 BGB).

Die Anordnung eines Einwilligungsvorbehalts kann bereits mit der Betreuerbestellung verbunden werden, aber auch im Laufe des Betreuungsfahrens erfolgen.

Bei der Arbeit des Heilpädagogen mit Betreuten sollte bei Feststellung entsprechender Gefahren die Möglichkeit des Einwilligungsvorbehalts genutzt und der Betreuer entsprechend informiert werden (§ 1901 V BGB).

Eine Unterbringung des Betreuten, die mit Freiheitsentziehung verbunden ist, bedarf der Zustimmung des Vormundschaftsgerichts (§ 1906 II BGB).

Im übrigen sind auf die Betreuung entsprechende Vorschriften des Vormundschaftsrechts anwendbar (§ 1908 i BGB), wobei insbesondere auf die Aufsicht über den Betreuer durch das Vormundschaftsgericht hinzuweisen ist. Dies kann von Bedeutung sein, wenn z.B. eine Betreuungseinrichtung ein Fehlverhalten eines Betreuers feststellt, dem nur durch gerichtliche Maßnahmen entgegengewirkt werden kann.

(8) Beendigung des Amtes des Betreuers

Beendigung des Amtes des Betreuers

Das Amt des Betreuers endet mit seinem Tod oder mit seiner Entlassung durch das Vormundschaftsgericht. Die Betreuung als solche wird fortgeführt. Es ist ein neuer Betreuer zu bestellen (§ 1908 c BGB).

(9) Ende der Betreuung

Aufhebung der Betreuung

Wenn die Voraussetzungen für die gesamte Betreuung nicht mehr gegeben sind, ist diese aufzuheben, bei Wegfall der Voraussetzungen für einen Teilbereich der Aufgabenkreis des Betreuers einzuschränken (§ 1908 d I BGB).

Fall

Ein junger Mann (24), welcher schwer geistig behindert ist und bisher von den Eltern versorgt wurde, soll in einer Einrichtung für geistig Behinderte untergebracht werden, weil seine Eltern aus Altersgründen zu seiner weiteren Versorgung nicht mehr in der Lage sind. Eine rechtliche Betreuung wurde bisher nicht angeordnet. Bei der Vorstellung des jungen Mannes in der Einrichtung wurde mit den Eltern der abzuschließende Betreuungsvertrag besprochen und ihnen der Vertragsentwurf zur Unterzeichnung mitgegeben. Die Eltern fragen sich, ob sie den Vertrag für ihren Sohn unterzeichnen können.

Lösung

Der junge Mann ist schwer geistig behindert und deshalb als geschäftsunfähig nach § 104 Nr.2 BGB anzusehen sein. Seit seiner Volljährigkeit sind die Eltern wegen Beendigung der elterlichen Sorge nicht mehr vertretungsberechtigt, sodaß spätestens jetzt eine rechtliche Betreuung eingerichtet und ein Betreuer bestellt werden muß. Dies kann auch ein Elternteil sein, aber auch beide Eltern können zu Betreuern bestellt werden (§ 1899 BGB).

3. Deliktsfähigkeit

Hier geht es darum, wann jemand für einen von ihm verursachten Schaden einzustehen hat (vgl. § 823 I BGB). Die entscheidende Vorschrift enthält **§ 827 S 1 BGB**: „Wer im Zustande der Bewußtlosigkeit oder in einem die **freie Willensbestimmung** ausschließen den Zustande **krankhafter Störung** der **Geistestätigkeit** einem anderen Schaden zufügt, ist für den Schaden **nicht** verantwortlich" (Frage der Zurechnungsfähigkeit!). Ob diese Voraussetzungen vorliegen, muß in jedem Einzelfall geprüft werden. Auch eine rechtliche Betreuung schließt, für sich allein genommen, eine Verantwortlichkeit nicht aus. Es müssen immer die vorgenannten Voraussetzungen gegeben sein, wenn die Haftung ausgeschlossen sein soll.

Fall

Sie arbeiten in einer Förderstätte für mehrfachbehinderte Erwachsene. Einer der Behinderten gerät plötzlich in Wut und wirft dabei einen Stuhl gegen die Tür, die dabei erheblich beschädigt wird. Die Einrichtungsleitung prüft, ob von dem Schädiger Schadenersatz verlangt werden kann.

Lösung

Die Frage der Schadenersatzpflicht hängt vom Grad der Behinderung und davon ab, in welcher Weise die freie Willensbestimmung davon beeinflußt wird. Nur wenn letztere ausgeschlossen werden kann, haftet der Betreffende nicht für den Schaden.

Billigkeitshaftung

Billigkeitshaftung

Wenn eine Haftung nach § 827 BGB ausgeschlossen ist, geht der Geschädigte leer aus, es sei denn, daß eine „Ersatzpflicht aus Billigkeitsgründen" (§ 829 BGB) gegeben ist. Dies ist dann der Fall, wenn die Vermögensverhältnisse des Schädigers weitaus besser als die des Geschädigten sind und damit ein Ausgleich „billig" ist. Sofern allerdings ein Aufsichtpflichtiger für den Schaden haftet und auch nach seiner Vermögenslage Schadenersatz leisten kann, kommt die Billigkeitshaftung nicht zum Tragen. Das Bestehen einer privaten Haftpflichtversicherung des Schädigers kann, für sich genommen, nicht zur Billigkeitshaftung führen (BGH NJW 79; 2096).

4. Strafrechtliche Verantwortlichkeit (vgl. IX, 14)

Straftat

Auch im Bereich der heilpädagogischen Arbeit mit Erwachsenen kann sich gegebenenfalls die Frage stellen, ob der Klient in einer bestimmten Situation eine **Straftat** begangen hat. Um dies zu klären, muß man die Voraussetzungen einer Straftat kennen. Eine solche liegt nämlich nur dann vor, wenn

Tatbestand

4.1 der **Tatbestand** eines Strafgesetzes erfüllt ist, wobei zwischen dem **objektiven** Tatbestand (das Verhalten entspricht einer strafrechtlichen Gesetzesnorm, z.B. bei Diebstahl: Wegnahme einer fremden beweglichen Sache) und dem **subjektiven** Tatbestand (bei Diebstahl: Absicht, die Sache sich oder einem Dritten rechtswidrig zuzueignen) zu unterscheiden ist (vgl. § 242 StGB).

4.2 die Tat **rechtswidrig** (Verstoß gegen die Rechtsordnung!) war. Eine Rechtswidrigkeit liegt dann nicht vor, wenn ein sogenannter **Rechtfertigungsgrund** vorliegt, insbesondere Notwehr (§ 32 StGB) oder Notstand (§ 34 StGB). Rechtswidrigkeit

4.3 der Täter die Tat **schuldhaft** begangen hat. Das Strafrecht kennt zwei Schuldformen: Vorsatz und Fahrlässigkeit. Schuld

Vorsatz:	Die Tatbestandsmerkmale werden bewußt und gewollt erfüllt bzw. der Erfolg wird in Kauf genommen.
Fahrlässigkeit:	Außerachtlassung der notwendigen Sorgfalt.

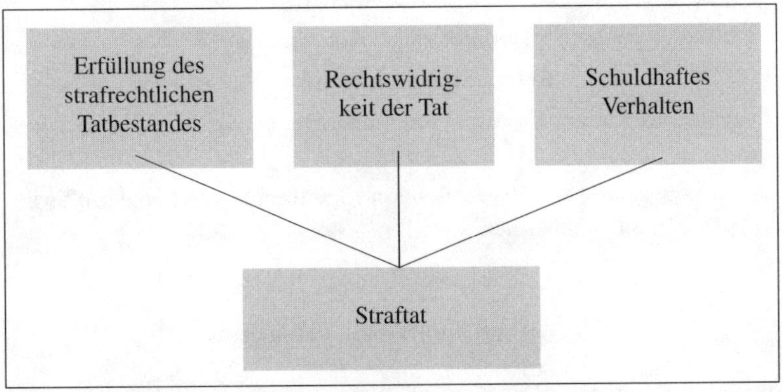

4.4 Schuldfähigkeit: Gerade bei dem im Rahmen der heilpädagogischen Arbeit im Erwachsenenbereich betreuten Personenkreis stellt sich bei Straftaten häufig die Frage nach der Schuldfähigkeit. Schuldfähigkeit
Das Strafrecht unterscheidet zwischen **Schuldunfähigkeit** und **verminderter Schuldfähigkeit**.

(1) Schuldunfähigkeit
Eine Schuldunfähigkeit ist dann gegeben, wenn wegen **seelischer Störungen** (vgl. 2.4 (2) a) der Betreffende nicht in der Lage ist, entweder das Unrecht der Tat einzusehen oder nach dieser Einsicht zu handeln (§ 20 StGB). Schuldunfähigkeit

(2) Verminderte Schuldfähigkeit
Wenn die Einsichtsfähigkeit oder die Steuerungsfähigkeit aus den in § 20 StGB genannten Gründen zum Zeitpunkt der Tat **erheblich vermindert** sind, wird der Betreffende zwar bestraft, aber die Strafe kann nach § 49 I StGB **gemildert** werden (§ 21 StGB). Verminderte Schuldfähigkeit

5. Übungsfragen

(1) Was verstehen Sie unter dem Begriff „Geschäftsfähigkeit"?

(2) Kann eine Geschäftsunfähiger wirksame Willenserklärungen entgegennehmen?

(3) Wann ist ein Erwachsener für einen von ihm angerichteten Schaden nicht verantwortlich?

(4) Welche Voraussetzungen müssen für eine Straftat gegeben sein?

(5) Das Strafrecht kennt eine verminderte Schuldfähigkeit. Was versteht man darunter?

(6) Erläutern Sie den Begriff „Rechtliche Betreuung"!

(7) Welches Gericht ist dafür sachlich zuständig?

(8) Wer kann eine Betreuung beantragen?

(9) Wie beurteilen Sie das Verhältnis „Betreuung" – „Geschäftsfähigkeit"?

(10) Was verstehen Sie unter einem Einwilligungsvorbehalt und wie wirkt sich ein solcher aus?

6. Weiterführende Literatur

Palandt, Bürgerliches Gesetzbuch, 59. Auflage, München 2000
Jauernig u.a., Bürgerliches Gesetzbuch, 9. Auflage, München 1999
Tröndle/Fischer, Strafgesetzbuch, 49. Auflage, München 1999
Hassemer, Einführung in die Grundlagen des Strafrechts, 2. Auflage, München 1990
Zimmermann, Betreuungsrecht, 4. Auflage, München 1999
Jürgens u.a., Das neue Betreuungsrecht, 4. Auflage, München 1999

VI. Die Rechtsstellung der Schwerbehinderten

LERNZIELE

Die Arbeit des Heilpädagogen mit behinderten Erwachsenen hat auch eine genaue Kenntnis der besonderen Rechtstellung der Schwerbehinderten zur Vorausetzung.

1. Gesetzliche Regelung

Schwerbehindertengesetz

Ausgangspunkt ist das „Gesetz zur Sicherung der Eingliederung Schwerbehinderter in Arbeit, Beruf und Gesellschaft (Schwerbehindertengesetz – SchwbG)". Mit dieser Formulierung ist auch die Zielsetzung des Gesetzes definiert, Eingliederungshilfen bereitzustellen, um diesem auf Grund seiner besonderen Situation benachteiligten Personenkreis in mehrfacher Weise eine Hilfestellung zu bieten.

2. Schwerbehinderte und Gleichgestellte

Schwerbehinderte im Sinne dieses Gesetzes sind Personen, deren Behinderungsgrad wenigstens 50 beträgt (§ 1 SchwbG).
Daneben gibt es sogenannte „Gleichgestellte". Es handelt sich dabei um Personen, deren Behinderungsgrad mindestens **30** beträgt, aber unter 50 liegt, **und** die ohne die Gleichstellung keinen geeigneten Arbeitsplatz erlangen oder behalten können (§ 2 SchwbG). Die Gleichstellung erfolgt auf Antrag durch das **Arbeitsamt** nach Feststellung des Behinderungsgrades durch die zuständige Behörde.

Behinderung

Was das Gesetz unter **Behinderung** versteht, ist in § 3 definiert. Es muß sich um die Auswirkung einer nicht nur vorübergehenden (= mehr als sechs Monate dauernden) Funktionsbeeinträchtigung handeln, die entweder körperlich, geistig oder seelisch bedingt ist.

3. Feststellung der Behinderteneigenschaft

Die Feststellung erfolgt nur auf **Antrag** des Behinderten, also nicht von Amts wegen. Der Antrag ist an die für die Durchführung des Bundesversorgungsgesetzes zuständige Behörde (z.B. in Bayern: Amt für Versorgung und Familienförderung) zu richten (§ 4 SchwbG). Der Grad der Behinderung wird nach Zehnergraden von 20 bis 100 festgestellt (§ 3 II SchwbG). Bei mehreren Funktionsbeeinträchtigungen wird der Entscheidung die **Gesamtheit** der Beeinträchtigungen, auch in ihrer Beziehung zueinander, zugrunde gelegt (§ 4 III S 1 SchwbG). Gleichzeitig mit der Feststellung des Behinderungsgrades werden gegebenenfalls auch Feststellungen zu den weiteren gesundheitlichen Voraussetzungen für einen Nachteilsausgleich getroffen, z.B. bei einer erheblichen Beeinträchtigung der Bewegungsfähigkeit im Straßenverkehr (§§ 4 IV, 60 SchwbG). Liegen die Voraussetzungen für einen **Nachteilsausgleich** vor, werden im Schwerbehindertenausweis besondere Merkzeichen eingetragen, z.B. „B" bedeutet, daß eine ständige Begleitung des Behinderten bei Benutzung öffentlicher Verkehrsmittel notwendig ist, d.h. die Begleitperson unentgeltlich befördert wird. Nach § 59 SchwbG werden solche Schwerbehinderte, die in ihrer Bewegungsfähigkeit im Straßenverkehr erheblich beeinträchtigt sind (Merkzeichen „G"), im öffentlichen Personennahverkehr unentgeltlich gegen Entrichtung eines jährlichen bzw. halbjährlichen Eigenbeteiligungsbeitrags befördert.

Nachteilsausgleich

Rechtsweg zu den Sozialgerichten

Bei einem Streit über die Feststellung des Behinderungsgrades bzw. über die Voraussetzungen eines Nachteilsausgleichs ist der Rechtsweg zu den **Sozialgerichten** gegeben. Zu beachten ist, daß vor Erhebung einer Klage zum Sozialgericht ein **Widerspruchsverfahren** durchzuführen ist.

Fall

Auf Antrag eines Behinderten wird durch die zuständige Behörde ein Behinderungsgrad von 40 festgestellt. Der Antragsteller ist aber nach Konsultation seines Arztes der Auffassung, daß der Behinderungsgrad mindestens 60 beträgt. Er will deshalb gegen die Entscheidung vorgehen und fragt sich, was er tun muß.

Lösung

Er muß binnen eines Monats nach Zugang der Entscheidung (= Verwaltungsakt) Widerspruch bei der Behörde, die den Verwaltungsakt erlassen hat, schriftlich oder zur Niederschrift dieser Behörde einlegen (§ 84 SGG). Sofern auch der Widerspruchsbescheid nicht der Rechtsauffassung des Antragstellers entspricht, kann er dagegen Klage zum Sozialgericht binnen eines Monats nach Zustellung des Widerspruchsbescheides erheben (§ 87 SGG).

4. Rechtsfolgen der Feststellung der Schwerbehinderteneigenschaft

4.1 Beschäftigungspflicht der Arbeitgeber

Alle Arbeitgeber, sowohl private wie öffentliche, die über mindestens 16 Arbeitsplätze verfügen (§ 5 SchwbG), haben 6 % der Arbeitsplätze mit Schwerbehinderten zu besetzen. Bei der Zahl der Arbeitsplätze sind Teilzeitarbeitsplätze (mit weniger als 18 Stunden wöchentlich) nicht mitzuzählen (§ 7 III SchwbG). Leider erfüllen eine Reihe von Arbeitgebern diese Verpflichtung aus verschiedenen Gründen nicht. § 11 SchwbG sieht deshalb vor, daß pro unbesetztem Pflichtplatz eine monatliche **Ausgleichsabgabe** von derzeit 200 DM zu zahlen ist, die wiederum nur für Zwecke der Arbeits- und Berufsförderung Schwerbehinderter sowie für begleitende Hilfen verwendet werden darf.

Ausgleichs-abgabe

4.2 Pflichten der Arbeitgeber bei der Beschäftigung Schwerbehinderter

Behinderten-gerechte Beschäftigung

Schwerbehinderte müssen so beschäftigt werden, daß sie ihre Kenntnisse und Fähigkeiten möglichst voll verwerten und weiterentwickeln können (§ 14 II SchwbG). In der Regel müssen die Arbeitgeber die Arbeitsplätze mit den erforderlichen behinderungsgerechten Arbeitshilfen ausstatten (§ 14 III S 2 SchwbG).

4.3 Kündigungsschutz

Besonderer Kündigungs-schutz

Schwerbehinderte haben dadurch einen besonderen Kündigungsschutz (neben dem durch das Kündigungsschutzgesetz garantierten Kündigungsschutz), daß zu einer wirksamen Kündigung durch den Arbeitgeber die **vorherige Zustimmung** der **Hauptfürsorgestelle** erforderlich ist (§ 15 SchwbG). Dabei ist zu beachten, daß die Zustimmung nur dann erforderlich ist, wenn das Arbeitsverhältnis zum Zeitpunkt des Zugangs der Kündigungserklärung länger als sechs Monate bestanden hat. Die Hauptfürsorgestelle muß die Stellungnahme des Arbeitsamtes, des Betriebs- bzw. Personalrates und der Schwerbehindertenvertretung einholen sowie den Schwerbehinderten selbst hören (§§ 17 II, 24 SchwbG). Die Kündigungsfrist beträgt bei der ordentlichen Kündigung mindestens vier Wochen (§ 16 SchwbG), nicht bei einer außerordentlichen Kündigung (§ 21 I SchwbG).

4.4 Freistellung von Mehrarbeit

Mehrarbeit

Soweit Schwerbehinderte dies wünschen, müssen sie von **Mehrarbeit** freigestellt werden (§ 46 SchwbG).

4.5 Zusatzurlaub

Schwerbehinderte (nicht Gleichgestellte) können einen **Zusatzurlaub** von fünf Arbeitstagen im Urlaubsjahr beanspruchen (§ 47 SchwbG).

5. ÜBUNGSFRAGEN

(1) Worin liegt der Unterschied zwischen „Schwerbehinderten“ und „Gleichgestellten“?

(2) Erfolgt die Feststellung der Schwerbehinderteneigenschaft auch von Amts wegen?

(3) Wann ist ein Arbeitgeber zur Beschäftigung von Schwerbehinderten verpflichtet?

(4) Was verstehen Sie unter dem Begriff „Ausgleichsabgabe“ und in welcher Höhe ist sie derzeit zu entrichten?

(5) Bezieht sich der zusätzliche Kündigungsschutz für Schwerbehinderte auch auf außerordentliche Kündigungen?

6. WEITERFÜHRENDE LITERATUR:

Cramer, Schwerbehindertengesetz, 5. Auflage, München 1998
Neumann/Pahlen, Schwerbehindertengesetz, 9. Auflage, München 1999

VII. Rechtsverhältnis der Klienten zur Betreuungseinrichtung und staatlicher Rechtschutz

LERNZIELE

Die meisten Heilpädagogen arbeiten heute innerhalb einer Institution. Deshalb sind Kenntnisse darüber wichtig, welches Rechtsverhältnis des Klienten zur betreuenden Einrichtung besteht und welche Inhalte dieses Rechtsverhältnis hat.
Davon wird auch die Position des Heilpädagogen innerhalb der Einrichtung mitbestimmt. Weiter ist es notwendig, die Anforderungen des Staates an die Betreuungseinrichtungen zu kennen.

1. Rechtsstellung des Klienten zur Betreuungseinrichtung

1.1 Vertrag

Die Beziehungen des Klienten zu einer ihn betreuenden Institution stellen rechtlich einen **Vertrag** dar. Ein Vertrag ist immer dann gegeben, wenn mindestens zwei Personen übereinstimmende Willenserklärungen abgeben, um einen bestimmten rechtlichen Erfolg herbeizuführen. Es handelt sich hier um einen **Betreuungsvertrag**, der verschiedene Inhalte haben kann, z.B. Betreuung in einer heilpädagogischen Tagesstätte, Beratung in Erziehungsfragen, Rehabilitation in der Erwachsenenpsychiatrie. Der Träger der Institution bedient sich zur Erfüllung des Vertrages seiner Mitarbeiter, die wiederum in der Regel durch einen Arbeitsvertrag mit dem Einrichtungsträger verbunden sind.

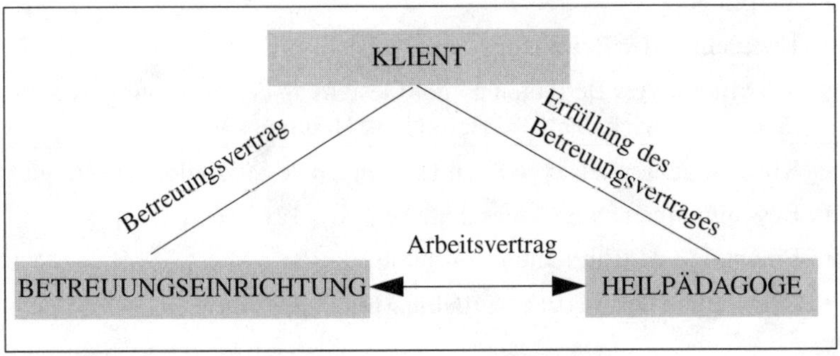

Aus dieser Konstellation ergibt sich, daß zwar vertragliche Beziehungen zwischen dem Klienten und der Betreuungseinrichtung sowie zwischen dieser und dem Mitarbeiter bestehen, aber nicht zwischen Klient und Heilpädagoge. Eine solche direkte vertragliche Beziehung zwischen Klient und Heilpädagoge würde im Falle der Betreuung in einer heilpädagogischen freien Praxis bestehen (vgl. X).

1.2 Vertragsabschluß

Soweit die Klienten geschäftsunfähig sind, schließen die gesetzlichen Vertreter den Vertrag mit dem Träger der Einrichtung ab. Bei beschränkt geschäftsfähigen Klienten stimmen die gesetzlichen Vertreter entweder dem Vertragsschluß durch den beschränkt Geschäftsfähigen zu oder sie -schließen als gesetzliche Vertreter den Vertrag ab.
Vertragspartner sind die minderjährigen oder die volljährigen Klienten und nicht die gesetzlichen Vertreter.
Die Schriftform eines solchen Vertrages ist zwar in jedem Fall wünschenswert, aber zur Wirksamkeit des Vertrages nur dann notwendig, wenn sie gesetzlich vorgeschrieben (z.B. § 4 HeimG) oder vertraglich vereinbart ist (§§ 127, 125 BGB).

1.3 Vertragsinhalt

Je nach der Aufgabenstellung der jeweiligen Institution sind die Vertragsinhalte unterschiedlich. Es kann sich um sogenannte **Mischverträge** handeln, wenn verschiedene Vertragstypen miteinander verbunden sind, z.B. Mietvertrag und Dienstvertrag. Wichtige Bestandteile können sein:

- Form der Betreuung einschließlich Mitwirkung des Betreuten
- Unterkunft
- Verpflegung
- Übernahme der Betreuungs- und Aufsichtspflicht
- Mitwirkung des Betreuten an der Gestaltung des Betreuungsverhältnisses (z.B. nach den §§ 5 HeimG, 30 HeimmitwV)
- Kostenregelung einschließlich Leistungen des Sozialleistungsträgers
- Bestimmungen zum Datenschutz (vgl. IX, 12)
- Einhaltung der Einrichtungsordnung
- Beendigung des Vertragsverhältnisses.

Für volljährige behinderte Klienten enthält das **Heimgesetz** eingehende Regelungen zum Vertragsinhalt. Dieser **muß** sich auf folgende Bereiche beziehen: Unterkunft, Verpflegung, Umfang der Betreuung, Höhe der Kosten, Mindestmaß der ärztlichen, therapeutischen und pflegerischen Leistungen. Wenn der Heilpädagoge seine Tätigkeit in einer Einrichtung aufnimmt, ist es sehr empfehlenswert, daß er sich mit dem Inhalt eventuell bestehender Musterverträge, welche die Einrichtung verwendet, vertraut macht.

2. Betriebserlaubnis und behördliche Überwachung der Betreuungseinrichtung

2.1 Gesetzlicher Schutz der Klienten in einer Einrichtung

Klienten in einer Einrichtung sind von dieser abhängig und bedürfen deshalb in der Regel auch eines staatlichen Schutzes. Dieser beruht für den Bereich der Minderjährigen und der Volljährigen auf verschiedenen gesetzlichen Grundlagen.

2.2 Einrichtungen für Minderjährige

Die entsprechenden Vorschriften enthält das SGB VIII. Sie sind in drei Bereiche gegliedert:

- Erlaubnis für den Betrieb (§ 45 SGB VIII)
- Örtliche Prüfung (§ 46 SGB VIII)
- Meldepflichten (§ 47 SGB VIII).

Folgende Einrichtungen sind davon betroffen: Einrichtungen, in der Kinder oder Jugendliche ganztägig oder für einen Teil des Tages betreut werden oder Unterkunft erhalten (§ 45 I S 1 SGB VIII). Von der Erlaubnispflicht sind bestimmte Einrichtungen ausgenommen, z.B. Jugendfreizeit- und Jugendbildungseinrichtungen (§ 45 I S 2 SGB VIII).

(1) Erlaubnis für den Betrieb

Betriebs-erlaubnis

Die Erlaubnis darf nur solchen Einrichtungen erteilt werden, in denen das Wohl der Kinder und Jugendlichen gewährleistet ist, insbesondere dadurch, daß entsprechend qualifiziertes und zahlenmäßig ausreichendes Fachpersonal vorhanden ist. Ebenso muß die bauliche Ausstattung der Aufgabe entsprechen. Gesundheitliche Gefährdungen müssen ausgeschlossen sein. Die Erlaubnispflicht darf bei Einrichtungen der freien

Jugendhilfe nicht dazu benützt werden, um in deren Selbständigkeit in Zielsetzung und Durchführung ihrer Aufgaben oder in deren Gestaltung der Organisationsstrukturen einzugreifen, es sei denn, das Wohl der betreuten Minderjährigen käme dadurch in Gefahr (§ 4 I S 2 SGB VIII). Bei einer Gefährdung des Wohles der Minderjährigen, die vom Träger der Einrichtung nicht behoben wird, muß die Betriebserlaubnis zurückgenommen oder widerrufen werden (§ 45 II S 4 SGB VIII).

(2) Örtliche Prüfung

Örtliche Prüfung

Der Schutz der Minderjährigen ist nur dann gewährleistet, wenn in bestimmten Zeitabständen überprüft wird, ob die Voraussetzungen für die Betriebserlaubnis noch bestehen. Die Prüfungsrechte der Heimaufsichtsbehörde sind sehr weitgehend. So dürfen die Behördenvertreter Grundstücke und Räume, soweit diese nicht durch das Hausrecht der Bewohner geschützt sind (z.B. Personalwohnräume), während der Tageszeit betreten, sie können dort Prüfungen und Besichtigungen vornehmen, sich mit den Minderjährigen in Verbindung setzen und Fragen an die Beschäftigten richten. Bei Gefahr in Verzug gelten das Gebot der Tageszeit und das Hausrecht der Bewohner nicht, so daß z.B. auch zur Nachtzeit Überprüfungen vorgenommen werden dürfen (§ 46 SGB VIII).

(3) Meldepflichten

Meldepflichten

Um der Aufsichtsbehörde einen aktuellen Informationsstand zu gewährleisten, muß der Einrichtungsträger folgende Meldepflichten erfüllen:

- Betriebsaufnahme
- Name und Anschrift des Trägers
- Art und Standort der Einrichtung
- Zahl der verfügbaren Plätze
- Namen und Ausbildung des Leiters und der Betreuungskräfte

unverzüglich die bevorstehende Schließung der Einrichtung und die Änderung der vorstehenden Angaben, jährlich einmal die Zahl der belegten Plätze (§ 47 I SGB VIII).

Hinsichtlich der **Kinder** (nicht der Jugendlichen) besteht eine erweiterte Meldepflicht nach § 47 II SGB VIII, welche sich auf die Angaben zur Person, zum bisherigen Aufenthalt, zur einweisenden Person oder Stelle und auf die Frage nach der Möglichkeit einer Adoption bezieht. Die Angabe zur letzten Frage muß einmal jährlich wiederholt werden. Hinsichtlich dieser Meldepflicht für Kinder besteht aber für bestimmte Einrichtungen (z.B. Behinderteneinrichtungen) die Möglichkeit der Befreiung durch die zuständige Behörde (§ 47 III SGB VIII).

Wenn nach Einschätzung der zuständigen Behörde bestimmte Mitarbeiter für diese Tätigkeit nicht geeignet sind, kann sie die weitere Beschäftigung ganz oder für bestimmte Bereiche untersagen (§ 48 SGB VIII). Tätigkeitsuntersagung

Sachlich zuständig für die vorstehenden Aufgaben ist der **überörtliche Träger** der Jugendhilfe, den das Landesrecht benennt (§§ 69 I S 2 , 85 II Nr.6 SGB VIII) oder eine andere nach Landesrecht bestimmte Behörde (§ 87 b II SGB VIII). Diese Behörde soll das örtlich zuständige Jugendamt und einen zentralen Träger der freien Jugendhilfe, wenn diesem der Träger der zu prüfenden Einrichtung angehört, an der Überprüfung beteiligen (§ 46 I S 2 SGB VIII). Zuständige Behörde

2.3 Einrichtungen für Volljährige

(1) Betroffene Einrichtungen

Nach dem Heimgesetz (HeimG), das hier die einschlägigen gesetzlichen Regelungen enthält, sind solche Einrichtungen betroffen, in denen volljährige Klienten wegen ihres Alters, ihrer Pflegebedürftigkeit oder ihrer Behinderung nicht nur für kürzere Zeit betreut werden. Soweit eine Einrichtung sowohl minderjährige als auch volljährige Klienten betreut, übt für den Minderjährigenbereich die nach den SGB VIII zuständige Behörde die Heimaufsicht aus, für den Volljährigenbereich die nach dem Heimgesetz zuständige Behörde.

Die Frage der Zusammenarbeit ist in § 45 IV S 1 SGB VIII geregelt, wonach eine Abstimmung zwischen diesen Behörden zu erfolgen hat.

(2) Anzeigepflicht

Anzeigepflicht

Im Gegensatz zu der nach dem SGB VIII erforderlichen Betriebserlaubnis genügt nach dem HeimG eine **Anzeigepflicht**. Danach muß der Heimträger spätestens drei Monate vor der beabsichtigten Inbetriebnahme der zuständigen Behörde (wird durch das jeweilige Landesrecht bestimmt) Name, Anschrift des Trägers, Art, Standort, Zahl der Heimplätze, Ausbildung und beruflichen Werdegang des Leiters mitteilen sowie Unterlagen zur Finanzierung der Investitionskosten, die Satzung des Trägers, die Heimordnung, einen eventuell bestehenden Versorgungsvertrag nach § 72 SGB XI vorlegen und andernfalls angeben, ob ein solcher angestrebt wird (§ 7 I HeimG). Um die Kontrolle durch die Behörde zu gewährleisten, müssen wesentliche Änderungen. die sich auf das Heim als solches, auf die Person des Leiters, die vertretungsberechtigten Personen des Trägers, einen Versorgungsvertrag, die Investitionskosten (soweit die Kostenbelastung der Heimbewohner oder die wirtschaftliche Leistungsfähigkeit des Heimes betroffen sind) beziehen, unverzüglich mitgeteilt werden. Anhand der ihr vorgelegten Unterlagen wird die Aufsichtsbehörde prüfen, ob der Einrichtungsträger die Voraussetzungen für die Führung einer solchen Einrichtung besitzt. Diese Voraussetzungen beschreibt § 6 HeimG folgendermaßen:

- Zuverlässigkeit des Heimträgers
- Wirtschaftliche Leistungsfähigkeit
- Wahrung der Interessen der Bewohner, insbesondere in Bezug auf die gesundheitliche Betreuung
- Fachgerechte Betreuung der Bewohner
- Persönliche und fachliche Eignung der Beschäftigten
- Ausreichende Anzahl der Beschäftigten
- Einhaltung der Mindestanforderungen nach der Heimmindestbauverordnung (HeimMindBauV) und der Heimpersonalverordnung (HeimPersV)
- Kein Mißverhältnis zwischen Entgelt und den gebotenen Leistungen.

(3) Überwachung des Heimes

Überwachung des Heimes

Die Vertreter der zuständigen Behörde können die Einrichtung besichtigen, in die geschäftlichen Unterlagen Einsicht nehmen, sich mit den Bewohnern und den Beschäftigten in Verbindung setzen. Für Einrichtungen, die einem Landesverband der freien Wohlfahrtspflege angehören, gilt, daß Vertreter dieses Landesverbandes dann an der Überwachung zu beteiligen sind, wenn der Landesverband dies beantragt und der Träger damit einverstanden ist.

(4) Feststellung von Mängeln

Feststellung von Mängeln

Die Aufsichtsbehörde wird primär durch Beratung darauf hinwirken, daß festgestellte Mängel abgestellt werden, notfalls entsprechende **Anordnungen** erlassen (§ 12 HeimG). Die Beschäftigung ungeeigneter Personen kann gegebenenfalls untersagt werden (§ 13 HeimG).
Soweit der Weiterbetrieb der Einrichtung nicht verantwortet werden kann, erfolgt eine Untersagung des Weiterbetriebs (§ 16 HeimG).

3. Übungsfragen

(1) Welche Rechtsform hat das Verhältnis des Klienten zur betreuenden Institution?

(2) Bestehen zwischen Mitarbeiter einer Institution und Klient vertragliche Beziehungen?

(3) Für welche Betreuungsverträge ist gesetzlich Schriftform vorgeschrieben?

(4) Welche Einrichtungen für Minderjährige bedürfen einer Betriebserlaubnis?

(5) Kann die Heimaufsichtsbehörde für die heilpädagogische Arbeit in einer Einrichtung eines freien Trägers der Jugendhilfe Vorschriften erlassen?

(6) Muß durch eine Einrichtung für Minderjährige die Neueinstellung eines Heilpädagogen der Heimaufsichtsbehörde gemeldet werden?

(7) Brauchen Sie eine Betriebserlaubnis, wenn Sie eine Einrichtung für volljährige Behinderte eröffnen wollen?

(8) Darf bei Einrichtungen für Volljährige der Vertreter der Heimaufsichtsbehörde Einsicht in die geschäftlichen Unterlagen nehmen?

(9) Unter welchen Voraussetzungen kann die Weiterbeschäftigung von Mitarbeitern untersagt werden?

4. Weiterführende Literatur

Palandt, Bürgerliches Gesetzbuch, 59. Auflage, München 2000

Wiesner u.a., SGB VIII, Kinder- und Jugendhilfe, 2. Auflage, München 2000

Mrozynski, Kinder- und Jugendhilfegesetz (SGB VIII), 3. Auflage, München 1998

Kunz u.a., Heimgesetz (HeimG), 8. Auflage, München 1998

VIII. Der Sozialstaat und das Netz der sozialen Sicherung für Menschen mit Beeinträchtigungen

LERNZIELE

Der künftige Heilpädagoge muß als Grundlage seiner Arbeit auch umfassende Kenntnisse darüber besitzen, wie das Netz der sozialen Sicherung für Menschen mit Beeinträchtigungen beschaffen ist und wie diese Menschen ihre sozialen Rechte sachgerecht wahrnehmen können.

1. ZIELGRUPPEN DER HEILPÄDAGOGISCHEN ARBEIT

Die Tätigkeit des Heilpädagogen ist auf sehr unterschiedliche Zielgruppen ausgerichtet. Diese lassen sich wie folgt zusammenfassen:

- Menschen jeden Alters mit Behinderungen
- Kinder, Jugendliche und junge Volljährige mit Entwicklungsverzögerungen
- Menschen mit gravierenden und komplexen Verhaltensauffälligkeiten oder chronischen Krankheiten.

Die Weltgesundheitsorganisation (WHO) geht von impairments (Schädigungen: körperlich, geistig, seelisch), disabilities (Einschränkungen: Bedürfnisse, Fähigkeiten, Handeln) und handicaps (Benachteiligungen: gesellschaftlich-sozial) aus und stellt diesen die activity (z.B. die Förderung der Fähigkeiten) und die participation (Förderung der Teilhabe) gegenüber (International Classification of Impairments, Disabilities and Handicaps 1997).

Der deutsche Bildungsrat hat 1973 den Begriff „Behinderung" wie folgt definiert:

„Als behindert im erziehungswissenschaftlichen Sinn gelten alle Kinder Jugendlichen und Erwachsenen, die in ihrem Lernen, im sozialen Verhalten, in der sprachlichen Kommunikation oder in den psychomotorischen Fähigkeiten soweit beeinträchtigt sind, daß ihre Teilhabe am Leben der Gesellschaft wesentlich erschwert ist."

Eine aktuelle Definition ist dem Rohentwurf 2 eines Sozialgesetzbuchs – Neuntes Buch – (SGB IX) zu entnehmen (§ 2):

„Behinderte und von Behinderung bedrohte Menschen"

(1) Menschen sind im Sinne dieses Gesetzbuches behindert, wenn ihre Teilhabe an der Gesellschaft, insbesondere am Arbeitsleben infolge einer gesundheitlichen Beeinträchtigung länger als sechs Monate eingeschränkt oder aufgehoben ist.
Eine gesundheitliche Beeinträchtigung liegt vor, wenn der körperliche, geistige oder seelische Zustand von dem für das jeweilige Lebensalter typischen Zustand abweicht.

(2) Von Behinderung bedroht im Sinne dieses Gesetzbuches sind Menschen, bei denen der Eintritt einer Behinderung nach fachlicher Erkenntnis zu erwarten ist."

2. Das Sozialgesetzbuch

Einen Meilenstein in der Geschichte des Sozialrechts stellt die seit dem 1.1.1976 erst in Teilbereichen verwirklichte Schaffung eines einheitlichen Sozialgesetzbuchs dar. Damit ist ein großer Schritt in Richtung Zusammenfassung des Sozialrechts getan. Dieses unterliegt allerdings wegen der laufenden gesellschaftlichen Entwicklung und nicht zuletzt wegen nicht ausreichender finanzieller Ressourcen einer ständigen Veränderung, so daß der Heilpädagoge unbedingt darauf bedacht sein muß, den aktuellen Stand der jeweiligen gesetzlichen Regelung zu kennen.
Das Sozialgesetzbuch besteht derzeit aus neun Büchern, wobei das SGB I (Allgemeiner Teil) und das SGB X (Verwaltungsverfahren) für alle Bereiche gelten. Das SGB IV enthält gemeinsame Vorschriften für die gesamte Sozialversicherung. Bis zur Einordnung aller Bereiche in das Sozialgesetzbuch gelten die in Art. II § 1 SGB I genannten Gesetze als besondere Teile des Sozialgesetzbuchs. Es sind darunter so wichtige Gesetze wie das Schwerbehindertengesetz und das Bundessozialhilfegesetz.

2.1 Sozialgesetzbuch I (SGB I)

Die Basis des Sozialgesetzbuches ist die grundgesetzliche Festlegung, daß die Bundesrepublik Deutschland ein sozialer Bundesstaat und ein sozialer Rechtsstaat ist (Art. 20 I, 28 I GG). Dies bedeutet, daß vor allem der Gesetzgeber verpflichtet ist, die gesellschaftlichen Verhältnisse gerecht und ausgeglichen zu gestalten (BVerfGE 22, 204). In § 1 SGB I definiert der Gesetzgeber die Aufgaben des Sozialgesetzbuches und bestimmt auch gleichzeitig die Ziele, nämlich die Verwirklichung sozialer Gerechtigkeit und sozialer Sicherheit. Das Recht des Sozialgesetzbuches „soll dazu beitragen, ein menschenwürdiges Dasein zu sichern, gleiche Voraussetzungen für die freie Entfaltung der Persönlichkeit, insbesondere auch für junge Menschen zu schaffen, die Familie zu schützen und zu fördern, den Erwerb des Lebensunterhalts durch eine frei gewählte Tätigkeit zu ermöglichen und besondere Belastungen des Lebens, auch durch Hilfe zur Selbsthilfe, abzuwenden oder auszugleichen."

Sozialleistungen

Um diese Ziele zu erreichen, sollen **Sozialleistungen** einschließlich sozialer und erzieherischer Hilfen angeboten werden. Dazu bedarf es aber entsprechender sozialer Dienste und Einrichtungen. Das Sozialgesetzbuch soll deshalb auch Grundlage dafür sein, solche Dienste und Einrichtungen **rechtzeitig** und **ausreichend** zu schaffen (§ 1 II SGB I), insbesondere in enger Zusammenarbeit mit den freien Trägern.

(1) Soziale Rechte

Soziale Rechte

Der Erfüllung der im Sozialgesetzbuch normierten Aufgaben entsprechen die **sozialen Rechte** der Leistungsberechtigten. Diese Rechte können allerdings nur insoweit geltend gemacht werden, als sie die Voraussetzungen der besonderen Teile des Sozialgesetzbuches erfüllen (§ 2 I SGB I), z.B. kann Hilfe zur Erziehung den Personensorgeberechtigten nur gewährt werden, wenn eine dem Wohl des Minderjährigen entsprechende Erziehung nicht gewährleistet ist und die Hilfe für seine Entwicklung geeignet und notwendig ist (§ 27 I SGB VIII).

(2) Arten der Sozialleistungen

Sozialleistungen

Die Sozialleistungen werden drei Bereichen zugeordnet:

- Dienstleistungen einschließlich persönlicher und erzieherischer Hilfe
- Sachleistungen
- Geldleistungen (§ 11 SGB I).

(3) Leistungsträger

Leistungsträger

Zuständig für die Gewährung der Leistungen ist der im SGB vorgesehene Leistungsträger (§ 12 SGB I). Die Leistungsträger sind darüber hinaus verpflichtet, die Bevölkerung über ihre Rechte und Pflichten nach dem SGB aufzuklären und jeden über seine entsprechenden Rechte und Pflichten zu beraten (§§ 13,14 SGB I). Die nach Landesrecht zuständigen Stellen (z.B. in Bayern die Landkreise und kreisfreien Städte – Art.1 AGSGB), die Träger der gesetzlichen Krankenversicherung und der sozialen Pflegeversicherung sind verpflichtet, über **alle** sozialen Angelegenheiten nach dem SGB Auskunft zu geben, wobei die Auskunftspflicht auf die Benennung des zuständigen Leistungsträgers sowie auf solche

Sach- und Rechtsfragen beschränkt ist, die für den Auskunftssuchenden von Bedeutung sein können und zu deren Beantwortung die Auskunftsstelle in der Lage ist (§ 15 SGB I).

(4) Gewährung von Sozialleistungen

Gewährung von Sozialleistungen

Die Gewährung von Sozialleistungen hängt in vielen Fällen von einem **Antrag** ab (z.B. die Gewährung von Kindergeld – § 9 I S 1 BKGG), in anderen Fällen muß der Leistungsträger von sich aus tätig werden, wenn er von einer Hilfssituation Kenntnis erlangt (z.B. bei einem Vorliegen der Voraussetzungen für die Gewährung von Sozialhilfe – § 5 I BSHG). Anträge sind in der Regel beim zuständigen Leistungsträger zu stellen, können aber auch bei allen anderen Leistungsträgern und bei den Gemeinden gestellt werden. Die Anträge werden dann unverzüglich an den zuständigen Leistungsträger weitergeleitet. Bei einer von einem Antrag abhängigen Leistung gilt der Antrag schon dann als gestellt, wenn er statt beim zuständigen Leistungsträger bei einer der vorgenannten Stellen eingeht (§ 16 SGB I).

Antragstellung durch Minderjährige

Soweit es sich bei Antragstellern um **Minderjährige** handelt, ist § 36 SGB I zu beachten. Zu einer rechtswirksamen Antragstellung bedarf es nicht der Volljährigkeit. Schon ab dem vollendeten **15. Lebensjahr** kann ein Minderjähriger Anträge auf Sozialleistungen stellen, verfolgen und auch Sozialleistungen entgegennehmen. Allerdings soll der Leistungsträger den gesetzlichen Vertreter über die Antragstellung und die erbrachten Sozialleistungen informieren. Der gesetzliche Vertreter hat die Möglichkeit, die nach § 36 SGB I gegebene Handlungsfähigkeit des Minderjährigen durch eine **schriftliche** Erklärung gegenüber dem Leistungsträger einzuschränken, so daß eine fernmündliche Erklärung nicht ausreichend ist.

Möglicherweise zu Lasten des minderjährigen Antragstellers gehende Rechtshandlungen, wie die Rücknahme von Anträgen, der Verzicht auf Sozialleistungen und die Entgegennahme von Darlehen sind ohne die Zustimmung des gesetzlichen Vertreters nicht wirksam (§ 36 II SGB I).

(5) Sachliche und örtliche Zuständigkeit des Leistungsträgers

a) Sachliche Zuständigkeit

sachliche Zuständigkeit

Welcher Leistungsträger sachlich zuständig ist, ergibt sich aus den §§ 18 bis 29 SGB I (§ 12 SGB I).

örtliche Zuständigkeit

b) Örtliche Zuständigkeit

Diese ist jeweils in den besonderen Teilen des SGB geregelt (vgl. § 97 BSHG).

Es kann der Fall eintreten, daß zwischen verschiedenen Leistungsträgern streitig ist, wer die Leistung zu erbringen hat, z.B. zwischen Jugend- und Sozialhilfe. Dies hätte zur Folge, daß der Leistungsberechtigte unter Umständen lange auf die Leistung warten müßte. Um dies zu vermeiden, sieht das Gesetz (§ 43 SGB I) **vorläufige Leistungen** vor. Voraussetzung dafür ist, daß überhaupt ein Anspruch auf Sozialleistungen besteht. Dann **kann** der **zuerst angegangene** Leistungsträger vorläufige Leistungen erbringen. Er **muß** dies tun, wenn der Berechtigte dies **beantragt**. In diesem Fall müssen die Leistungen spätestens nach Ablauf eines Kalendermonats nach dem Monat der Antragstellung erfolgen. Beispiel: Antragstellung am 15.3., Leistung spätestens ab 1.5.

Vorläufige Leistungen

Sozialleistungen setzen die **Mitwirkung** des Leistungsberechtigten voraus. Diese ist in den §§ 60 – 67 SGB I normiert und umfaßt folgende Pflichten: Angabe von Tatsachen einschließlich der Beweismittel (§ 60 SGB I), persönliches Erscheinen, z.B. zur Erörterung des Antrags (§ 61 SGB I), ärztliche und psychologische Untersuchungen (§ 62 SGB I), Durchführung einer Heilbehandlung (§ 63 SGB I), Teilnahme an berufsfördernden Maßnahmen (§ 64 SGB I). Die Mitwirkung darf nur innerhalb der von § 65 SGB I gezogenen Grenzen gefordert werden, z.B. dann nicht, wenn ein wichtiger Grund zur Ablehnung auf Seiten des Leistungsberechtigten vorliegt oder wenn Untersuchungen oder Behandlungen einen erheblichen Eingriff in das Recht auf körperliche Unversehrtheit bedeuten würden. Im Falle einer rechtswidrigen Verweigerung der Mitwirkung läuft der Leistungsberechtigte Gefahr, daß bis zur Nachholung der Mitwirkung die Sozialleistung verweigert bzw. ganz oder teilweise entzogen wird, wenn nicht die Nachweise der Voraussetzungen für die Sozialleistungen bereits vorliegen. Der Leistungsberechtigte muß auf diese Folge **schriftlich** hingewiesen worden sein und die ihm gesetzte Frist zur Nachholung nicht eingehalten haben (§ 66 SGB I).

Mitwirkungspflicht des Leistungsberechtigten

(6) Grundsätze des Leistungsrechts

Grundsätze des Leistungsrechts

Auf Sozialleistungen nach § 11 SGB I besteht dann ein Rechtsanspruch, wenn dem Leistungsträger kein Ermessen zusteht. So räumt z.B. § 35 a I SGB VIII Kinder und Jugendlichen, die seelisch behindert oder von einer solchen Behinderung bedroht sind, einen Rechtsanspruch auf Eingliederungshilfe ein. Soweit die gesetzlichen Regelungen eine Ermessensentscheidung vorsehen, gelten die Grundsätze des § 39 SGB I. Wichtig ist dabei, daß der Leistungsberechtigte einen Rechtsanspruch auf die **pflichtgemäße Ausübung** des Ermessens hat. Die Ermächtigung zu einer Ermessensentscheidung wird im Gesetzestext häufig mit dem Wort „kann" ausgedrückt (vgl. § 39 I S 2 BSHG = Eingliederungshilfe für Behinderte: „Personen mit einer anderen körperlichen, geistigen oder seelischen Behinderung **kann** sie gewährt werden."). Ansprüche auf Sozialleistungen entstehen dann, wenn die in einem Gesetz oder auf Grund eines Gesetzes festgelegten Voraussetzungen erfüllt sind (§ 40 I SGB I). Es kommt dabei nicht darauf an, wann der Leistungsberechtigte davon Kenntnis erlangt hat (BSGE 31 S 1). Im Gegensatz zu der Regelung des BSHG (§ 5) muß der öffentliche Träger der **Jugendhilfe** auch die Kosten einer bereits durchgeführten Maßnahme übernehmen, wenn sich der Anspruchsberechtigte diese Hilfe ohne Kenntnis des Trägers der öffentlichen Jugendhilfe zunächst selbst beschafft hat (Verwaltungsgerichtshof Baden-Württemberg, Urteil vom 17.6.99 – 2 S 196/99). Der Anspruch entsteht nach § 40 I SGB I sobald die im Gesetz genannten Voraussetzungen vorliegen. Davon abweichend entstehen Ansprüche auf Ermessensleistungen erst dann, wenn die Entscheidung bekanntgegeben wird (§ 40 II SGB I).

Fällig werden Sozialleistungen mit ihrem Entstehen. Dies gilt nicht, wenn in den besonderen Teilen des SGB etwas anderes bestimmt ist (vgl. bei Rentenzahlungen § 99 SGB VI).

Ausführung der Sozialleistungen

Die Leistungsträger sind nach § 17 I SGB I „verpflichtet, darauf hinzuwirken, daß

(1) jeder Berechtigte die ihm zustehenden Sozialleistungen in zeitgemäßer Weise, umfassend und schnell erhält,

(2) die zur Ausführung von Sozialleistungen erforderlichen sozialen Dienste und Einrichtungen rechtzeitig und ausreichend zur Verfügung stehen und

(3) der Zugang zu den Sozialleistungen möglichst einfach gestaltet wird, insbesondere durch Verwendung allgemein verständlicher Antragsvordrucke."

2.2 Grundzüge des Verwaltungsverfahrens im Rahmen des SGB und des gerichtlichen Rechtsschutzes

(1) Verwaltungsverfahren

Auch für die Arbeit des Heilpädagogen sind Verwaltungsabläufe bis hin zu gerichtlichen Auseinandersetzungen der Klienten mit der Sozialbürokratie gegebenenfalls von Bedeutung. Darin zeigt sich auch, daß nicht selten zwischen der sozialen Arbeit und dem Verwaltungshandeln ein Spannungsverhältnis besteht, in welchem der Heilpädagoge möglicherweise durch seine spezielle Kenntnis des Klienten einerseits und des

Verwaltungshandelns andererseits eine vermittelnde Funktion ausüben kann.

SGB X

(2) Verwaltungsverfahren nach dem SGB X

Öffentlich-rechtliche Verwaltungstätigkeit

a) Öffentlich-rechtliche Verwaltungstätigkeit

Die öffentlich-rechtliche Verwaltungstätigkeit ist für alle Bereiche des SGB im SGB X geregelt (§ 1 SGB X). Was hier unter einem Verwaltungsverfahren zu verstehen ist, ergibt sich aus § 8 SGB X. Es handelt sich dabei um „die nach außen wirkende Tätigkeit der Behörden, die auf die Prüfung der Voraussetzungen, die Vorbereitung und den Erlaß eines Verwaltungsaktes oder auf den Abschluß eines öffentlich-rechtlichen Vertrages gerichtet ist; es schließt den Erlaß des Verwaltungsaktes oder den Abschluß des öffentlich-rechtlichen Vertrages ein."

Form des Verwaltungsverfahrens

b) Form des Verwaltungsverfahrens

Das Verwaltungsverfahren ist nur dann an bestimmte Formen gebunden, wenn hierfür spezielle Rechtsvorschriften bestehen (z.B. nach den §§ 33, 35 I SGB I). Immer ist es **einfach** und **zweckmäßig** durchzuführen (§ 9 SGB X).

Fähigkeit zur Vornahme von Verfahrenshandlungen

c) Fähigkeit zur Vornahme von Verfahrenshandlungen

Voraussetzung ist nach § 11 SGB X die Geschäftsfähigkeit nach bürgerlichem Recht, Bei beschränkter **Geschäftsfähigkeit** kann nur derjenige Verfahrenshandlungen vornehmen, der für den Verfahrensgegenstand nach bürgerlichem Recht als geschäftsfähig anerkannt ist (vgl. §§ 112, 113 BGB) bzw. nach öffentlichem Recht handlungsfähig ist (vgl. § 36 SGB I). Ansonsten muß der gesetzliche Vertreter für den Vertretenen handeln.

Bevollmächtigte

d) Vertretung durch Bevollmächtigte

Jeder Beteiligte kann sich durch einen **Bevollmächtigten** (vgl. §§ 167ff. BGB) im Verwaltungsverfahren vertreten lassen. Die Vollmacht, die in der Regel zu allen Verfahrenshandlungen berechtigt, muß auf Verlangen in Schriftform vorgelegt werden. Sofern die Vollmacht widerrufen wird, wirkt dies gegenüber der Behörde erst dann, wenn ihr der Widerruf zugeht (§ 13 I SGB X).

Beistände

e) Beistände

Ein Heilpädagoge kann gegebenenfalls als **Beistand** seines Klienten auftreten. Diese Befugnis ergibt sich aus § 13 IV SGB X, wonach jeder Beteiligte zu Verhandlungen und Besprechungen einen Beistand beiziehen kann. Der Beistand wird als Vertrauensperson des Beteiligten gesehen. Zu beachten ist, daß das vom Beistand Vorgetragene als Vortrag des Klienten gilt, soweit dieser nicht unverzüglich (= ohne schuldhaftes Zögern) widerspricht.

f) Einleitung des Verwaltungsverfahrens

In der Regel beginnt das Verfahren mit der Antragstellung (z.B. mit dem Antrag auf Leistungen durch die Pflegeversicherung – § 33 I S 1 SGB XI). Es beginnt auch dann, wenn die Behörde von Amts wegen tätig werden muß, z.B. bei Kenntnis der Voraussetzungen für die Gewährung von Sozialhilfe (§ 5 BSHG).

Einleitung des Verwaltungsverfahrens

g) Untersuchungsgrundsatz

Zur Ermittlung des Sachverhalts durch die Behörde bedarf es keines Antrags. Sie muß dies von Amts wegen tun und bestimmt dabei Art und Umfang der Ermittlungen, wobei sie alle für den Einzelfall bedeutsamen Umstände zu berücksichtigen hat (§ 20 I,II SGB X).

Untersuchungsgrundsatz

h) Beweismittel

Entsprechend ihrem pflichtgemäßen Ermessen erhebt die Behörde die erforderlichen Beweise, wobei die Beteiligten bei der Ermittlung des Sachverhalts mitwirken sollen, insbesondere durch Angabe der ihnen bekannten Tatsachen und Beweismittel (§ 21 I, II SGB X).

Beweismittel

i) Akteneinsicht

Die Behörde ist verpflichtet, den Beteiligten insoweit Akteneinsicht zu gestatten als dies zur Wahrnehmung ihrer rechtlichen Interessen notwendig ist. Soweit sich der Akteninhalt auf gesundheitliche Verhältnisse eines Beteiligten bezieht und zu befürchten ist, daß deren Kenntnis zu unverhältnismäßigen gesundheitlichen Nachteilen für den Betreffenden führen kann, soll der Akteninhalt insoweit durch einen Arzt vermittelt werden. Analog ist zu verfahren, wenn die Kenntnis des Akteninhalts die Entwicklung und Entfaltung der Persönlichkeit des Beteiligten beeinträchtigen könnte. In diesem Fall kann der Akteninhalt auch durch einen besonders hierfür qualifizierten Mitarbeiter der Behörde vermittelt werden. Ein Recht auf Akteneinsicht scheidet dann aus, wenn berechtigte Interessen anderer Beteiligter oder dritter Personen entgegenstehen. Allerdings darf die Behörde dem Beteiligten selbst auch dann die Akteneinsicht nicht verwehren, wenn nachteilige Folgen für den Betreffenden zu befürchten sind (§ 25 SGB X).

Akteneinsicht

k) Verwaltungsakt

Das Verwaltungsverfahren findet in der Regel durch den Erlaß eines **Verwaltungsaktes** seinen Abschluß. Verwaltungsakt bedeutet hier jede „Verfügung, Entscheidung oder andere hoheitliche Maßnahme, die eine Behörde zur Regelung eines Einzelfalles auf dem Gebiet des öffentli-

Verwaltungsakt

chen Rechts trifft und die auf unmittelbare Rechtswirkung nach außen gerichtet ist." (§ 31 S 1 SGB X). Die Mehrzahl der Verwaltungsakte wird in schriftlicher Form erlassen (§ 33 II SGB X). Ein schriftlicher Verwaltungsakt muß auch schriftlich begründet werden, wobei sich die wesentlichen tatsächlichen und rechtlichen Gesichtspunkte aus der Begründung ergeben müssen, ebenso gegebenenfalls die Gesichtspunkte für eine Ausübung des Ermessens (§ 35 I SGB). Eine Begründung ist in bestimmten Fällen nicht erforderlich, z.B. dann, wenn die Behörde einem Antrag voll entspricht (§ 35 II SGB X).

l) Rechtsbehelfsbelehrung

Rechtsbehelfsbelehrung

Falls ein Klient mit einem Verwaltungsakt nicht einverstanden ist, ist für ihn wichtig zu wissen, was er dagegen unternehmen kann, z.B. gegen einen ablehnenden Bescheid. Dies ergibt sich aus der sogenannten Rechtsbehelfsbelehrung, in welcher der Adressat des Verwaltungsaktes über die Art des Rechtsbehelfs, die Behörde, bei welcher der Rechtsbehelf einzulegen ist, deren Sitz, die zu wahrende Frist und die Form des Rechtsbehelfs schriftlich zu informieren ist (§ 36 SGB X).

Wirksamkeit des Verwaltungsaktes

m) Wirksamkeit des Verwaltungsaktes

Ein Verwaltungsakt wird mit der Bekanntgabe an den Beteiligten wirksam und zwar mit dem Inhalt, den er zu diesem Zeitpunkt hat. Er bleibt wirksam bis er zurückgenommen, widerrufen, anderweitig aufgehoben, durch Zeitablauf oder auf andere Weise erledigt ist (§ 39 SGB X).

n) Widerspruchsverfahren

Widerspruchsverfahren

Im Bereich des SGB gelten für das Rechtsbehelfsverfahren je nach dem Sachgegenstand entweder das

- Sozialgerichtsgesetz (SGG) oder die
- Verwaltungsgerichtsordnung (VwGO) (62 SGB X).

Die sachliche Zuständigkeit des Sozialgerichts ist in § 51 SGG geregelt, wobei die Hauptbereiche die Sozialversicherung und die Aufgaben der Bundesanstalt für Arbeit umfassen. Der Rechtsweg zu den Verwaltungsgerichten ergibt sich aus § 40 VwGO. Dies gilt u.a. für die großen Bereiche der Sozial- und Jugendhilfe.
Bevor der Klageweg beschritten werden kann, muß in der Regel zwingend eine sogenanntes **Vorverfahren** (Widerspruchsverfahren) durchgeführt werden, d.h. gegen den Verwaltungsakt kann nicht sofort das Gericht angerufen werden, sondern es muß in einem Vorverfahren die Rechtmäßigkeit und Zweckmäßigkeit des Verwaltungsaktes überprüft werden (vgl. §§ 68 VwGO, 78 SGG).

Das Vorverfahren beginnt mit der **Erhebung des Widerspruchs**. Zu beachten ist, daß die Einlegung des Widerspruchs an eine bestimmte **Form** und **Frist** gebunden ist. Für den von der VwGO vorgezeichneten Weg gilt: Er ist schriftlich oder zur Niederschrift der Behörde zu erheben, die den Verwaltungsakt erlassen hat. Soweit er schriftlich eingelegt wird, ist er zweckmäßigerweise an diese Behörde zu richten, weil diese über eine Abhilfe zu entscheiden hat (§ 72 VwGO). Er kann aber auch bei der Behörde eingelegt werden, die für die Entscheidung über den Widerspruch zuständig ist (§ 70 VwGO). Der Widerspruch ist binnen **eines Monats** nach der Bekanntgabe des Verwaltungsakts an den Beschwerten einzulegen, sofern eine Rechtsbehelfsbelehrung erfolgt ist, andernfalls muß der Widerspruch binnen **eines Jahres** erhoben werden. Wenn kein Widerspruch erhoben wird, ist der Verwaltungsakt rechtskräftig, d.h. er kann regelmäßig nicht mehr angefochten werden (§§ 70, 58 VwGO). Weithin identische Regelungen gelten auch nach dem SGG. Hier gilt allerdings die Widerspruchsfrist auch dann als gewahrt, sobald die Widerspruchsschrift bei einer anderen inländischen Behörde oder bei einem Versicherungsträger eingeht (§ 84 II SGG).

Widerspruchsfrist

Wenn dem Widerspruch durch die Behörde, die den Verwaltungsakt erlassen hat, nicht abgeholfen wird, erläßt die Widerspruchsbehörde, d.h. in der Regel die nächsthöhere Behörde (vgl. §§ 85 II Nr.1 SGG, 73 I Nr.1 VwGO) den Widerspruchsbescheid. Dieser muß eine Begründung enthalten (§§ 85 III S 1 SGG, 73 III S 1 VwGO). Er muß den Beteiligten bekanntgegeben (§ 85 III S 1 SGG) bzw. zugestellt werden (§ 73 III S 1 VwGO). Die Beteiligten sind über die Zulässigkeit der Klage, die einzuhaltende Frist und den Sitz des zuständigen Gerichts zu informieren (§§ 85 III S 2 SGG, 73 III S 1 VwGO).

Widerspruchsentscheidung

(3) Gerichtliches Verfahren

Gerichtliches Verfahren

Die Klage ist beim zuständigen Sozialgericht innerhalb einer Frist von einem Monat ab Zustellung des Widerspruchsbescheides schriftlich oder zur Niederschrift des Urkundsbeamten der Geschäftsstelle dieses Gerichts zu erheben (§§ 87, 90 SGG). Soweit der Rechtsweg zum Verwaltungsgericht gegeben ist, muß die Klage ebenfalls schriftlich oder zur Niederschrift des Urkundsbeamten der Geschäftsstelle erhoben werden (§ 81 I VwGO). Die Frist für die Erhebung einer Anfechtungsklage beträgt einen Monat ab Zustellung des Widerspruchsbescheides (§ 74 I S 1 VwGO). Wenn über einen Antrag auf Vornahme eines Verwaltungsaktes oder über einen Widerspruch nicht binnen einer angemessenen Frist entschieden wird, sehen sowohl das SGG als auch die VwGO die Erhebung einer Untätigkeitsklage vor (vgl. §§ 88 SGG, 75 VwGO). Als angemessene Fristen werden angesehen:

- Antrag auf Vornahme eines Verwaltungsaktes: sechs Monate nach Antragstellung nach § 88 I SGG, drei Monate nach Antragstellung nach § 75 VwGO
- bei Einlegung eines Widerspruchs: Angelegenheiten der Krankenversicherung und der Bundesanstalt für Arbeit: ein Monat, im übrigen: drei Monate (§§ 88 II SGG, 75 VwGO). Vor dem Sozialgericht, dem Landessozialgericht und dem Bundessozialgericht gibt es keinen Anwaltszwang, auch nicht vor dem Verwaltungsgericht, wohl aber vor dem Oberverwaltungsgericht und dem Bundesverwaltungsgericht. Soweit kein Anwaltszwang besteht, kann sich jeder durch eine andere prozeßfähige Person vertreten lassen (vgl. §§ 73 SGG, 67 VwGO).

Fall

Bei einem Mädchen (11) wurde eine Legasthenie festgestellt. Die Eltern schlossen mit einer Heilpädagogisch-Psychologischen Praxis (Legasthenie-Zentrum) einen Vertrag über eine Einzeltherapie und trugen die Kosten zunächst selbst. Erst einige Zeit nach Beginn der Therapie beantragten die Eltern beim zuständigen Jugendamt die Gewährung von Eingliederungshilfe nach § 35 a SGB VIII. Das Jugendamt gewährte diese Hilfe, allerdings nicht für die Zeit vor der Antragstellung. Ist die Entscheidung des Jugendamtes richtig?

Lösung

Zunächst ist die Frage der Anspruchsberechtigung zu klären. Die Eltern können hier nicht aus eigenem Recht handeln, da im Gegensatz zur Hilfe zur Erziehung (§ 27 SGB VIII) der Anspruch auf Eingliederungshilfe nach § 35 a SGB VIII dem Minderjährigen selbst zusteht. Minderjährige haben nach § 35 a SGB VIII dann einen Anspruch auf Eingliederungshilfe, wenn sie seelisch behindert oder von einer solchen Behinderung bedroht sind. Bei Legasthenie kann eine drohende seelische Behinderung gegeben sein. Des weiteren stellt sich die Rechtsfrage, inwieweit der Jugendhilfeträger verpflichtet ist, eine **selbstbeschaffte** Hilfe nachträglich finanziell auszugleichen. Nach § 40 I SGB I entsteht der Anspruch auf Sozialleistungen dann, wenn die gesetzlichen Voraussetzungen vorliegen. Es bedarf nicht der Kenntnis des Leistungsträgers. Das SGB VIII enthält, anders als z.B. das BSHG (§ 5), keine davon abweichende Regelung (§ 37 SGB I). In diesem Fall sind mit Beginn der Therapie diese Vorausssetzungen dann erfüllt, wenn dem Kind eine seelische Behinderung ohne die Therapie droht (vgl. zu diesem Fall Urteil des VGH Baden-Württemberg vom 17.6.99 – 2 S 196/99.

Zum weiteren Vorgehen:
Gegen den Bescheid des Jugendamtes ist fristgemäß Widerspruch zu erheben. Sofern der Widerspruchsbescheid die Rechtsauffassung des Jugendamtes bestätigt, ist dagegen Klage zum Verwaltungsgericht zulässig. Gegen das Urteil des Verwaltungsgerichts kann gegebenenfalls Berufung zum Oberverwaltungsgericht eingelegt werden.

2.3 Für die heilpädagogische Arbeit wichtige Sozialleistungsbereiche

(1) Jugendhilfe und Eingliederungshilfe für seelisch behinderte Kinder und Jugendliche

Jugendhilfe
Eingliederungshilfe

Grundlage der Jugendhilfe ist das Kinder- und Jugendhilfegesetz, welches als 8. Buch in das Sozialgesetzbuch eingearbeitet wurde (SGB VIII). Damit liegt jetzt ein modernes Jugendhilferecht vor, das sich an den aktuellen gesellschaftlichen Entwicklungen orientiert.

a) Einteilung des SGB VIII
Das SGB VIII ist in 10 Kapitel eingeteilt:

1. Kapitel: Allgemeine Vorschriften
2. Kapitel: Leistungen der Jugendhilfe
3. Kapitel: Andere Aufgaben der Jugendhilfe
4. Kapitel: Schutz der Sozialdaten
5. Kapitel: Träger der Jugendhilfe, Zusammenarbeit, Gesamtverantwortung
6. Kapitel: Zentrale Aufgaben
7. Kapitel: Zuständigkeit, Kostenerstattung
8. Kapitel: Teilnahmebeiträge, Heranziehung zu den Kosten, Überleitung von Ansprüchen
9. Kapitel: Kinder- und Jugendhilfestatistik
10. Kapitel: Straf- und Bußgeldvorschriften

Die Zielsetzung des Gesetzes ist in § 1 definiert, wobei Ausgangspunkt das Recht jedes jungen Menschen „auf Förderung seiner Entwicklung und auf Erziehung zu einer eigenverantwortlichen und gemeinschaftsfähigen Persönlichkeit" ist (§ 1 I SGB VIII). Jugendhilfe soll nach § 1 III SGB VIII zur Verwirklichung des vorgenannten Rechts beitragen. Sie soll „1. junge Menschen in ihrer individuellen und sozialen Entwicklung fördern und dazu beitragen, Benachteiligungen zu vermeiden oder abzubauen, 2. Eltern und andere Erziehungsberechtigte bei der Erziehung beraten und unterstützen, 3. Kinder und Jugendliche vor Gefahren schützen, 4. dazu beitragen, positive Lebensbedingungen für junge Menschen und ihre Familien sowie eine kinder- und familienfreundliche Umwelt zu erhalten oder zu schaffen."

b) Träger der Jugendhilfe

Träger der Jugendhilfe

Das SGB VIII ist ein Leistungsgesetz, das Leistungen unterschiedlicher Art kennt. Diese Leistungen werden von freien und öffentlichen Trägern der Jugendhilfe erbracht, wobei das **Recht auf Leistung** sich nur gegen den **öffentlichen** Träger richten kann (§§ 3 I, II SGB VIII). Jugendhilfe kann sinnvollerweise nur in einem Zusammenwirken zwischen öffentlichen und freien Trägern geschehen, wie es in § 4 SGB VIII vorgesehen ist. Durch die weitgehende Kommunalisierung der Jugendhilfe durch das SGB VIII sind die kreisfreien Städte und Landkreise zum wichtigsten Träger der öffentlichen Jugendhilfe geworden.

c) Beteiligung an Entscheidungen des öffentlichen Trägers der Jugendhilfe

Beteiligung von Kindern und Jugendlichen

Der Wandel des Minderjährigen vom Objekt zum Subjekt der Jugendhilfe wird deutlich in der Bestimmung, daß Kinder und Jugendliche nach ihrem Entwicklungsstand an allen Entscheidungen der öffentlichen Jugendhilfe zu beteiligen sind (§ 8 I S 1 SGB VIII). Dies gilt insbesondere für die verschiedenen Formen der Hilfe zur Erziehung (§§ 27ff., insbesondere § 36 I SGB VIII), da der Rechtsanspruch auf Hilfe zur Erziehung nicht den Kindern und Jugendlichen, sondern den **Personensorgeberechtigten** zusteht. Die Minderjährigen sind berechtigt, sich in allen Angelegenheiten der Erziehung und Entwicklung an das Jugendamt zu wenden (§ 8 II SGB VIII).

d) Beratung ohne Kenntnis der Personensorgeberechtigten

Beratung

Soweit Konflikte zwischen dem Minderjährigen und den Personensorgeberechtigten bestehen, sieht § 8 III SGB VIII eine Beratungsmöglichkeit **ohne** Information der Personensorgeberechtigten vor, wenn durch diese Information der Beratungszweck vereitelt würde.

e) Hilfe zur Erziehung

Hilfe zur Erziehung

Zu den wichtigsten Leistungsansprüchen nach dem SGB VIII zählt die **Hilfe zur Erziehung**, welche in verschiedenen Formen vorgesehen ist, wobei diese Formen keine abschließende Aufzählung beinhalten, sondern durchaus weiterentwickelt werden können (§§ 27ff. SGB VIII). Neben der pädagogischen Betreuung zählen auch **therapeutische** Leistungen, z.B. Verhaltenstherapie, dazu (§ 27 III S 1 SGB VIII).
Für das Arbeitsfeld des Heilpädagogen sind von seiner beruflichen Qualifikation her folgende Formen relevant:

- Beratungsstellen für Eltern, Kinder und Jugendliche. Das Gesetz (§ 28 SGB VIII) bezeichnet die Tätigkeit dieser Stellen pauschal als Erziehungsberatung. Sie sollen „Kinder, Jugendliche, Eltern und andere Erziehungsberechtigte bei der Klärung und Bewältigung individueller und familienbezogener Probleme und der zugrundeliegenden Faktoren, bei der Lösung von Erziehungsfragen sowie bei Trennung und Scheidung unterstützen." Von Bedeutung ist, daß hier Fachkräfte verschiedener Ausbildung zusammenarbeiten sollen, die insbesondere mit verschiedenen Methoden vertraut sind (§ 28 S 2 SGB VIII). Zu diesen Fachkräften zählen selbstverständlich auch Heilpädagogen, die allerdings zur Zeit noch zahlenmäßig nur in einem relativ geringen Umfang vertreten sind, z.B. Ende 1994 mit 2,8 % (Statistisches Bundesamt 1996, S. 8ff.).

Erziehungsberatung

- Erziehung in einer Tagesgruppe. Die in § 32 SGB VIII genannten Tagesgruppen haben in den vergangenen Jahren an Bedeutung gewonnen, insbesondere für Kinder mit einem heilpädagogischen Förderbedarf. „Hilfe zur Erziehung in einer Tagesgruppe soll die Entwicklung des Kindes oder des Jugendlichen durch soziales Lernen in der Gruppe, Begleitung der schulischen Förderung und Elternarbeit unterstützen und dadurch den Verbleib des Kindes oder des Jugendlichen in seiner Familie sichern." (§ 32 S 1 SGB VIII). Das Aufgabenprofil einer solchen Tagesgruppe stellt sich damit auch als ein Aufgabenfeld für die heilpädagogische Arbeit dar.

Erziehung in einer Tagesgruppe

- Vollzeitpflege. Neben der „normalen" Familienpflege sieht § 33 S 2 SGB VIII vor, daß für „besonders entwicklungsbeeinträchtigte Kinder und Jugendliche ... geeignete Formen der Familienpflege zu schaffen und auszubauen" sind. Damit sind Pflegefamilien gemeint, bei denen mindestens eine Pflegperson eine entsprechende Fachausbildung (z.B. als Heilpädagoge) besitzt, um dem erhöhten Betreuungsbedarf fachlich gerecht zu werden.

Vollzeitpflege

- Heimerziehung, sonstige betreute Wohnform. Eine besondere Form der Hilfe zur Erziehung ist die nach wie vor notwendige Heimerziehung, welche aber heute in unterschiedlicher Form angeboten wird, z.B. auch in sonstigen betreuten Wohnformen. Die gesetzliche Zielvorstellung ist in § 34 S 1 SGB VIII formuliert: „Hilfe zur Erziehung" in einer Einrichtung über Tag und Nacht (Heimerziehung) oder in einer sonstigen betreuten Wohnform soll Kinder und Jugendliche durch eine Verbindung von Alltagserleben mit **pädagogischen** und **therapeutischen** Angeboten in ihrer Entwicklung fördern. Diese Form der Erziehung soll nach § 34 S 2 SGB VIII „1. eine Rückkehr in die Fa-

Heimerziehung

milie zu erreichen versuchen oder 2. die Erziehung in einer anderen Familie vorbereiten oder 3. eine auf längere Zeit angelegte Lebensform bieten und auf ein selbständiges Leben vorbereiten". Für das Arbeitsfeld des Heilpädagogen sind vor allem die Formen des heilpädagogischen und/oder therapeutischen Heimes wichtig. Gerade dort sind heilpädagogische Angebote im Hinblick auf die oft großen Defizite der jungen Menschen gefragt. Im Bereich der stationären Hilfen zur Erziehung sind auch die **landesrechtlichen** Vorgaben zu beachten.

f) Hilfe für junge Volljährige

Hilfe für junge Volljährige

Ausgehend von der Tatsache, daß die Persönlichkeitsentwicklung nicht in jedem Fall mit der Erreichung des Volljährigkeitsalters als abgeschlossen gelten kann, sieht § 41 SGB VIII dann noch Hilfen vor, wenn diese Hilfen nach wie vor notwendig sind (z.B. als betreute Wohnform), allerdings in der Regel nur bis zur Vollendung des 21. Lebensjahres. Inhaltlich verweist § 41 II SGB VIII auf bestimmte Hilfen zur Erziehung, die allerdings der Situation des jungen Volljährigen Rechnung tragen müssen, insbesondere seiner Verselbständigung.

g) Eingliederungshilfe für **seelisch** behinderte Kinder und Jugendliche

Eingliederungshilfe

Die heutige Form des SGB VIII enthält neben der Hilfe zur Erziehung die Eingliederungshilfe für seelisch behinderte Kinder und Jugendliche (§ 35 a SGB VIII). Auch junge Volljährige sind in diese Hilfeform einbezogen (§ 41 II SGB VIII). Damit ist ein langer fachlicher Streit mindestens für den Bereich der seelisch Behinderten entschieden, ob in ein Jugendhilfegesetz auch die Behindertenhilfe aufgenommen werden soll (vgl. dazu Lempp, Seelische Behinderung als Aufgabe der Jugendhilfe, 3. Auflage Stuttgart 1995). § 35 a I SGB VIII lautet: „Kinder und Jugendliche, die seelische behindert oder von einer solchen Behinderung bedroht sind, haben Anspruch auf Eingliederungshilfe. Die Hilfe wird nach dem Bedarf im Einzelfall

1. in ambulanter Form

2. in Tageseinrichtungen für Kinder oder in anderen teilstationären Einrichtungen

3. durch geeignete Pflegepersonen

4. in Einrichtungen über Tag und Nacht sowie sonstigen Wohnformen geleistet."

Für die anderen Behinderungsarten (körperliche und geistige Behinderung) ist nach wie vor der Sozialhilfeträger zuständig.

§ 35 a II SGB VIII nimmt im Hinblick auf die Aufgabe und das Ziel der

Hilfe, die Bestimmung des Personenkreises sowie die Art der Maßnahmen auf die einschlägigen Bestimmungen des BSHG Bezug (vgl. 2.3(2)).
Da die Grenzen zwischen Hilfe zur Erziehung und Eingliederungshilfe für seelisch Behinderte fließend sind, sollen im Einzelfall solche Personen, Dienste, Einrichtungen in Anspruch genommen werden, die beide Hilfeformen anbieten. Bei heilpädagogischen Maßnahmen für Kinder im Vorschulalter in Tageseinrichtungen sollen solche Einrichtungen bevorzugt werden, welche einen integrativen Ansatz verfolgen, d.h. behinderte und nichtbehinderte Kinder gemeinsam betreuen (§ 35 a III S 2 SGB VIII).

h) Mitwirkung, Hilfeplan

Mitwirkung, Hilfeplan

Die Hilfen können in der Regel effektiv nur im Einvernehmen aller Beteiligten geleistet werden. Deshalb sieht § 36 I SGB VIII vor, daß sowohl die Personensorgeberechtigten als auch das Kind bzw. der Jugendliche **vor** der Entscheidung über die Inanspruchnahme der Hilfe und vor einer notwendigen Änderung von Art und Umfang beraten und auf mögliche Auswirkungen auf die Entwicklung des Minderjährigen hingewiesen werden. Ist eine außerfamiliäre Unterbringung erforderlich, dann sind die vorgenannten Beteiligten an der **Auswahl** der Einrichtung bzw. der Pflegestelle zu beteiligen. Die hier vom Gesetz verlangte Mitwirkung hat sicher auch ihre Probleme, sodaß vielfach eine einfühlsame Hinführung zu einer für den Minderjährigen optimalen Entscheidung notwendig ist. Der von den Beteiligten getroffenen Wahl muß dann entsprochen werden, wenn sie nicht mit unverhältnismäßigen Mehrkosten verbunden ist (§ 5 II S 1 SGB VIII).
Vom Ablauf her soll die Entscheidung über die Hilfeart in kollegialer Weise, d.h. im Zusammenwirken mehrerer Fachkräfte getroffen werden, da es sich in aller Regel um komplexe Sachverhalte inklusive schwieriger Familiensituationen handelt (§ 36 II S 1 SGB VIII).
Bei Hilfen, für die voraussichtlich eine längere Zeit notwendig ist, sollen diese Fachkräfte zusammen mit den Personensorgeberechtigten und dem Kind bzw. dem Jugendlichen einen **Hilfeplan** aufstellen. Dieser muß enthalten:

- Feststellungen über den Bedarf
- die zu gewährende Art der Hilfe
- die notwendigen Leistungen.

Der Hilfeplan muß in regelmäßigen Zeitabständen überprüft werden, ob diese Hilfeart weiterhin geeignet und notwendig ist.

Nachdem die Hilfen vielfach von freien Trägern erbracht werden, ist die Bestimmung des § 36 II S 3 SGB VIII für die sinnvolle Mitwirkung dieser freien Träger von eminenter Bedeutung. Vertreter der betreffenden Betreuungseinrichtung **müssen** bereits bei der **Aufstellung** des Hilfeplanes, dann aber auch folgerichtig bei seiner **regelmäßigen Überprüfung** beteiligt werden. Hier wäre der Ort, an dem gerade auch Heilpädagogen ihre fachliche Kompetenz einbringen könnten und sollten, insbesondere, wenn es sich um Hilfen nach § 35 a SGB VIII (Eingliederungshilfe) handelt.

Soweit Hilfe zur Erziehung und/oder Eingliederungshilfe **außerhalb** der eigenen Familie erbracht werden, soll eine Kooperation mit den Eltern angestrebt werden (§ 37 I S 1 SGB VIII). Wenn die Voraussetzungen einer Rückkehr in die eigene Familie nicht ausgeschlossen werden können, soll durch begleitende Beratung und Unterstützung versucht werden, die Erziehungsbedingungen in dieser Familie zu verbessern (§ 37 I S 2, 3 SGB VIII).

Auch Pflegepersonen haben einen Rechtsanspruch auf Beratung und Unterstützung, auch schon vor Aufnahme des Kindes (§ 37 II SGB VIII). Das Jugendamt hat sowohl bei Gewährung von Hilfe zur Erziehung in Form einer Vollzeitpflege, die keine Pflegeerlaubnis voraussetzt, als auch im Rahmen der Pflegeerlaubnis eine Überprüfungspflicht in der Pflegefamilie (§ 44 III SGB VIII). In den vorgenannten Bereichen wäre die Mitarbeit gerade auch von Heilpädagogen wegen der hier notwendigen besonderen Fachkompetenz sehr wünschenswert.

i) Finanzierung der Hilfe zur Erziehung und der Eingliederungshilfe

Gerade im Rahmen der Beratung spielt die Frage der Finanzierung der Hilfe für die Eltern eine wesentliche Rolle.

Finanzierung

Da in diesem Bereich der Heilpädagoge in der Regel nicht über die erforderlichen Fachkenntnisse verfügt, ist eine entsprechende Beratung durch das Jugendamt (= Leistungsträger) angezeigt.

Die grundlegenden Vorschriften enthält das 8. Kapitel des SGB VIII. Die Grundlinien für die vorgenannten Hilfen sollen nachfolgend aufgezeigt werden.

Eine Heranziehung des Kindes/Jugendlichen und der Eltern findet nur bei den in § 91 I Nr. 4 und 5 SGB VIII genannten Hilfen statt:

- Erziehung in einer Tagesgruppe (§ 91 I Nr. 4 a SGB VIII)
- Vollzeitpflege (§ 91 I Nr. 4 b SGB SGB VIII)
- Erziehung in einem Heim oder einer sonstigen betreuten Wohnform (§ 91 I Nr. 4 c SGB VIII)

- Eingliederungshilfe für seelisch behinderte Kinder und Jugendliche in Tageseinrichtungen und anderen teilstationären Einrichtungen, in Einrichtungen über Tag und Nacht, sonstigen Wohnformen und durch geeignete Pflegepersonen (§ 91 I Nr. 5 SGB VIII).

Bei Hilfen für junge Volljährige nach § 41 SGB VIII, soweit diese den in § 91 I Nr.4 SGB VIII genannten Hilfen zur Erziehung oder der in § 91 I Nr.5 SGB VIII genannten Eingliederungshilfe entsprechen, wird der junge Volljährige unmittelbar herangezogen (§ 91 III Nr. 3 SGB VIII). Seine Eltern können zur Kostentragung durch Überleitung eines bestehenden Unterhaltsanspruchs verpflichtet werden (§ 96 SGB VIII).
Die Kosten für Minderjährige und Volljährige umfassen auch den notwendigen Unterhalt und gegebenenfalls die Krankenhilfe (§ 91 VI SGB VIII).
Um notwendige Hilfen zur Erziehung und die Eingliederungshilfe nicht durch die Realisierung von Zahlungsverpflichtungen zu verzögern, sieht § 92 III SGB VIII vor, daß der Träger der öffentlichen Jugendhilfe **vorzuleisten** hat. Die Heranziehung der zum Kostenersatz verpflichteten Personen erfolgt dann nachträglich.
Der Umfang der Heranziehung ist in § 93 SGB VIII geregelt. Das Jugendamt kann (= Ermessensentscheidung) aus besonderen Gründen von der Heranziehung absehen, insbesondere wenn Ziel und Zweck der Leistung sonst gefährdet wären (§ 93 VI S 2 SGB VIII).

(2) Sozialhilfe

a) Grundsätze des Sozialhilferechts

Sozialhilfe

Das Sozialhilferecht ist noch nicht in das Sozialgesetzbuch eingearbeitet; das BSHG gilt gleichwohl als besonderer Teil des Sozialgesetzbuches (Art. II § 1 Nr.15 SGB I). Ausgangspunkt ist die Bestimmung des § 9 SGB I:
„Wer nicht in der Lage ist, aus eigenen Kräften seinen Lebensunterhalt zu bestreiten oder in besonderen Lebenslagen sich selbst zu helfen, und auch von anderer Seite keine ausreichende Hilfe erhält, hat ein Recht auf persönliche und wirtschaftliche Hilfe, die seinem besonderen Bedarf entspricht, ihn zur Selbsthilfe befähigt, die Teilnahme am Leben in der Gemeinschaft ermöglicht und die Führung eines menschenwürdigen Lebens sichert."
Die Sozialhilfe muß sich immer am Einzelfall orientieren (§ 3 BSHG); die offenen Hilfen haben Vorrang vor den stationären (§ 3 a BSHG). Soweit das BSHG ein Ermessen zuläßt, entscheidet der Sozialhilfeträger nach pflichtgemäßem Ermessen über Form und Maß der Sozialhilfe (§ 4 II BSHG).

Die Gewährung der Sozialhilfe ist an keinen Antrag gebunden. Sie setzt immer dann ein, wenn dem Sozialhilfeträger oder einer von ihm beauftragten Stelle bekannt wird, daß die Voraussetzungen für die Gewährung von Sozialhilfe vorliegen (§ 5 BSHG).

Träger der Sozialhilfe

Bei den Sozialhilfeträgern unterscheidet man zwischen den örtlichen Trägern (kreisfreie Städte und Landkreise, soweit nicht nach Landesrecht etwas anderes bestimmt wird) und den überörtlichen Trägern, die von den Ländern bestimmt werden (§§ 9, 96 BSHG). Die sachliche und örtliche Zuständigkeit richtet sich nach den §§ 97, 99, 100 BSHG.
Die zwei großen Leistungsbereiche der Sozialhilfe (vgl. § 28 SGB I) umfassen

Hilfe zum Lebensunterhalt

- die Hilfe zum Lebensunterhalt (Sicherstellung der notwendigen Bedürfnisse des täglichen Lebens) und

Hilfe in besonderen Lebenslagen

- die Hilfe in besonderen Lebenslagen (qualifizierte Bedarfssituationen – s. § 27 I BSHG).

b) Eingliederungshilfe für Behinderte

Eingliederungshilfe für Behinderte

Unter den in § 27 I BSHG genannten Hilfen nimmt im Hinblick auf das Arbeitsfeld des Heilpädagogen die **Eingliederungshilfe für Behinderte** einen besonderen Platz ein. Die grundlegende Vorschrift bildet § 10 SGB I. Danach besteht bei körperlicher, geistiger oder seelischer Behinderung oder beim Drohen einer solchen Behinderung ein Rechtsanspruch auf Hilfe, „um
1. die Behinderung abzuwenden, zu beseitigen, zu bessern, ihre Verschlimmerung zu verhüten oder ihre Folgen zu mildern,
2. ihm einen seinen Neigungen und Fähigkeiten entsprechenden Platz in der Gemeinschaft, insbesondere im Arbeitsleben zu sichern."
Die im einzelnen notwendige Leistung basiert auf § 29 SGB I. Vorgesehen sind

- medizinische Leistungen
- berufsfördernde Leistungen
- Leistungen zur allgemeinen sozialen Eingliederung
- ergänzende Leistungen.

Für die Rehabilitationsleistungen sind verschiedene Leistungsträger zuständig (§ 29 II SGB I). Das Bundessozialgericht hat klargestellt, daß der Leistungsträger nicht nur Kostenträger, sondern die für die Rehabilitation verantwortliche Institution ist (BSG SozR 3-5765 § 10 KfzHV Nr.1). Die Zusammenarbeit der verschiedenen Rehabilitationsträger sichert das Gesetz über die Vereinheitlichung der Leistungen zur Rehabilitation (RehaAnglG). Einen wichtigen Schritt zur Vereinheitlichung des Rehabilitationsrechts bildet der von einer Koalitionsarbeitsgruppe Behindertenpolitik vorgelegte „Entwurf eines Sozialgesetzbuchs – Neuntes Buch – (SGB IX) Rehabilitation und Teilhabe behinderter Menschen“. Es soll damit das Benachteiligungsverbot des Art. 3 III S 2 GG im Bereich der Sozialgesetzgebung umgesetzt werden. Dabei „wird angestrebt, daß Regelungen, die für mehrere Sozialleistungsbereiche einheitlich sein können, nur an einer Stelle getroffen, Vorschriften, die unterschiedlich sein müssen, nach denselben Gesichtspunkten angeordnet, und Begriffe und Abgrenzungskriterien aller einschlägigen Regelungen unabhängig von ihrem Standort vereinheitlicht werden“ (Koalitionsgruppe Behindertenpolitik: Eckpunkte zum Sozialgesetzbuch IX). Der Zeitpunkt des Inkrafttretens des SGB IX ist derzeit noch offen. Es wird der 1.1.2001 angestrebt.

Soweit kein vorrangiger Rehabilitationsträger vorhanden ist (vgl. zum Nachrang der Sozialhilfe § 2 BSHG), müssen im Rahmen der Sozialhilfe die notwendigen Rehabilitationsleistungen erbracht werden.

Anspruch auf Eingliederungshilfe haben Behinderte, die nicht nur vorübergehend **wesentlich** körperlich, geistig oder seelisch behindert sind (§ 39 I S 1 BSHG). Wenn eine vorübergehende oder nicht wesentliche Behinderung vorliegt, **kann** nach dem Ermessen des Sozialhilfeträgers Eingliederungshilfe bewilligt werden. Eingliederungshilfe wird auch bei einer drohenden Behinderung geleistet (§ 39 II S 1 BSHG).

Aufgaben der Eingliederungshilfe

Die **Aufgaben** der Eingliederungshilfe sind in § 39 III BSHG umrissen. Danach soll primär eine drohende Behinderung **verhindert** werden. Wenn die Behinderung schon eingetreten ist, dann sollen diese bzw. deren Folgen – soweit möglich – **beseitigt** oder **gemildert** und gleichzeitig das Ziel einer Eingliederung in die Gesellschaft angestrebt werden, wobei nicht nur bestimmte Teilbereiche, z.B. das Arbeitsleben, gemeint sind. Vorrangig ist dabei, eine Teilnahme am Leben der Gemeinschaft zu ermöglichen bzw. zu erleichtern und die Ausübung eines angemessenen Berufs oder einer sonstigen angemessenen Tätigkeit (z.B. in einer Werkstatt für Behinderte, vgl. § 41 BSHG) zu ermöglichen. Wichtig ist dabei, den Behinderten – soweit dies möglich ist – unabhängig von Pflege zu machen. Im Hinblick auf die soziale Pflegeversicherung (SGB XI) ist die Eingliederungshilfe nach dem BSHG **nicht** nachrangig (§ 13 III S 3 SGB XI).

Maßnahmen der Eingliederungshilfe

Die wesentlichen **Maßnahmen der Eingliederungshilfe** sind, ohne daß es sich dabei um eine abschließende Aufzählung handelt, in § 40 BSHG zusammengefaßt.

Für die heilpädagogische Arbeit wichtig ist vor allem § 40 I Nr. 2 a und 3 BSHG. Die Ziffer 2 a umfaßt die heilpädagogischen Maßnahmen für Kinder, die noch nicht im schulpflichtigen Alter sind. Hier ist auch der Ort der sogenannten **Frühförderung**. Eingliederungshilfe soll so früh wie möglich gewährt werden, weil damit einer drohenden Behinderung am aussichtsreichsten begegnet werden kann. Nach § 10 II S 3 SGB VIII können die Bundesländer die Frühförderung für Kinder, unabhängig von der Art der Behinderung, vorrangig anderen Leistungsträgern zuweisen (vgl. für Bayern: Träger der Sozialhilfe – Art. 53 II S 1 BayKJHG).

Frühförderung

Auch in Ziffer 3 sind heilpädagogische Maßnahmen enthalten, wenn von Hilfen zu einer angemessenen Schulbildung, vor allem im Rahmen der allgemeinen Schulpflicht, die Rede ist.

Somit umfaßt die Eingliederungshilfe sowohl die Vorbereitung auf den Schulbesuch als auch eine Begleitung in verschiedenen Formen während der Zeit des Schulbesuchs.

Im Bereich der Eingliederungshilfe nach dem BSHG ist die nach § 47 BSHG erlassene Rechtsverordnung **(Eingliederungshilfe-Verordnung)** zu beachten, welche folgende Schwerpunkte umfaßt:

Eingliederungshilfe-Verordnung

1. Personenkreis der wesentlich Behinderten
2. Maßnahmen der Eingliederungshilfe.

Diese Verordnung enthält auch eine nähere Beschreibung der Maßnahmen nach § 40 I Nr.2 a BSHG: Solche Maßnahmen werden dann gewährt, „wenn nach allgemeiner ärztlicher oder sonstiger fachlicher Erkenntnis zu erwarten ist, daß hierdurch eine drohende Behinderung im Sinne des § 39 Abs.1 des Gesetzes verhütet werden kann oder die Folgen einer solchen Behinderung beseitigt oder gemildert werden können. Sie werden auch gewährt, wenn die Behinderung eine spätere Schulbildung oder eine Ausbildung für einen angemessenen Beruf oder für eine sonstige angemessene Tätigkeit voraussichtlich nicht zulassen wird" (§ 11 EinglH-VO).

Als Hilfen zu einer angemessenen Schulbildung nach § 40 I Nr.3 BSHG werden gewährt:

„1. heilpädagogische sowie sonstige Maßnahmen zugunsten behinderter Kinder und Jugendlicher, wenn die Maßnahmen erforderlich und geeignet sind, dem Behinderten den Schulbesuch im Rahmen der allgemeinen Schulpflicht zu ermöglichen oder zu erleichtern,

2. Maßnahmen der Schulbildung zugunsten behinderter Kinder und Jugendlicher, wenn die Maßnahmen erforderlich und geeignet sind, dem Behinderten eine im Rahmen der allgemeinen Schulpflicht üblicherweise erreichbare Bildung zu ermöglichen ..." (§ 12 EinglH-VO).

Die Eingliederungshilfe für behinderte Kinder und Jugendliche nach dem BSHG ist gerade auch insofern von Bedeutung, als andere Sozialleistungsträger die Minderjährigen in der Regel nicht erfassen oder keine speziellen Angebote wie z.B. heilpädagogische Maßnahmen vorsehen (vgl. Schellhorn u.a., BSHG, 15. Aufl. Anm. 11 zu § 12 EinglH-VO). Bei diesen Hilfen sind **therapeutische** Angebote besonders wichtig, z.B. aus den Bereichen der Verhaltenstherapie oder der Musiktherapie (vgl. BVerwG 228).

Gesamtplan

§ 46 I BSHG stellt verpflichtend fest, daß der Träger der Sozialhilfe so früh wie möglich einen **Gesamtplan** für die Durchführung sämtlicher Maßnahmen aufstellen muß. Der Sozialhilfeträger muß mit den beteiligten Personen und Stellen (z.B. dem behandelnden Arzt, dem Gesundheitsamt, dem Jugendamt – wegen des möglicherweise bestehenden erzieherischen Bedarfs) sowohl bei der Aufstellung des Gesamtplans als auch bei der Durchführung der Maßnahmen zusammenwirken (§ 46 II BSHG). Diese Vorschrift wird durch § 24 EinglH-VO ergänzt. Danach hat der Sozialhilfeträger bei der Feststellung der Voraussetzungen der Maßnahmen sachverständigen Rat einzuholen, je nach Notwendigkeit bei einem Arzt, Pädagogen (damit auch Heilpädagogen), Psychologen oder einem sonstigen Sachverständigen.

Kosten

Im Rahmen der Beratung hinsichtlich der notwendigen Eingliederungsmaßnahmen spielt die **Kostenfrage** eine wesentliche Rolle. Grundsätzlich sieht § 28 I S 1 BSHG vor, daß bei Hilfe in besonderen Lebenslagen der Hilfesuchende selbst, sein nicht getrennt lebender Ehegatte und, wenn minderjährig und unverheiratet, seine Eltern zu den Kosten aus ihrem Einkommen und Vermögen entsprechend dem Abschnitt 4 des BSHG heranzuziehen sind. Da die Leistungen der Eingliederungshilfe als Gesamtheit anzusehen sind, schreibt § 43 I BSHG vor, daß dann, wenn die vorgenannten Personen sich nur teilweise an den Kosten der Hilfegewährung in einer Anstalt, einem Heim, einer gleichartigen Einrichtung oder einer Tageseinrichtung für Behinderte beteiligen müssen, der Sozialhilfeträger die Kosten insgesamt zu übernehmen hat. Er zieht dann den entsprechenden Kostenbeitrag ein, wobei mehrere Verpflichtete Gesamtschuldner (§ 421 BGB) sind, d.h. jeder haftet für den gesamten Kostenbeitrag. Im Innenverhältnis sind die Gesamtschuldner zu gleichen Teilen verpflichtet und haben deshalb entsprechende Ausgleichsansprüche (§ 426 BGB). Soweit es sich um Behinderte handelt, die das **21. Lebensjahr** noch nicht vollendet haben, müssen die genannten Personen nur die Kosten für den **Lebensunterhalt** (nicht die sonstigen Kosten) bei den entsprechenden Maßnahmen, z.B. bei heilpädagogischen Maßnahmen für Kinder im noch nicht schulpflichtigen Alter, tragen. Die Kosten für den Lebensunterhalt können bei der Unterbringung in stationären bzw. teilstationären Einrichtung nur in Höhe der sogenannten **häuslichen Ersparnis** verlangt werden (§ 43 II BSHG). Eine weitere Schutzfunktion hat § 91 II S 2 HS 2 BSHG. Danach ist der Übergang eines Anspruchs gegen einen nach bürgerlichem Recht Unterhaltspflichtigen in der Regel bei unterpflichtigen Eltern ausgeschlossen, soweit einem Behinderten, einem von Behinderung Bedrohten oder einem Pflegebedürftigen nach Vollendung des 21. Lebensjahres Eingliederungshilfe oder Hilfe zur Pflege gewährt wird. Zu den Kosten des Lebensunterhalts können die Eltern herangezogen werden.

(3) Gesetzliche Krankenversicherung (SGB V)

Gesetzliche Kranken-versicherung

Das Recht der gesetzlichen Krankenversicherung ist im SGB V geregelt. Der Leistungsrahmen wird in § 11 SGB V abgesteckt, wobei insbesondere die Leistungen zur Verhütung von Krankheiten, Früherkennung von Krankheiten und Behandlung einer Krankheit zentrale Aufgaben sind. Dazu gehören auch medizinische und ergänzende Leistungen zur **Rehabilitation**, die notwendig sind, um einer drohenden Behinderung oder Pflegebedürftigkeit vorzubeugen, sie nach Eintritt zu beseitigen, zu bessern oder eine Verschlimmerung zu verhüten (§ 11 II S 1 SGB V). Für den Bereich der Heilpädagogik ist die Vorschrift des § 43 a SGB V von Bedeutung. Danach haben versicherte **Kinder** einen „Anspruch auf **nichtärztliche sozialpädiatrische Leistungen**, insbesondere auf psychologische, **heilpädagogische** und psychosoziale Leistungen, wenn sie unter ärztlicher Verantwortung erbracht werden und erforderlich sind, um eine Krankheit zum frühestmöglichen Zeitpunkt zu **erkennen** und einen **Behandlungsplan** aufzustellen." Es geht hier um die Mitwirkung nichtärztlicher Fachkräfte, z.B. von Psychologen, Ergotherapeuten, Sprachtherapeuten, Heilpädagogen und Sozialpädagogen (vgl. § 28 I S 2 SGB V) an der unter ärztlicher Verantwortung zu erstellenden **Diagnose** und dem sich anschließenden **Behandlungsplan**. Für die Behandlung selbst gelten die Vorschriften der §§ 27ff. SGB V. Ein neues Aufgabenfeld gegebenenfalls auch für Heilpädagogen enthält die Vorschrift des § 37 a SGB V mit der Überschrift „**Soziotherapie**". Zielgruppen sind solche Versicherte, „die wegen schwerer psychischer Erkrankung nicht in der Lage sind, ärztliche oder ärztlich verordnete Leistungen selbständig in Anspruch zu nehmen", und durch die Soziotherapie eine Krankenhausbehandlung vermieden oder verkürzt wird oder wenn diese zwar notwendig, aber nicht durchgeführt werden kann (§ 37 a I S 1 SGB V). Inhaltlich umfaßt die Soziotherapie die Koordinierung der verordneten Leistungen, ebenso die Anleitung und Motivation zu deren Inanspruchnahme (§ 37 a I S 2 SGB V).

(4) Gesetzliche Rentenversicherung (SGB VI)

Gesetzliche Renten-versicherung

Auch die gesetzliche Rentenversicherung erbringt medizinische, berufsfördernde und ergänzende Leistungen zur Rehabilitation, um Auswirkungen einer Krankheit oder Behinderung auf die Erwerbsfähigkeit des Versicherten entgegenzuwirken oder diese Auswirkungen nach Möglichkeit zu überwinden (§ 9 I Nr.1 SGB VI). Es müssen dafür allerdings die persönlichen (§ 10 SGB VI) und die versicherungsrechtlichen (§ 11 SGB VI) Voraussetzungen vorliegen.

3. Heilpädagogen im Sonderschuldienst

3.1 Schulrecht

Auf Grund der Kompetenzverteilung, die das Grundgesetz getroffen hat, fällt das Schulrecht weitgehend in die Zuständigkeit der Bundesländer, sodaß deren Regelungen maßgebend sind. Damit können die Bestimmungen der einzelnen Bundesländer auch voneinander abweichen, soweit es sich nicht um grundrechtliche Vorgaben handelt. In bestimmten Bereichen erfolgt eine Vereinheitlichung durch eine Übereinkunft der Kultusminister (vgl I, 2.1 für die Ausbildung und Prüfung der Heilpädagogen).

Sonderschulen

Für den Tätigkeitsbereich der Heilpädagogen ist vor allem der **Sonderschulbereich** von Bedeutung.
Sonderschulen dienen der spezifischen Förderung von behinderten Schülern. Diese Schulen werden in verschiedenen Formen angeboten. Ihre wesentlichen Grundlagen müssen durch den Gesetzgeber festgelegt werden.

3.2 Aufbau des Sonderschulwesens

Anhand der Regelungen des Freistaates Bayern soll der Aufbau des Sonderschulwesens dargestellt werden. Maßgebend ist hierfür primär das Bayerische Gesetz über das Erziehungs- und Unterrichtswesen (BayEUG). Für die Sonderschulen wird der Begriff **Förderschulen** verwendet. Deren Aufgabe ist die Erziehung, Unterrichtung, Beratung und Förderung von Kindern und Jugendlichen, die behindert oder von Behinderung bedroht, krank oder vorübergehend in ähnlicher Weise in ihrem Leistungsvermögen beeinträchtigt sind und sonderpädagogisch gefördert werden müssen (Art. 19 I BayEUG).

Es stehen dafür folgende Schulen und Einrichtungen zur Verfügung (Art. 19 II BayEUG):

- Schulen für Behinderte
- Schulen für Kranke
- Schulvorbereitende Einrichtungen der entsprechenden Schulen für Behinderte
- Mobile Sonderpädagogische Dienste für Schüler an allgemeinen Schulen mit entsprechendem Förderbedarf
- Mobile Sonderpädagogische Hilfe im Kindergarten
- Zusammenarbeit im Rahmen der interdisziplinären Frühförderung

In Bayern gibt es folgende Schulen für Behinderte:

- Schulen für Blinde
- Schulen für Sehbehinderte
- Schulen für Gehörlose
- Schulen für Schwerhörige
- Schulen für Körperbehinderte
- Schulen zur individuellen Lebensbewältigung
- Schulen zur individuellen Sprachförderung
- Schulen zur individuellen Lernförderung
- Schulen zur Erziehungshilfe.

Ein wesentlicher Teil der Förderschulen ist im Privatschulbereich angesiedelt.
Der Aufgabenbereich der Heilpädagogen im Förderschuldienst ist in Art. 60 II BayEUG umrissen. Sie unterstützen an Förderschulen und schulvorbereitenden Einrichtungen die Erziehungs- und Unterrichtstätigkeit der Lehrkraft. Im Rahmen eines mit den Sonderschullehrern gemeinsam erstellten Gesamtplans wirken sie bei der Erziehung, Unterrichtung und Beratung behinderter und von Behinderung bedrohter Kinder und Jugendlichen mit.
Diese Aufgabe nehmen sie selbständig und eigenverantwortlich wahr. Sie arbeiten auch bei sonstigen Schulveranstaltungen und bei Verwaltungstätigkeiten mit.
Heilpädagogen im Förderschuldienst leiten auch Gruppen der Schulvorbereitenden Einrichtungen im Einvernehmen mit den Sonderschullehrern. Zu ihren Aufgaben zählt auch die sonderpädagogische Förderung und Beratung im Rahmen der Mobilen Sonderpädagogischen Dienste und Hilfen.

4. Übungsfragen

(1) Welche Ziele werden durch das SGB verfolgt?

(2) Welchen Arten von Sozialleistungen kennen Sie?

(3) Bedarf ein Minderjähriger (16) bei der Antragstellung auf Sozialleistungen der Mitwirkung seiner gesetzlichen Vertreter?

(4) Was verstehen Sie unter einem Verwaltungsakt?

(5) Welches Gericht der ersten Instanz ist für Angelegenheiten der Jugendhilfe zuständig?

(6) Wer hat Anspruch auf Hilfe zur Erziehung?

(7) Können Hilfen nach dem SGB VIII auch für Volljährige gewährt werden?

(8) Wie ist nach dem SGB VIII die Eingliederungshilfe für Behinderte geregelt?

(9) Ist die Gewährung von Sozialhilfe eine Antragsleistung?

(10) Was ist die Aufgabe der Eingliederungshilfe nach dem BSHG?

(11) Wann ist ein Gesamtplan zu erstellen?

(12) Wie schützt das BSHG die Zahlungspflichtigen bei der Eingliederungshilfe für junge Menschen?

(13) Erläutern Sie den Begriff „Soziotherapie“?

(14) Welche Arten von Sonderschulen gibt es in „Ihrem“ Bundesland?

(15) Welche Aufgaben nehmen Heilpädagogen in diesen Schulen wahr?

5. Weiterführende Literatur

Mrozynski, SGB I, 2. Auflage, München 1995

Krauskopf, Soziale Krankenversicherung, Pflegeversicherung, 3. Auflage, München 1998

Kreikebohm, SGB VI, München 1997

Schroeder-Printzen u.a., SGB X, 3. Auflage, München 1996

Wiesner u.a., SGB VIII, Kinder- und Jugendhilfe, 2. Auflage, München 2000

Münder u.a., Frankfurter Lehr- und Praxis – Kommentar zum KJHG, SGB VIII, 3. Auflage, München 1998

Günder, Hilfen zur Erziehung, Freiburg 1999

Lempp, Seelischer Behinderung als Aufgabe der Jugendhilfe, 3. Auflage, Stuttgart 1995

Schiewer, Sozialhilfe, Freiburg 1999

Schellhorn u.a, Das Bundessozialhilfegesetz, 16, Auflage, Stuttgart/Berlin/Köln 1998

Imlau-Staupendahl, Sozialhilfe, Eine Einführung, Frankfurt 1999

Klie u.a., Verwaltungswissenschaft, Eine Einführung für soziale Berufe, Freiburg 1999

Meyer-Ladewig, Sozialgerichtsgesetz, 6. Auflage, München 1998

Kopp/Schenke, Verwaltungsgerichtsordnung, 11. Auflage, München 1998

Brenner/Töpper, Meine Rechte in der Schule (Beck-Rechtsberater im dtv Nr. 5665)

Staupe, Schulrecht von A-Z (Beck-Rechtsberater im dtv Nr. 5238)

IX. Der Heilpädagoge als Mitarbeiter einer Betreuungseinrichtung

1. Rechtliche Gestaltungsmöglichkeiten

Gestaltungsmöglichkeiten

Die Mitarbeit eines Heilpädagogen in einer Betreuungseinrichtung geschieht in der Regel im Rahmen eines Arbeitsverhältnisses. Eher ausnahmsweise kommt die sogenannte freie Mitarbeit in Betracht.

1.1 Arbeitsverhältnis

Das Arbeitsverhältnis entsteht mit Abschluß eines **Arbeitsvertrages** zwischen einem Arbeitgeber und einem Arbeitnehmer.

Arbeitgeber

Arbeitgeber ist der Rechtsträger der Betreuungseinrichtung; auf die konkrete Rechtsform des Arbeitgebers kommt es nicht an. Arbeitgeber kann daher eine natürliche oder juristische Person des privaten (zum Beispiel ein eingetragener Verein) oder des öffentlichen Rechts (zum Beispiel eine Gebietskörperschaft wie Stadt, Landkreis usw.) sein.

Arbeitnehmer

Einen allgemein anerkannten Begriff des Arbeitnehmers gibt es nicht. Es gibt nur Indizien dafür, ob eine Person als Arbeitnehmer anzusehen ist. Nach der in der Rechtsprechung verwendeten Definition sind für den Begriff des Arbeitnehmers **drei Voraussetzungen** zu erfüllen:

Kriterien des Begriffs Arbeitnehmer

- Der Arbeitnehmer muß zur Leistung von „Arbeit" verpflichtet sein. Arbeit ist im wirtschaftlichen Sinne zu verstehen, wobei es sich um eine geistige oder körperliche Betätigung niederer oder höherer Art handeln kann. **Heilpädagogische Tätigkeit** erfüllt stets dieses Kriterium.
- Die Verpflichtung zur Arbeitsleistung muß auf einem privatrechtlichen Vertrag beruhen.
- Die Arbeit muß im Dienst eines anderen geleistet werden.

1.2 Freie Mitarbeit

Abgrenzung zum Arbeitsverhältnis

Die freie Mitarbeit („auf Honorarbasis") trägt diese Bezeichnung nicht immer zu Recht. Das Bundesarbeitsgericht (BAG) hat zur **Abgrenzung** des Arbeitsverhältnisses von dem Rechtsverhältnis eines freien Mitarbeiters folgende **Grundsätze** aufgestellt:

Grad der persönlichen Abhängigkeit

Beide unterscheiden sich durch den Grad der **persönlichen Abhängigkeit**, in der sich der zur Dienstleitung Verpflichtete befindet. Der Arbeitnehmer ist in die Arbeitsorganisation des Arbeitgebers eingegliedert. Die Eingliederung zeigt sich insbesondere darin, daß der Beschäftigte dem **Weisungsrecht des Arbeitgebers** unterliegt. Das Weisungsrecht kann Inhalt, Durchführung, Zeit, Dauer und Ort der Tätigkeit betreffen. Arbeitnehmer ist namentlich der Mitarbeiter, der nicht im Wesentlichen frei seine Tätigkeit gestalten und seine Arbeitszeit bestimmen kann. Der Grad der persönlichen Abhängigkeit hängt auch von der Eigenart und der Organisation der zu leistenden Tätigkeit ab. **Soziale Arbeit** kann sowohl im Rahmen von Arbeitsverhältnissen als auch in anderen Rechtsverhältnissen erbracht werden.

Weisungsrecht

Verhältnis zur öffentlichen Jugendhilfe

Ein freies Mitarbeiterverhältnis besteht nach Ansicht des BAG (Urteil vom 06.05.1998) **nicht** schon dann, wenn ein Heilpädagoge seine Arbeitszeit im Wesentlichen frei bestimmen kann. Das Weisungsrecht (dazu IX. 3.5) des Arbeitgebers muß sich nicht auf die Arbeitszeit erstrekken, sondern kann sich auf den Inhalt und die Durchführung der geschuldeten Tätigkeit beschränken. Das BAG ist sogar soweit gegangen, daß es einem Träger der öffentlichen Jugendhilfe ein Weisungsrecht hinsichtlich Mitarbeitern der freien Jugendhilfe zugebilligt hat. Jener habe nach § 79 I SGB VIII für die Erfüllung der Aufgaben die Gesamtverantwortung. Er sei deshalb verpflichtet, die laufende Tätigkeit des freien Trägers und damit auch die des von diesem eingesetzten (Heil-)Pädagogen zu überwachen. Dies berechtige den öffentlichen Träger gleichzeitig zu Weisungen im Einzelfall. Folge: Keine „freie“ Mitarbeit.

2. Rechtsquellen des Arbeitsrechts

Vielzahl der Rechtsquellen

Die Klage darüber, daß das Arbeitsrecht zersplittert und unübersichtlich sei, ist berechtigt. Auf anderen Gebieten des Zivilrechts sprudeln oft nur zwei Rechtsquellen: Der Einzelvertrag und daneben ein oder wenige Spezialgesetze. Dagegen ist das Arbeitsrecht schon deshalb verwirrend, da die Bemühungen, ein einheitliches Gesetzbuch der Arbeit zustande zu bringen, bis heute keinen Erfolg hatten. Statt dessen existieren **zahlreiche Einzelgesetze**, die punktuell in das Arbeitsleben eingreifen, nebeneinander. Hinzu kommt eine Fülle von Verordnungen, Tarifverträgen und Betriebsvereinbarungen. Eine nicht zu unterschätzende Rolle spielt das sogenannte Richterrecht, also ca. 20000 veröffentlichte Entscheidungen des BAG, von denen viele allerdings nur noch rechtshistorischen Wert haben. Bedeutung und Stärke der Quellen führen zu nachstehender **Rangfolge**:

2.1 Europäisches Arbeitsrecht

Durch die Zugehörigkeit der Bundesrepublik Deutschland zur europäischen Union erlangt deren Recht zunehmend Gewicht. Der EG-Vertrag enthält allgemeine Kompetenznormen zur Rechtsangleichung. Darüber hinaus garantiert er die Freizügigkeit der Arbeitnehmer innerhalb der Gemeinschaft (Art. 45ff.) und die Lohngleichheit von Männern und Frauen bei gleicher Arbeit (Art. 119). Besonders wichtig zur Sicherung der Gleichbehandlung von Männern und Frauen ist die EG-Gleichbehandlungsrichtlinie. Eine Richtlinie gegen Diskriminierung im Beruf ist geplant. Verboten wäre dann (zusätzlich) jede Art von Benachteiligung am Arbeitsplatz wegen Rasse, ethnischer Abstammung, Glaubensbekenntnis oder Weltanschauung, Behinderung, Alter oder sexueller Orientierung. Nicht zuletzt führt die Rechtsprechung des **Europäischen Gerichtshofes** häufig zur Umgestaltung des Arbeitsrechts.

Recht der Europäischen Union

2.2 Das Grundgesetz

Im Grundgesetz ist der **Grundrechtsteil** für das Arbeitsrecht von erheblicher Bedeutung. Art. 9 III gewährleistet „für jedermann und für alle Berufe das Recht, zur Wahrung und Förderung der Arbeits- und Wirtschaftsbedingungen Vereinigungen zu bilden" (Berufsverbände!). Dieses Recht darf weder eingeschränkt noch behindert werden.

Grundgesetz der Bundesrepublik

Die Meinungsfreiheit aus Art. 5 I GG (eingeschränkt durch die Treuepflicht) gilt auch im Arbeitsverhältnis (IX. 4.3). Die Gleichberechtigung von Männern und Frauen hat ebenfalls Verfassungsrang (Art. 3 II GG). Der Staat fördert die tatsächliche Durchsetzung der Gleichberechtigung von Frauen und Männern und wirkt auf die Beseitigung bestehender Nachteile hin (Art. 3 II S 2 GG). Das Grundrecht, Beruf, Arbeitsplatz und Ausbildungsstätte frei zu wählen, haben (nur) „alle Deutschen" (Art. 12 I GG).

Gleichbehandlung von Männern und Frauen

Im übrigen prägt das Sozialstaatsprinzip (Art. 20 I, 28 I GG) das gesamte Arbeitsrecht, ebenso der kürzeste Satz des Grundgesetzes: „Eigentum verpflichtet" (Art. 14 II).

Sozialstaatsprinzip

2.3 Die („einfachen") Gesetze

Im Bereich des Arbeitsrechts haben die Länder die Befugnis zur Gesetzgebung, solange und soweit der Bund von seiner Gesetzgebungszuständigkeit keinen Gebrauch macht (Art. 72 I, 74 I Nr. 12 GG).

Gesetze

Das **BGB** enthält in den §§ 611 bis 630 immer noch die Grundlage des Individualarbeitsrechts. Es gibt kein Arbeitsverhältnis, das nicht dem BGB untersteht.

2.4 Tarifverträge und ähnliche Rechtsnormen

2.4.1 Allgemeines zu Tarifverträgen

Tarifverträge

Parteien des Tarifvertrages

Einen Rang **unter den Gesetzen** sind die Tarifverträge angesiedelt. Tarifvertragsparteien sind Gewerkschaften, einzelne Arbeitgeber sowie Vereinigungen von Arbeitgebern (§ 2 I TVG). Tarifverträge bedürfen der Schriftform und enthalten **Rechtsnormen**, die den Inhalt, den Abschluß und die Beendigung von **Arbeitsverhältnissen** sowie betriebliche Fragen ordnen können (§ 1 TVG). **Inhaltsnormen** sind zum Beispiel Bestimmungen über die Arbeitszeit, die Vergütung, den Urlaub usw.

Bindung an den Tarif

Tarifgebunden sind in jedem Fall die Mitglieder der Tarifvertragsparteien (§ 3 I TVG). Ohne Mitglied einer Gewerkschaft zu sein, kann ein **Heilpädagoge** mit seinem Arbeitgeber vertraglich **vereinbaren**, daß sich ihr Arbeitsverhältnis nach den Vorschriften eines bestimmten Tarifvertrages richtet. Solches geschieht häufig. Für den Arbeitgeber hat dies den Vorteil, daß er alle Arbeitnehmer gleich behandeln kann. Der Vorteil für den Arbeitnehmer liegt darin, daß er nicht alle Arbeitsbedingungen einzeln auszuhandeln braucht, sondern ohne besonderen Aufwand den Schutz des Tarifvertrages genießt.

Dynamische Verweisung

Empfehlenswert ist, die **Geltung der jeweiligen Fassung** des Tarifvertrages (schriftlich) zu vereinbaren (sogenannte dynamische Verweisung), damit auch bei späteren Änderungen des Tarifvertrages das anzuwendende Recht einheitlich bleibt. Nur durch derartige dynamische Verweisungsklauseln erlangt der Heilpädagoge als Arbeitnehmer bei einer etwaigen Anhebung der tariflichen Vergütung **unmittelbar** einen Anspruch auf Erhöhung seiner persönlichen Vergütung.

„... in Anlehnung an ..."

Die oft verwendete Formulierung „Eingruppierung in Vergütungsgruppe ... in Anlehnung an ... BAT/AVR" ist dagegen kritisch zu betrachten. Die **Rechtsprechung** versteht diese Klausel so, daß sich der Vergütungsanspruch auf die ausdrücklich genannte Vergütungsgruppe beschränkt und eine Höhergruppierung (z.B. nach Ablauf einer Bewährungszeit) nicht automatisch, sondern nur kraft weiterer Vereinbarungen erfolgen soll. Die Anlehnung führt also gerade nicht zur Geltung des gesamten Tarifvertrages.

Zwingende Wirkung

Die Rechtsnormen des Tarifvertrages gelten unmittelbar und zwingend zwischen **beiderseits** Tarifgebundenen (§ 4 I TVG).

Zwingend heißt, daß **Abweichungen** zum **Nachteil** des Arbeitnehmers **unzulässig** sind. Ist im Tarifvertrag bestimmt, daß ein Heilpädagoge Anspruch auf 30 Tage Erholungsurlaub hat, so ist eine einzelvertragliche Vereinbarung, die ihm nur 29 Tage zugesteht, unwirksam (§ 134 BGB). Dies gilt grundsätzlich auch dann, wenn die Parteien bewußt von dem Tarifvertrag abgewichen sind.

Öffnungsklausel

Günstigkeitsprinzip

Von der zwingenden Wirkung des Tarifvertrags bestehen **zwei Ausnahmen**: Der Tarifvertrag ist dann nicht zwingend, wenn er selbst eine abweichende Regelung gestattet („Öffnungsklausel"). Aus dem **Prinzip der Tarifautonomie** (§ 4 III TVG) folgt, daß die zwingende Wirkung zurücktreten muß, wenn die Tarifvertragsparteien sie nicht wollen. Schließlich ist der Tarifvertrag dann nicht zwingend, wenn die singuläre Regelung für den oder die Arbeitnehmer günstiger ist (Günstigkeitsprinzip). Indes muß eindeutig feststellbar sein, daß die vertragliche Regelung günstiger ist.

unmittelbare Wirkung

Das Wesen der unmittelbaren Wirkung besteht darin, daß die Tarifnormen wie ein Gesetz **ohne Rücksicht auf die Kenntnis** der Arbeitsvertragsparteien von dem Bestehen oder dem Inhalt der Tarifnormen auf das Arbeitsverhältnis einwirken.

Keine Tarifbindung besteht, wenn **vertraglich** die Geltung eines Tarifvertrages oder einzelner Tarifvertragsnormen vereinbart ist. Die Tarifnormen gelten dann zwar unmittelbar, sind jedoch abdingbar.

Fall

Ein **Heilpädagoge, nicht Mitglied einer Gewerkschaft**, hat einen Arbeitsvertrag unterschrieben, in dem steht, daß nach Ablauf der Probezeit die gegenseitige Kündigungsfrist „ein Vierteljahr zum Quartalsende" beträgt. Ferner heißt es im Vertrag, daß der BAT angewendet wird. Zwei Jahre nach Beginn des Arbeitsverhältnisses will er es beenden. Laut BAT beträgt die Kündigungsfrist „6 Wochen zum Schluß eines Kalendervierteljahres". Welche der beiden **Fristen** muß der Heilpädagoge einhalten?

Lösung

Zunächst ist klar, daß der Vertrag eine vom BAT abweichende Abmachung enthält. Man könnte nun unter Hinweis auf § 4 III TVG argumentieren, daß die vertragliche Frist den Heilpädagogen länger bindet und deshalb als **Änderung zu seinen Ungunsten** unzulässig ist. Dies wäre im Falle beiderseitiger uneingeschränkter Tarifgebundenheit auch richtig.

Nun ist es zwar so, daß die Verweisung auf Tarifrecht die Tarifbindung ersetzt. Es darf jedoch nicht übersehen werden, daß im Wege der **Verweisung** der gesamte Tarifvertrag, aber auch **nur Teile** hieraus in Bezug genommen werden können. Die Vertragsauslegung ergibt, daß hier letzteres geschehen ist. Die Parteien haben vertraglich eine (verglichen mit dem BAT längere) Kündigungsfrist klar vereinbart. Es ging ihnen hierbei offensichtlich um diese Frist als solche, nicht um Übereinstimmung mit dem entsprechenden Inhalt des BAT. Hätten sie die Geltung der – im einzelnen vielleicht sogar subjektiv unbekannten – BAT-Fristen gewollt, wäre die hervorhebende Erwähnung dieses Punktes ohnehin überflüssig gewesen. Der Grundsatz der Vertragsfreiheit erlaubt die Verweisung auf Tarifrecht; dadurch beseitigt er gleichzeitig dessen zwingende Wirkung. Der Heilpädagoge muß seinen Vertrag so lesen, als stünde dort: „... im übrigen gilt der BAT“. Er muß die **längere Frist einhalten.**

Kein einfacher Verzicht auf tarifliche Rechte

Keine Verwirkung

Damit ein Tarifvertrag nicht ausgehöhlt werden kann, bestimmt § 4 IV TVG, daß ein Verzicht auf entstandene tarifliche Rechte nur in einem von den Tarifvertragsparteien gebilligten Vergleich zulässig und die Verwirkung von tariflichen Rechten ausgeschlossen ist. (Ein **Vergleich** ist ein Vertrag, durch den ein Streit oder eine Ungewißheit der Parteien über ein Rechtsverhältnis im Wege **gegenseitigen Nachgebens** beseitigt wird; § 779 I BGB.)

Ausschlußfristen=Verfallfristen

Zweck der Fristen

Dagegen können Ausschlußfristen für die Geltendmachung tariflicher Rechte (nur) im Tarifvertrag vereinbart werden (§ 4 IV S 3 TVG). Nach Ablauf solcher Fristen – synonym: Verfallfristen – **erlöschen** diese Rechte, es sei denn, daß sie innerhalb der Frist geltend gemacht worden sind. Das Erlöschen ist von Amts wegen zu beachten. Die Ausschlußfristen verfolgen den Zweck, zwischen den Arbeitsvertragsparteien rasch **Sicherheit** und **Klarheit** bezüglich der gegenseitigen Ansprüche zu schaffen. Der Umfang der erfaßten Ansprüche und der Beginn der Verfallfrist ergeben sich aus der jeweiligen Formulierung der Klausel. Da die Fristen oft nur wenige Wochen oder Monate (BAT und AVR: **6 Monate** nach Fälligkeit) betragen, sind Vorsicht und Eile geboten.

2.4.2 Der Bundes-Angestelltentarifvertrag

Heilpädagogen arbeiten häufig in Einrichtungen, deren Träger den Bundes-Angestelltentarifvertrag (**BAT**) anwenden. Dieser Tarifvertrag gilt für Arbeitnehmer des Bundes, der Länder und der Gemeinden. Mit ihm wurde die Rechtsstellung der Arbeitnehmer des öffentlichen Dienstes weitgehend an diejenige der Beamten angeglichen. **Heilpädagogen**, die der tarifschließenden Gewerkschaft, also entweder der ÖTV oder der DAG angehören, sind **unmittelbar tarifgebunden** (vgl. oben IX. 2.4.1). In der Praxis wird der BAT jedoch oft ohne Rücksicht auf die Gewerkschaftszugehörigkeit des Arbeitnehmers – aus haushaltsrechtlichen Gründen – den Arbeitsverhältnissen zugrunde gelegt.

2.4.3 Arbeitsvertragsrichtlinien

Heilpädagogen, die in Einrichtungen des **Deutschen Caritasverbandes** (katholische Kirche) oder des **Deutschen Diakonischen Werks** (evangelische Kirche) arbeiten, sind in aller Regel „an Richtlinien für Arbeitsverträge" (AVR) gebunden. Diese Tatsache beruht auf dem Recht der Kirchen, ihre Angelegenheiten selbstständig innerhalb der Schranken des für alle geltenden Gesetzes zu ordnen und zu verwalten (Art. 140 GG in Verbindung mit Art. 137 III WRV). (Eigene AVR hat das Deutsche Rote Kreuz.)

Kirchliche Selbstbestimmung

Die Rechtsnatur dieser Richtlinien ist nicht zur allgemeinen Zufriedenheit geklärt. Einerseits entsprechen ihre Inhalte – von kirchenspezifischen Besonderheiten abgesehen – weitgehend dem BAT. Andererseits kommen sie nicht wie Tarifverträge unter Beteiligung von Gewerkschaften, sondern durch **Kommissionen** zustande, die aus Vertretern der Dienstgeber (kirchliche Bezeichnung für Arbeitgeber) und der Mitarbeiter **in gleicher Anzahl** bestehen und ihre Beschlüsse mit qualifizierter Mehrheit fassen. Man spricht diesbezüglich vom „Dritten Weg" der Kirchen.

Rechtsnatur der AVR

„Dritter Weg"

Die Arbeitsgerichte verneinen in ständiger aber nicht unumstrittener Rechtsprechung die Normwirkung der kirchlichen AVR. Sie gehen vielmehr davon aus, daß diese nur dann Wirksamkeit entfalten, wenn ihre Anwendung im **Arbeitsvertrag** vereinbart worden ist.

Keine Normwirkung der AVR

Ebenfalls nicht endgültig geklärt ist die Frage, ob bzw. inwieweit staatliche Gerichte den **Inhalt der AVR** kontrollieren dürfen. Bei Tarifverträgen verzichten sie auf eine Inhaltskontrolle, da diesen eine **hinreichende Gewähr für einen angemessenen Interessenausgleich** zwischen Arbeitgeber- und Arbeitnehmerseite innewohne. Genauso verfahren sie mit den AVR, soweit diese Tarifvertragsregelungen ganz oder mit im Wesentlichen gleichen Inhalten übernehmen. Im Übrigen ist die Überprüfung der AVR auf den eher theoretischen Fall beschränkt, daß eine ihrer Bestimmungen „offenbar unbillig ist" (§§ 317 I in Verbindung mit 319 I BGB).

Kontrolle durch staatliche Gerichte

2.5 Betriebs- und Dienstvereinbarungen

In vielen Betreuungseinrichtungen bestehen

- **Personalräte**: Für Mitarbeiter des Öffentlichen Dienstes
- **Betriebsräte**: Für Mitarbeiter außerhalb von öffentlichem Dienst und Kirche oder
- **Mitarbeitervertretungen**: Für Mitarbeiter in kirchlichen Einrichtungen

Diese Organe können in Zusammenarbeit mit der Dienststelle bzw. dem Arbeitgeber weitere Rechtsquellen schaffen. Deren Bezeichnungen sind unterschiedlich:

Personalräte

- Die Personalräte beschließen gemeinsam mit der Dienststelle sogenannte **Dienstvereinbarungen** (§ 73 I Bundespersonalvertretungsgesetz = BPVG).

Betriebsräte

- Die Betriebsräte schließen **Betriebsvereinbarungen** gemeinsam mit den Arbeitgebern (§ 77 II Betriebsverfassungsgesetz = BetrVG).

Mitarbeitervertretungen

- Im Bereich der Kirchen wiederum werden **Dienstvereinbarungen** von Dienstgeber und Mitarbeitervertretung gemeinsam beschlossen; z.B.: § 38 III Rahmenordnung für eine Mitarbeitervertretungsordnung (MAVO; kath. Kirche).

Schriftform

Gemeinsam ist allen die zwingend vorgeschriebene Schriftform. Bei beiden Arten der Dienstvereinbarung genügt die Bekanntmachung „in geeigneter Weise". Betriebsvereinbarungen müssen sogar im Betrieb ausgelegt werden. Alle haben **normativen Charakter**.

Günstigkeitsprinzip

Sie erzeugen objektives Recht. Sie wirken auf die einzelnen Arbeitsverhältnisse unmittelbar ein. Ihre Rechtsnormen sind **unabdingbar** und **zwingend**. Das gilt nur dann nicht, wenn die Einzelarbeitsverträge für den Mitarbeiter günstiger sind (Günstigkeitsprinzip).

Zulässigkeit

Einrichtungsbezogene Vereinbarungen sind zulässig, soweit sie ausdrücklich vorgesehen sind (BPVG, MAVO) oder dann, wenn die betreffenden Arbeitsbedingungen üblicherweise **nicht durch Tarifvertrag** geregelt werden. Mit diesen Einschränkungen soll die Tarifpolitik der Verbände nicht gestört und der Streit um die materiellen Arbeitsbedingungen aus den Einrichtungen ferngehalten werden.

Beispiele

Typische Beispiele für Dienst-/Betriebsvereinbarungen sind Regelungen zur Arbeitszeit einschließlich deren Erfassung und Freizeitausgleich, zur Telefonnutzung, zur Urlaubsplanung, zur Parkplatzordnung und zur Einführung von Überwachungseinrichtungen. Auch Maßnahmen und Vorgehensweisen zur betrieblichen Suchtbekämpfung können vereinbart werden.

2.6 Arbeitsvertrag

Da das einzelne Arbeitsverhältnis erst durch den Arbeitsvertrag erzeugt wird, ist dieser Rechtsquelle ein eigenes Kapitel (IX. 3.) gewidmet.

2.7 Prinzipien für den Konflikt zwischen den Rechtsquellen

Nach den allgemeinen Grundsätzen geht die stärkere (ranghöhere) Regelung der schwächeren (rangniederen) Regelung vor (Rangprinzip). Jede Regelung hat eine **Kontrollfunktion** für die ihr in der Stufenfolge nachgehenden Regelungen. **Aber**: Die schwächere Regelung geht vor, wenn sie inhaltlich für den Arbeitnehmer günstiger ist; Günstigkeitsprinzip (vgl. IX. 2.4). Ein verfassungswidriges Gesetz, ein gesetzwidriger Tarifvertrag, ein tarifwidriger Vertrag, eine vertragswidrige Arbeitgeberweisung sind **unwirksam** oder wenigstens **angreifbar**.

Rangprinzip

Günstigkeitsprinzip

Innerhalb der gleichen Rangstufe gilt das Spezialitätsprinzip: Die speziellere Regelung geht der allgemeinen vor, auch wenn sie nachteiliger ist.

Spezialitätsprinzip

3. Arbeitsvertrag und Arbeitsverhältnis

3.1 Abschluß des Arbeitsvertrages

Ein Vertrag ist die von zwei oder mehreren Personen **erklärte Willensübereinstimmung** über die Herbeiführung eines bestimmten rechtlichen Erfolges. Erforderlich ist daher ein **Bindungswille**. Der wesentliche Inhalt des Vertrages muß zumindest bestimmbar sein. Ein gültiger Vertrag liegt nicht vor, wenn sich die Parteien über wesentliche Vertragsbestandteile nicht geeinigt haben. Der Arbeitsvertrag eines Heilpädagogen kommt, wie jeder andere Vertrag auch, durch **Angebot** (Antrag) und **Annahme** – so werden die Willenserklärungen bezeichnet – zustande (§§ 145ff. BGB).

Definition des Vertrages

Grundsätzlich steht es im Ermessen der Parteien, ob sie überhaupt einen Arbeitsvertrag abschließen wollen. Jedoch unterliegt die Abschlußfreiheit des Arbeitgebers zunehmenden Beschränkungen. Nach § 611 a I S 1 BGB, Art. 3 II GG darf der Arbeitgeber **nicht** aus unsachlichen Gründen **zwischen Männern und Frauen** differenzieren. Eine unterschiedliche Behandlung wegen des Geschlechts ist jedoch zulässig, soweit eine Vereinbarung oder eine Maßnahme die Art der vom Arbeitnehmer auszuübenden Tätigkeit zum Gegenstand hat und ein bestimmtes Geschlecht unverzichtbare Voraussetzung für diese Tätigkeit ist (§ 611 a I

S 2 BGB). Vor diesem Hintergrund sind Stellenanzeigen wie „**Heilpädagoge** – für unser Team suchen wir **aus Paritätsgründen** einen Mann" zumindest nicht unproblematisch. Denn unverzichtbar ist fast gar nichts. Allein ein sachlicher Grund rechtfertigt keine geschlechtsbezogene Differenzierung.

Keine Nachteile wegen Schwangerschaft

Der Europäische Gerichtshof (EuGH) hat am 03.02.2000 entschieden, der gesetzliche Mutterschutz dürfe für Frauen auch beim Zugang zur Beschäftigung keine Nachteile mit sich bringen. Die **Verweigerung der Einstellung** wegen einer Schwangerschaft komme nur gegenüber Frauen in Betracht und stelle daher eine unmittelbare Diskriminierung auf Grund des Geschlechts dar.

3.2 Form des Arbeitsvertrages

Für den Abschluß des Arbeitsvertrages gilt der Grundsatz der Formfreiheit; das heißt, Arbeitsverträge können grundsätzlich wirksam mündlich, schriftlich oder durch schlüssiges Verhalten abgeschlossen werden. Diesen Grundsatz einengend legen **BAT** und **AVR** vernünftigerweise die **Schriftform** des Arbeitsvertrages und evtl. zusätzlicher Vereinbarungen (Nebenabreden) fest. Keine Nebenabrede ist die Zusage einer höheren Vergütung.

Schriftform

Schriftform bedeutet, daß die Vertragsurkunde „eigenhändig durch Namensunterschrift" unterzeichnet werden muß (§ 126 I BGB). Werden über den Vertrag mehrere gleichlautende Urkunden aufgenommen, so genügt es, wenn jede Partei die für die andere Partei bestimmte Urkunde unterzeichnet (§ 126 II BGB). Die Nichteinhaltung der durch BAT vorgeschriebenen oder auf Grund der AVR vereinbarten Schriftform führt zur Nichtigkeit (§ 125 BGB). Jede Partei kann sich in diesem Fall für die Zukunft vom Arbeitsvertrag lossagen.

mündliche Nebenabreden

Ein schriftlich abgeschlossener Arbeitsvertrag hat die Vermutung der Richtigkeit und Vollständigkeit für sich. Wer das Gegenteil behauptet, muß darlegen und beweisen, daß **mündliche Nebenabreden** getroffen worden sind und auch diese gelten sollen; letzteres schließen BAT und AVR allerdings aus.

3.3 Inhalt des Arbeitsvertrages

Hauptflichten: Arbeitsleistung und Vergütung

Der Arbeitsvertrag ist ein **gegenseitiger Austauschvertrag**. Als Hauptpflichten stehen sich die Verpflichtung des Arbeitgebers zur Vergütungszahlung und die Pflicht des Heilpädagogen zur Arbeitsleistung gegenüber. Der Arbeitnehmer schuldet keinen bestimmten Erfolg, kein „Werk", sondern ein **Wirken**.

Der Arbeitsvertrag führt, was seinen Inhalt angeht, eher ein Schattendasein. Das Arbeitsverhältnis wird weniger von individuellen Vereinbarungen als von vorgefertigten Regelwerken geprägt. Auf Grund der zahlreichen zwingenden Vorgaben bleibt für den Vertrag häufig nur die Wiederholung gesetzlicher oder tarifvertraglicher Inhalte.

Nachweisgesetz

Das Gesetz über den Nachweis der für ein Arbeitsverhältnis geltenden wesentlichen Bedingungen (Nachweisgesetz) vom 20.07.1995 nennt die Punkte, die stets **schriftlich niederzulegen** sind:

1. Der Name und die Anschrift der Vertragsparteien
2. Zeitpunkt des Beginns des Arbeitsverhältnisses
3. Bei befristeten Arbeitsverhältnissen: Die vorhersehbare Dauer des Arbeitsverhältnisses
4. Der Arbeitsort oder, falls der Arbeitnehmer nicht nur an einem bestimmten Arbeitsort tätig sein soll, ein Hinweis darauf, daß der Arbeitnehmer an verschiedenen Orten beschäftigt werden kann
5. Eine kurze Charakterisierung oder Beschreibung der vom Arbeitnehmer zu leistenden **Tätigkeit**
6. Die Zusammensetzung und die Höhe des Arbeitsentgelts einschließlich der Zuschläge, der Zulagen, Prämien und Sonderzahlungen sowie anderer Bestandteile des Arbeitsentgelts und deren Fälligkeit
7. Die vereinbarte Arbeitszeit
8. Die Dauer des jährlichen Erholungsurlaubs
9. Die Fristen für die Kündigung des Arbeitsverhältnisses
10. Ein in allgemeiner Form gehaltener Hinweis auf die Tarifverträge, Betriebs- und Dienstvereinbarungen, die auf das Arbeitsverhältnis anzuwenden sind.

Fundstelle der Angaben

Diese Angaben müssen in einem schriftlichen Arbeitsvertrag enthalten sein oder in eine gesonderte Niederschrift, die dem Arbeitnehmer auszuhändigen ist, aufgenommen werden. Die Angaben nach Nummer 6 bis 9 können ersetzt werden durch einen **Hinweis** auf die einschlägigen Regelungen, die für das Arbeitsverhältnis gelten. Ist in den Fällen der Nr. 8 und 9 die jeweilige gesetzliche Regelung maßgebend, so kann hierauf verwiesen werden. Allerdings dient die vorgeschriebene Dokumentation nur der **Beweissicherung**. Für die Wirksamkeit des Arbeitsvertrages ist sie ohne Belang.

Angabe der Tätigkeit im Vertrag

Eine wichtige Frage ist, wie „kurz" die vom Heilpädagogen zu leistende **Tätigkeit** im Vertrag **charakterisiert oder beschrieben** werden sollte (Nr. 5). Denn hier geht es schlicht um den Inhalt seiner Arbeitspflicht (vgl. IX. 4).

Konsequenzen unterschiedlicher Formulierungen

Ist eine bestimmte Tätigkeit (z.B. die eines Gruppenleiters) genannt, so wird diese zum Vertragsinhalt. Wird dagegen, wie häufig, die Tätigkeit nur fachlich umschrieben („als Erzieher", „**als Heilpädagoge**" usw.), so kann der Arbeitgeber sämtliche Arbeiten zuweisen, die sich **innerhalb des vereinbarten Berufsbildes** halten. Zur Klärung des Berufsbildes werden auch von den Gerichten die von der **Bundesanstalt für Arbeit** herausgegebenen „Blätter zur Berufskunde" herangezogen. Ist dagegen die zu leistende Arbeit nur ganz generalisierend umschrieben worden („als Mitarbeiter in unserer Heilpädagogischen Einrichtung"), so muß der Heilpädagoge jede Arbeit verrichten, die dem billigen Ermessen entspricht und bei Vertragsabschluß voraussehbar war. Anhaltspunkte für die Vertragsauslegung liefert zusätzlich die zugrunde liegende Stellenausschreibung.

Vor- und Nachteile

Weite Tätigkeitsbeschreibungen bedeuten **Flexibilität** für den Arbeitgeber und verbesserten **Schutz** vor betriebsbedingten Kündigungen (IX. 15.) für den Arbeitnehmer. Die **Nachteile** zu enger Tätigkeitsbeschreibungen erfährt der Heilpädagoge dann, wenn sich im Laufe der Zeit die Aufgaben ändern oder sein Arbeitsbereich wegfällt. Er muß dann versuchen, seinen Arbeitgeber zur Anpassung des Vertrages an die veränderten Umstände zu bewegen.

3.4 Rechtsmängel des Arbeitsvertrages

Anfechtung wegen Irrtums, Täuschung oder Drohung

Arbeitsverträge können wie jedes Rechtsgeschäft wegen Irrtums, Drohung oder arglistiger Täuschung angefochten werden (§§ 119, 123 BGB). In Betracht kommt vor allem der Irrtum über „solche **Eigenschaften der Person**, die im Verkehr als **wesentlich** angesehen werden" (§ 119 II BGB). Wesentliche Eigenschaften können Geschlecht, Alter, Konfession, Zuverlässigkeit, Vertrauenswürdigkeit, Sachkunde, Vorstrafen usw. sein. Die Anfechtung des Arbeitsvertrages mit einem **Schwerbehinderten** wegen dieser Eigenschaft ist nur zulässig, wenn dieser für die vorausgesetzte Arbeit nicht geeignet ist. Sie scheidet aus, wenn der Schwerbehinderte seinen Vertragspflichten genügt hat.

Arglistige Täuschung

Wegen arglistiger Täuschung darf der Arbeitgeber den Arbeitsvertrag dann anfechten, wenn der Heilpädagoge für die Einstellung wesentliche und zulässige Fragen bewußt falsch beantwortet hat und die verschwiegene Tatsache für die Begründung des Arbeitsvertrages ursächlich war.

Fragerecht des Arbeitgebers

Das Fragerecht des Arbeitgebers und die Offenbarungspflichten des Heilpädagogen bei der Einstellung sind durch dessen **Persönlichkeitsrecht** eingeschränkt. Es dürfen nur solche Fragen gestellt werden, die mit dem Arbeitsplatz oder der zu leistenden Arbeit in **Zusammenhang** stehen. Aus der hierzu ergangenen Rechtsprechung einige Beispiele:

Beispiele

Die Frage nach der Schwerbehinderteneigenschaft muß wahrheitsgemäß beantwortet werden. Die Frage nach Vorstrafen eines Heilpädagogen ist zulässig, wenn und soweit die Art des zu besetzenden Arbeitsplatzes dies erfordert. Die Vorstrafe muß also einen (unmittelbaren) Bezug zu seiner Tätigkeit aufweisen.

Zulässige Frage nach „einschlägigen" Vorstrafen

Verurteilungen zum Beispiel wegen Straftaten gegen die körperliche Unversehrtheit, gegen die sexuelle Selbstbestimmung und wegen Verletzung des persönlichen Lebens- und Geheimbereichs wären demnach anzugeben. In der **Frage nach Schwangerschaft** sieht der EuGH eine unzulässige Frauendiskriminierung (IX.3.1). Kirchliche Arbeitgeber dürfen nach der **Religionszugehörigkeit** fragen.

Wirkung der Anfechtung

Die Wirkung der Anfechtung besteht darin, daß der Arbeitsvertrag als von Anfang an nichtig anzusehen ist (§ 142 I BGB). Hat der Heilpädagoge bereits gearbeitet, kann sich jede Partei **für die Zukunft** durch einseitige Erklärung von dem „faktischen Arbeitsverhältnis" lösen.

3.5 Einseitige Leistungsbestimmung (Direktionsrecht; Weisungsrecht)

Gesetzliche, kollektivvertragliche oder einzelvertragliche Bestimmungen können dem Arbeitgeber das Recht einräumen, **einseitig** das Arbeitsverhältnis zu **gestalten**. Das Bedürfnis hierfür folgt schon aus der Tatsache, daß die Einzelheiten der vom Heilpädagogen zu erbringenden Arbeitsleistung im Arbeitsvertrag meistens ungeregelt bleiben. Dem Arbeitgeber steht die sogenannte **Weisungsbefugnis** (=**Direktionsrecht**) bei der Ausführung der Arbeit zu. Er hat die Arbeitsleistung nach **Art** (auch **Methode**), **Ort** und **Zeit** näher zu bestimmen. Mit arbeitsbegleitenden Weisungen kann er Verhaltensregeln für die Durchführung der Arbeit oder den Umgang zwischen den Mitarbeitern geben, mit organisationsbezogenen Weisungen die Ordnung im Betrieb aufrecht erhalten. Dagegen kann sich das Direktionsrecht **nicht** auf die **Vergütungsseite** des Arbeitsvertrages beziehen. Die Bestimmung ist stets „nach billigem Ermessen zu treffen" (§ 315 I BGB).

Dazu gehört nach ständiger Rechtsprechung des BAG, daß alle wesentlichen Umstände des Falles abgewogen und die beiderseitigen Interessen angemessen berücksichtigt sind.

3.5.1 Ort und Art der Arbeit

In der Regel ist Leistungsort der Betrieb des Arbeitgebers. Größere Träger haben mehrere Einrichtungen und deshalb gelegentlich ein Interesse, den ein oder anderen Arbeitnehmer zu versetzen.

Umsetzung innerhalb der Einrichtung

Die Anweisung, **innerhalb derselben Einrichtung** einen anderen gleichwertigen Arbeitsplatz einzunehmen, ist als sogenannte Umsetzung ohne weiteres zulässig. Dies gilt auch dann, wenn der Arbeitgeber damit auf eine **Konfliktlage** reagiert. Er ist in solchen Fällen nicht gehalten, anstelle einer Umsetzung eine Abmahnung auszusprechen. Eine dringende ärztliche Empfehlung zum Arbeitsplatzwechsel aus **gesundheitlichen Gründen** berechtigt den Arbeitgeber regelmäßig, dem Arbeitnehmer einen anderen Arbeitsbereich zuzuweisen. Auch dann, wenn der Arbeitgeber kraft seines Direktionsrechts grundsätzlich befugt ist, den Arbeitsbereich des Arbeitsnehmers zu verkleinern, muß seine Maßnahme billigem Ermessen entsprechen.

Versetzung vorbehalten

Dagegen braucht sich ein **Heilpädagoge** im allgemeinen nicht an einen anderen Ort versetzen zu lassen, sofern dies nicht ausdrücklich oder stillschweigend vorbehalten ist. Der Vorbehalt selbst ist rechtswirksam.

Versetzungsklausel des BAT

Da Arbeitsverhältnisse von Heilpädagogen häufig dem **BAT** unterliegen, wird hier dessen Versetzungsregelung auszugsweise wiedergegeben (**§ 12**):

(1):„Der Angestellte kann aus dienstlichen oder betrieblichen Gründen versetzt oder abgeordnet werden. Soll der Angestellte an eine Dienstelle außerhalb des bisherigen Dienstortes versetzt oder voraussichtlich länger als drei Monate abgeordnet werden, so ist er vorher zu **hören**.“

(3):„Während der **Probezeit** darf der Angestellte ohne seine Zustimmung weder versetzt noch abgeordnet werden.“

Ähnliche Bestimmungen enthalten die AVR.

Mitbestimmung

Allerdings hat der Arbeitgeber in Einrichtungen mit mehr als 20 wahlberechtigten Arbeitnehmern den Betriebsrat **vor** jeder Versetzung zu unterrichten und dessen Zustimmung einzuholen (§ 99 I BetrVG). Die Entscheidung eines kirchlichen Dienstgebers, einen Heilpädagogen an eine andere Einrichtung zu versetzen, bedarf der Zustimmung der Mitarbeitervertretung.

3.5.2 Zeit der Arbeit

Verteilung der wöchentlichen Arbeitszeit

Soweit nichts anderes vereinbart ist, kann der Arbeitgeber grundsätzlich einseitig die wöchentliche Arbeitszeit auf die einzelnen Wochentage verteilen, Beginn und Ende der täglichen Arbeitszeit sowie die Pausen

festlegen. Der **Betriebsrat** muß seine entsprechenden Mitbestimmungsrechte so ausüben, daß jede zulässige Arbeitszeitdauer möglich ist.
Die Befugnisse des Arbeitgebers sowie die Vertragsfreiheit überhaupt sind auf dem Gebiet des Arbeitszeitrechts erheblich eingeschränkt (näheres hierzu unter IX. 6.5). Jedoch darf der Träger einer Einrichtung die gewohnten Arbeitszeiten auch nach 10 Jahren zumindest dann verändern, wenn er hierbei die Interessen seiner Mitarbeiter beachtet.

Keine Herabsetzung des Stundenumfangs

Dagegen kann eine vertraglich fest vereinbarte wöchentliche Stundenzahl nicht kraft Direktionsrecht herabgesetzt werden. Das Direktionsrecht hat hinsichtlich der im Arbeitsvertrag enthaltenden Rahmenbedingungen nur eine **Konkretisierungsfunktion** und erstreckt sich demnach nicht auf die Bestimmung des Stundenumfangs. Wenn dieser reduziert werden soll, muß der Arbeitgeber notfalls eine Änderungskündigung unter Beachtung der bestehenden Kündigungsfristen aussprechen. Nicht beanstandet hat das BAG hingegen die unter Hinweis auf das Direktionsrecht erfolgte Rücknahme der Anordnung von **Rufbereitschaft**.

Familie und Beruf

Bei der Festlegung der Arbeitszeit darf der Arbeitgeber keine betrieblich nicht zwingenden Anordnungen treffen, die die Vereinbarkeit von Familie und Beruf behindern. Es entspricht auch nicht billigem Ermessen, einer aus dem **Erziehungsurlaub** zurückkehrenden Mutter mitzuteilen, daß sie ab sofort früher mit der Arbeit anfangen muß, wenn sie wegen der Änderung der Arbeitszeit ihr Kind nicht in den **Kindergarten** bringen kann.

Überstunden

Ein sensibles Thema sind Überstunden. Der Arbeitgeber ist grundsätzlich nur dann berechtigt, Überstunden anzuordnen, wenn dies der **Arbeitsvertrag** vorsieht. Da viele von und mit Heilpädagogen abgeschlossenen Arbeitsverträge auch diesbezüglich auf den BAT verweisen, hier ein Auszug aus dessen § 17:

Überstunden gemäß BAT

„Überstunden sind die auf Anordnung geleisteten Arbeitsstunden, die über die im Rahmen der regelmäßigen Arbeitszeit **für die Woche** dienstplanmäßig bzw. betriebsüblich festgesetzten Arbeitsstunden hinausgehen.
Überstunden sind auf **dringende Fälle** zu beschränken und möglichst gleichmäßig auf die Angestellten zu verteilen. Soweit ihre Notwendigkeit voraussehbar ist, sind sie spätestens am Vortage anzusagen."

Überstundenberechnung

Für nach BAT beschäftigte **Heilpädagogen** gilt: Bei unterschiedlichen wöchentlichen Inanspruchnahmen können Überstunden nur bei einer Überschreitung der dienstplanmäßigen Arbeitszeit entstehen. Bei einem dienstplanmäßigen wöchentlichen Wechsel der Arbeitszeit von z.B. 35 und 42 Wochenstunden können als Überstunden in der ersten Woche die 36. und in der zweiten Woche die 43. Stunde in Betracht kommen. Es gilt nach wie vor die **wöchentliche Überstundenberechnung**. Überschreitungen der täglichen Arbeitszeit, die angeordnet sind, führen daher nur dann zu einer Überstunde, wenn nicht der **Ausgleich** noch in derselben Woche erfolgt.

Anordnung von Überstunden

Das BAG sieht neben der schriftlichen oder mündlichen Anordnung auch eine nur **stillschweigende Duldung** als **ausreichend** an, wenn der Arbeitgeber weiß, daß der Arbeitnehmer über die regelmäßige Arbeitszeit hinaus arbeitet und diese Überarbeit duldet. Es muß sich aber um eine „qualifizierte Duldung" handeln: Nach den Gesamtumständen muß eine Pflicht des Arbeitgebers zur Reaktion angenommen werden dürfen, so daß aus der unterbleibenden Reaktion auf einen arbeitsrechtlich relevanten Erklärungswillen geschlossen werden darf.

3.6 Arbeitsverhältnis bestimmter Dauer

Das auf unbestimmte Zeit abgeschlossene Arbeitsverhältnis ist im Arbeitsleben traditionell der Normalfall. Arbeitsverhältnisse bestimmter Dauer sind jedoch im Vordringen begriffen. Sie **enden ohne Kündigung** mit dem Ablaufe der Zeit, für die sie eingegangen sind (§ 620 I BGB). Da Kündigungsschutzbestimmungen nicht greifen können, ist der Abschluß von zeitbestimmten Arbeitsverträgen aus sozialstaatlichen Gründen nicht schrankenlos zulässig. Ab dem 01.05.2000 bedarf jede Befristung der **Schriftform** (§ 623 BGB).

3.6.1 Befristung aus sachlichem Grund

Grundsätze des Bundesarbeitsgerichts

Nach der Rechtsprechung des BAG kann sich der Arbeitgeber dann nicht auf die Befristung berufen, wenn (1) durch einen **Mißbrauch** der Gestaltungsmöglichkeiten der Zweck zwingender Bestimmungen des **Kündigungsrechts** vereitelt wird, den Arbeitsplatz zu erhalten und das Kündigungsrecht zu begrenzen, (2) für sie nach Auffassung verständiger und verantwortungsbewußter Vertragspartner kein **sachlich gerechtfertigter Grund** besteht.

Zeitpunkt für die Überprüfung der Zulässigkeit der Befristung ist der Abschluß des (letzten) Arbeitsvertrages; zwischenzeitliche Ereignisse wie der Eintritt einer Schwangerschaft sind mithin unerheblich.

Fallgruppen zulässiger Befristung

Für die Beurteilung des sachlichen Grundes haben sich nicht abschließende **Fallgruppen** herausgebildet:

Zulässig ist eine Befristung **auf Wunsch** des in seiner Entscheidungsfreiheit nicht beeinträchtigten Arbeitnehmers.

Zulässig ist eine Befristung zum Zweck der **Erprobung** des Arbeitnehmers. Die Dauer der Erprobung wird in der Regel 6 Monate nicht überschreiten dürfen.

Zulässig sind Befristungen, wenn nur **vorübergehende Aufgaben** wahrgenommen werden sollen. Hierzu gehört die **Vertretung** erkrankter Mitarbeiter oder anderer Arbeitnehmer für Zeiten eines Beschäftigungsverbotes nach dem Mutterschutzgesetz, eines Erziehungsurlaubs oder einer Arbeitsfreistellung zur Betreuung eines Kindes (§ 21 Bundeserziehungsgeldgesetz). Es genügt, wenn die Dauer der Befristung den genannten Zwecken zu entnehmen ist. Die **Prognose** des Arbeitgebers braucht sich grundsätzlich nur darauf zu beziehen, **daß** der zu vertretende Mitarbeiter seinen Dienst wieder antreten wird, **nicht** aber auch darauf, **wann** dies der Fall sein wird. Bei der **nochmaligen befristeten Verlängerung** des Arbeitsverhältnisses eines bereits langjährig befristet beschäftigten Arbeitnehmers zur Vertretung muß der Arbeitgeber im Zeitpunkt des Vertragsschlusses konkrete Anhaltspunkte für die Prognose haben, der Beschäftigungsbedarf für den befristet tätigen Mitarbeiter werde entfallen. Häufig wird vereinbart, daß das Arbeitsverhältnis enden soll, wenn der Vertretene die Tätigkeit wieder aufnimmt. Kommt es dazu nicht, weil der Vertretene vorher ausscheidet, ist in aller Regel davon auszugehen, daß das Arbeitsverhältnis des Vertreters fortbestehen soll.

Dauer der Befristung

Prognose

Ausscheiden des Vertretenen

- Ein sachlicher Befristungsgrund ist gegeben, wenn Drittmittel für einen konkreten Arbeitsplatz nur für eine bestimmte Zeit gewährt werden. Dies gilt für Einrichtungen, die im Auftrag und auf Kosten von Leistungsträgern im Sinne des Sozialgesetzbuches bedarfsabhängig spezielle **Fördermaßnahmen von begrenzter Dauer** durchführen hinsichtlich des projektbedingten personellen Mehrbedarfs.

Finanzierung durch Dritte

- Zulässig ist eine Befristung aus sozialen Gründen, z.B. wenn Studierende neben ihrem Studium bezahlte Beschäftigungsverhältnisse suchen.

Soziale Gründe

- Im öffentlichen Dienst sind Sonderregelungen zu beachten. Nach SR 2y BAT sind Zeitverträge über mehr als 5 Jahre, außer bei Ärzten, stets unzulässig.

Öffentlicher Dienst

3.6.2 Befristung nach dem Beschäftigungsförderungsgesetz

Zur Bekämpfung der Arbeitslosigkeit hat der Gesetzgeber mit dem Beschäftigungsförderungsgesetz bis zum 31.12.2000 die Möglichkeit geschaffen, auch **ohne** „sachlichen Grund“ Arbeitsverträge auf Zeit abzu-

Verlängerung innerhalb der Gesamtdauer

schließen. Danach ist die **Befristung** eines Arbeitsvertrages bis zur Dauer von **zwei Jahren zulässig**. Bis zur Gesamtdauer von zwei Jahren ist auch die höchstens dreimalige Verlängerung eines befristeten Arbeitsvertrages zulässig. Jedoch darf zu einem vorhergehenden derartig befristeten Arbeitsvertrag oder zu einem vorhergehenden unbefristeten Arbeitsvertrag mit demselben Arbeitgeber **kein enger sachlicher Zusammenhang** bestehen. Ein solcher enger sachlicher Zusammenhang ist insbesondere anzunehmen, wenn zwischen den Arbeitsverträgen ein Zeitraum von weniger als vier Monaten liegt. Die Zulässigkeit der Befristung des Arbeitsvertrages **aus anderen Gründen** bleibt unberührt (§ 1 BeschFG).

Gestaltungsbeispiele

Es ist also möglich, mit einem Heilpädagogen, der bislang aus einem sachlichen Grund befristet beschäftigt war, nunmehr ohne sachlichen Grund eine **Anschlußbefristung** zu vereinbaren. Selbst wenn zunächst mehrere Arbeitsverträge aus sachlichen Gründen befristet waren, kann der Arbeitgeber für den zuletzt geschlossenen Vertrag immer noch das Privileg des § 1 I BeschFG in Anspruch nehmen. Auch ist es denkbar, zunächst ein Arbeitsverhältnis „grundlos“ zu befristen, danach eines – mit mindestens viermonatiger Dauer – mit sachlichem Grund zu vereinbaren, um danach erneut die Befristung auf § 1 I BeschFG zu stützen.

Kettenarbeitsverträge

Sogenannte **Kettenarbeitsverträge** werden auch dadurch erleichtert, daß der Arbeitgeber nicht gesetzlich verpflichtet ist, den Befristungsgrund anzugeben.

3.6.3 Auflösende Bedingungen

Nicht selten wird das Zustandekommen eines Arbeitsvertrages an (auflösende) Bedingungen geknüpft (§ 158 BGB). Eine solche Bedingung ist dann gegeben, wenn das Arbeitsverhältnis bei Eintritt eines **zukünftigen ungewissen Ereignisses** enden soll.

Beispiele

Die Verweigerung der Zustimmung des Betriebsrats zur Einstellung oder das ungünstige Untersuchungsergebnis fehlender gesundheitlicher Eignung sind in diesem Zusammenhang als zulässige Bedingungen anerkannt. **Unwirksam** sind auflösende Bedingungen, wenn hierdurch gegen Schutzbestimmungen zu Gunsten der Arbeitnehmer verstoßen wurde.

3.7 Probearbeitsverhältnis

Probearbeitsverhältnis Zweck

Das Probearbeitsverhältnis soll beiden Vertragsparteien die Möglichkeit geben, den Vertragspartner auf eine längerfristige Zusammenarbeit zu überprüfen. Es kann als befristetes Arbeitsverhältnis, das nach Ablauf der Probezeit von selbst endet **oder** als unbefristetes Arbeitsverhältnis vereinbart werden, das nach Ablauf der Probezeit in ein normales Arbeitsverhältnis übergeht, wenn es nicht zuvor gekündigt wird. Letzteres ist im Bereich **heilpädagogischer Arbeit** die Regel. So bestimmt § 5 BAT: „Die ersten **sechs Monate** der Beschäftigung gelten als Probezeit, es sei denn, daß im Arbeitsvertrag auf eine Probezeit verzichtet oder eine kürzere Probezeit vereinbart worden ist ..."

Kündigung während der Probezeit

Nach § 622 III BGB kann das Arbeitsverhältnis während einer vereinbarten Probezeit, längstens für die Dauer von 6 Monaten, mit einer Frist von zwei Wochen gekündigt werden. Während diese Zwei-Wochen-Frist nach dem BGB an **jedem** Tag des Monats auslaufen kann, legt § 53 BAT dieselbe Kündigungsfrist zum **Monatsschluß** fest.

3.8 Nebenbeschäftigung

Die Ausübung einer Nebenbeschäftigung ist zulässig. Allerdings darf die gesetzlich erlaubte **Höchstarbeitszeit** nicht überschritten werden, wobei Arbeitszeiten bei mehreren Arbeitgebern zusammenzurechnen sind (§§ 3, 2 I Arbeitszeitgesetz = AZG).

Anzeigepflicht

Das **Recht**, eine Nebenbeschäftigung aufzunehmen, kann vertraglich, tariflich oder kraft Betriebsvereinbarung eingeschränkt oder aufgehoben werden. Auch ohne entsprechende Klauseln muß eine Nebentätigkeit dem Arbeitgeber **angezeigt** werden, soweit dadurch dessen Interessen bedroht sind. Dies ist der Fall, wenn die Nebentätigkeit mit der vertraglich geschuldeten Arbeitsleistung nicht vereinbar ist und die Ausübung der Nebentätigkeit somit eine Verletzung der Arbeitspflicht darstellt. Soweit der Arbeitgeber über seine Rechte im ungewissen ist, hat er einen aus § 242 BGB abgeleiteten **Auskunftsanspruch**.

Für auf der Grundlage des BAT beschäftigte Heilpädagogen finden die für die Beamten (seines Arbeitgebers) jeweils geltenden Bestimmungen sinngemäß Anwendung; auch Teilzeitbeschäftigte bedürfen einer Nebentätigkeitsgenehmigung.

Grenzen erlaubter Nebenbeschäftigung

Die allgemeinen **Grenzen der Nebenbeschäftigung** liegen dort, wo sie zu einer erheblichen Beeinträchtigung der Arbeitskraft führt, entgegenstehende (Wettbewerbs)Interessen des Arbeitgebers berührt, Schwarzarbeit vorliegt oder während des Urlaubs geleistet wird. Im Allgemeinen ist sie auch während einer Erkrankung (wegen Gefährdung der Genesung) untersagt. Ein **Heilpädagoge**, der seine Leistungsfähigkeit im Dienst während des Tages z.B. durch regelmäßiges Taxifahren bei Nacht erheblich mindert, muß also mit Reaktionen seines Arbeitgebers bis hin zur Kündigung rechnen.

3.9 Teilzeitarbeitsverhältnisse

Teilzeitbeschäftigt sind die Arbeitnehmer, deren **regelmäßige Wochenarbeitszeit** kürzer ist als die regelmäßige Wochenarbeitszeit vergleichbarer vollzeitbeschäftigter Arbeitnehmer der Einrichtung (§ 2 II BeschFG).

Anwendung des Arbeitsrechts

Auf das Teilzeitarbeitsverhältnis ist grundsätzlich das Arbeitsrecht in vollem Umfang anzuwenden. Ausgeschlossen sind nur solche Normen, die nach ihrem **Sinn** und **Zweck** keine Anwendung finden können. Es gilt ein **Gleichbehandlungsgrundsatz**: Teilzeitbeschäftigte Arbeitnehmer dürfen nicht wegen der Teilzeitarbeit gegenüber vollbeschäftigten Arbeitnehmern unterschiedlich behandelt werden, es sei denn, daß sachliche Gründe eine unterschiedliche Behandlung rechtfertigen (§ 2 I BeschFG). Hiervon kann durch Tarifvertrag auch zu Ungunsten des Arbeitnehmers abgewichen werden. Dies dürfen auch die Kirchen in ihren Regelungen (§ 6 BeschFG).

Verbot der unterschiedlichen Behandlung

Die Teilzeitarbeitnehmer haben Anspruch auf die anteilige Vergütung. Sie haben Anspruch auf Urlaub wie Vollbeschäftigte. Vom Bezug von Sonderzuwendungen können sie nicht ausgeschlossen werden. Wer den Wunsch nach einer Veränderung von Dauer oder Lage seiner Arbeitszeit dem Arbeitgeber angezeigt hat, muß von diesem über entsprechende zu besetzende Arbeitsplätze unterrichtet werden (§ 3 BeschFG). Mit BAT-Beschäftigten, die ein Kind betreuen, soll auf Antrag eine Teilzeitbeschäftigung vereinbart werden (§ 15 b BAT).

Veränderung der Arbeitszeit

4. Pflichten des Arbeitnehmers

4.1 Arbeitspflicht

Arbeitsleistung

Durch den Arbeitsvertrag wird der Heilpädagoge, der weisungsgebundene Arbeit zusagt, zur Leistung der versprochenen und angewiesenen Arbeit verpflichtet. Der Heilpädagoge schuldet diejenige Arbeitsleistung, die er bei **angemessener** (d.h. auf Dauer ohne Gesundheitsgefährdung möglicher) **Anspannung seiner Fähigkeiten und Kräfte** erbringen kann. Ausschlaggebend ist sein **individuelles Leistungsvermögen**, nicht eine abstrakte Normalleistung. Er muß sein berufliches Können voll in den Dienst an den ihm anvertrauten Menschen stellen und so deren heilpädagogischen Bedarf optimal decken. Er ist verpflichtet, die im Einzelfall erforderlichen erzieherisch-therapeutischen Hilfen **bestmöglich** zu leisten. Richtschnur ist das Wohl der Kinder, Jugendlichen und

Behinderten. Der Heilpädagoge muß daher diejenigen Einschränkungen seines Persönlichkeitsrechts hinnehmen, die der Schutz dieser Personen gebietet. Er muß nicht zuletzt die Unfallverhütungsvorschriften einhalten und darf z.B. keinen Schmuck tragen, der Verletzungsgefahren heraufbeschwört.

4.2 Verletzung der Arbeitspflicht; Schlechtleistung

Der Heilpädagoge kann seine Arbeitspflicht dadurch verletzen, daß er die Arbeit verspätet aufnimmt, überhaupt nicht beginnt, vorzeitig einstellt oder mit seiner Arbeitskraft zurückhält (Oberbegriff: **Nichtleistung**). Er kann seine Arbeitspflicht aber auch verletzen, indem er eine mit Mängeln behaftete Arbeitsleistung erbringt; diese heißt **Schlechtleistung**.

Nichtleistung
Schlechtleistung

4.2.1 Nichtleistung der Arbeit

Die Arbeitsleistung wird zumeist zu einer fest bestimmten Zeit geschuldet. Nach Ablauf dieser Zeit ist sie ganz oder teilweise **unmöglich**. Hat der Heilpädagoge ohne rechtfertigenden Grund und schuldhaft – das Verschulden wird vermutet; der Heilpädagoge muß sich entlasten – gehandelt, ist er zum **Schadenersatz** verpflichtet (§§ 249ff., 325 BGB).
Dem Arbeitgeber stehen folgende Rechte zu:

Rechte des Arbeitsgebers

- Er braucht für die nicht geleistete Arbeit **keine Vergütung** zu zahlen.
- Er kann innerhalb von zwei Wochen **kündigen**, sofern ihm die Fortsetzung des Arbeitsverhältnisses unzumutbar ist (§ 626 BGB).

4.2.2 Schlechtleistung

Eine Schlechtleistung ist immer dann gegeben, wenn der Arbeitgeber, ein anderer Mitarbeiter oder ein Klient durch die vom Heilpädagogen zu erbringende Arbeitsleistung in irgendeiner Form **pflichtwidrig geschädigt** werden. Schaden ist jeder Nachteil, den die Genannten infolge eines bestimmten Vorganges an ihren Gütern erleiden. In allen drei Fällen kann der jeweils Geschädigte Ersatzansprüche gegen den Heilpädagogen erheben. Unter Umständen kann das Fehlverhalten bis zur Kündigung des Arbeitsverhältnisses führen (vgl. IX. 15.) Dagegen behält der Heilpädagoge im Allgemeinen seine Vergütungsansprüche.

Ersatzansprüche gegen den Heilpädagogen

Alle Schadenersatzansprüche beruhen entweder auf **Gesetz oder Vertrag**. Die grundlegende gesetzliche Bestimmung ist § 823 I BGB, der dem Schädiger bei allen Graden des Verschuldens stets den Ersatz des

ganzen Schadens auferlegt. Vertragliche Schadenersatzansprüche hängen davon ab, ob überhaupt eine vertragliche Pflicht verletzt wurde und welchen Grad des Verschuldens der Heilpädagoge zu vertreten hat. Sofern nicht ein anderes bestimmt ist, hat er **Vorsatz** und **Fahrlässigkeit** zu vertreten (§ 276 I S 1 BGB).

Fahrlässigkeit

Im Gesetz selbst ist nur der Begriff der Fahrlässigkeit definiert: Fahrlässig handelt, wer die im Verkehr erforderliche **Sorgfalt** außer Acht läßt (§ 276 I S 2 BGB).

Vorsatz

Vorsätzlich handelt, wer den rechtswidrigen Erfolg **bewußt und gewollt** herbeiführt; das Inkaufnehmen des Erfolgs genügt. (Der Ausdruck „Erfolg" ist wertneutral zu verstehen: Der Schaden ist der Erfolg.)

Im Verhältnis zum Klienten hängt die Frage der Pflichtwidrigkeit primär vom Inhalt der Betreuungspflicht ab (hierzu IX. 9).

Schädigung eines Kollegen

Hat der Heilpädagoge einen anderen Mitarbeiter derselben Einrichtung geschädigt, so ist die Rechtslage bei Personen- und Sachschäden verschieden. Nur bei **Personenschäden** greift die gesetzliche Unfallversicherung ein (hierzu IX. 7). Bei **Sachschäden** ist der Heilpädagoge seinem geschädigten Arbeitskollegen grundsätzlich zum vollen Schadenersatz verpflichtet. Der Schädiger kann aber verlangen, daß der Arbeitgeber den Teil des Schadens übernimmt, den er tragen müßte, falls er selbst geschädigt worden wäre.

Schädigung des Arbeitgebers

Die Rechtslage bei Schäden, die der Arbeitgeber selbst erlitten hat, hängt davon ab, ob das Arbeitsverhältnis dem BAT/den AVR unterliegt. Ist dies nicht der Fall, gelten die **Grundsätze** über die Beschränkung der **Arbeitnehmerhaftung**, die im Beschluß des Großen Senats des BAG vom 27.09.1994 wie folgt zusammengefaßt worden sind:

Beschränkung der Haftung des Arbeitnehmers

Abwägung aller Umstände

„Bei grober Fahrlässigkeit hat der Arbeitnehmer in aller Regel den gesamten Schaden zu tragen, bei leichtester Fahrlässigkeit haftet er dagegen nicht, während bei normaler Fahrlässigkeit der Schaden in aller Regel zwischen Arbeitgeber und Arbeitnehmer quotal zu verteilen ist. Ob und gegebenenfalls in welchem Umfang der Arbeitnehmer an den Schadensfolgen zu beteiligen ist, richtet sich im Rahmen einer **Abwägung der Gesamtumstände**, insbesondere von Schadensanlaß und Schadensfolgen, nach Billigkeits- und Zumutbarkeitsgesichtpunkten. Zu den Umständen, denen je nach **Lage des Einzelfalls** ein unterschiedliches Gewicht beizumessen ist und die im Hinblick auf die Vielfalt möglicher Schadensursachen auch nicht abschließend bezeichnet werden können, gehören der Grad des dem Arbeitnehmer zur Last fallenden **Verschuldens**, die Gefahrgeneigtheit der Arbeit, die Höhe des Schadens, ein vom Arbeitgeber einkalkuliertes oder durch Versicherung deckbares Risiko, die Stellung des Arbeitnehmers im Betrieb und die Höhe des Arbeitsentgelts, in dem möglicherweise eine Risikoprämie enthalten ist. Auch können u.U. die **persönlichen Verhältnisse** des Arbeitnehmers, wie die Dauer seiner Betriebszugehörigkeit, sein Lebensalter, seine Familienverhältnisse und sein bisheriges Verhalten, zu berücksichtigen sein.

Haftung für grobe Fahrlässigkeit

Auch wenn der Arbeitnehmer bei grober Fahrlässigkeit in aller Regel den gesamten Schaden zu tragen hat, sind **Haftungserleichterungen bei grober Fahrlässigkeit** nicht ausgeschlossen. Die Entscheidung ist nach Abwägung aller Umstände des Einzelfalls zu treffen, wobei es entscheidend darauf ankommen kann, daß der Verdienst des Arbeitnehmers in einem deutlichen Mißverhältnis zum Schadensrisiko der Tätigkeit steht."

Haftungsbestimmung des BAT

Der **BAT** verdrängt diese Grundsätze mit einer **Spezialvorschrift**, wonach für die Schadenshaftung „die für die **Beamten** des Arbeitgebers jeweils geltenden Vorschriften entsprechende Anwendung" finden (§ 14 BAT). Hat der Arbeitgeber des Heilpädagogen keine Beamten beschäftigt, so sind die Vorschriften anzuwenden, die für die Beamten der Gemeinden des Landes gelten, in dem der Arbeitgeber seinen Sitz hat (§ 69 BAT).

Haftung im BAT-Bereich: Vorsatz und grobe Fahrlässigkeit

Die **Beamtengesetze** des Bundes und – mit Ausnahme von Sachsen-Anhalt – aller Länder begrenzen inzwischen die Haftung auf **Vorsatz** und **grobe Fahrlässigkeit**. Letztere liegt vor, wenn die verkehrserforderliche Sorgfalt in besonders schwerem Maße verletzt worden ist. Das ist zu bejahen, wenn schon einfachste, ganz naheliegende Überlegungen nicht angestellt werden und das nicht beachtet wird, was im gegebenen Fall jedem einleuchten mußte.

Auch die **AVR** beschränken die Haftung auf vorsätzlich oder grob fahrlässig herbeigeführte Schadensfälle.

4.3 Nebenpflichten aus dem Arbeitsverhältnis

Jeder, der vertraglich eine (Arbeits)Leistung schuldet, ist verpflichtet, diese so zu bewirken, wie **Treu und Glauben mit Rücksicht auf die Verkehrssitte** es erfordern (§ 242 BGB). Dieses Gebot führt zu einer Reihe von – nicht abschließend aufzählbaren – Nebenpflichten, die zum Gelingen der Hauptleistungspflicht beitragen sollen:

Wichtigste Nebenpflichten

- Einhaltung von **Verhaltensregeln:** z.B.Hausordnungen, Unfallverhütungsvorschriften, die für den ungestörten Ablauf in der Einrichtung notwendig sind.
- Informationspflichten: z.B. bei voraussehbaren Arbeitsverhinderungen; bei Erkrankung; bei drohenden oder eingetretenen Störungen

und Schäden; bei **besonderen Vorkommnissen** im Zusammenhang mit **betreuten Personen** oder deren Angehörigen.

- Obhutspflichten: Sorgfältiger und sparsamer Umgang mit den Arbeitsmitteln.
- Die Pflicht, Störungen oder Schäden in seinem Arbeitsbereich abzuwenden oder zu beseitigen, soweit dies möglich und zumutbar ist.
- Wahrung der **Interessen des Arbeitgebers**: Stillschweigen über Verhaltensweisen des Arbeitgebers bewahren, wenn dieser durch die Offenbarung geschädigt werden könnte.

Besonderheiten bei Tendenzbetrieben

- Besondere Anforderungen bestehen für Arbeitnehmer in Betrieben, die unmittelbar und überwiegend bestimmte geistig-ideelle Zielsetzungen verfolgen (Tendenzbetriebe). Hierzu zählen die **Einrichtungen in kirchlicher Trägerschaft**. Das Selbstbestimmungsrecht „ermöglicht den Kirchen, die spezifischen Obliegenheiten kirchlicher Arbeitnehmer verbindlich zu machen" (Bundesverfassungsgericht, Beschluß vom 04.06.85). Von dieser Möglichkeit hat beispielsweise die katholische Kirche Gebrauch gemacht und eine „Grundordnung des kirchlichen Dienstes im Rahmen kirchlicher Arbeitsverhältnisse" erlassen, die am 01.01.1994 in Kraft getreten ist.

Rücksichtnahme

- Rücksichtspflichten: Der Schutzanspruch der Nichtraucher gegenüber Rauchern kann vom Arbeitgeber mittels weitreichender Verbote durchgesetzt werden, solange sie keine bloße Schikane darstellen. Arbeitnehmer haben Anspruch auf einen tabakfreien Arbeitsplatz (nur dann), wenn dies im Einzelfall aus gesundheitlichen Gründen geboten und dem Arbeitgeber zumutbar ist. Ein **Alkoholverbot** besteht ohne besondere Anordnung zumindest dann, wenn der Genuß alkoholhaltiger Getränke das Zusammenwirken der Arbeitnehmer oder deren Arbeitsleistung nachteilig beeinflussen würde.

Telefonnutzung

- Die Benutzung der betrieblichen **Telefonanlage** für private Gespräche kann vom Arbeitgeber ohne Mitbestimmung durch den Betriebsrat verboten werden. Ansonsten muß der Arbeitnehmer **private Telefongespräche** grundsätzlich bezahlen. (Dieselben Regeln gelten für E-Mails.) Das heimliche Mithörenlassen von Telefongesprächen ist im Allgemeinen unzulässig. Es verletzt das Persönlichkeitsrecht des Gesprächspartners. Wer jemanden **mithören lassen** will, hat seinen Gesprächspartner vorher darüber zu informieren.

5. Pflichten des Arbeitgebers

5.1 Arbeitsvergütung

5.1.1 Vergütungsvereinbarung

Die Hauptpflicht des Arbeitgebers besteht darin, dem Heilpädagogen eine Arbeitsvergütung zu zahlen (§ 611 BGB). Die Bemessung dieser Vergütung kann grundsätzlich **frei vereinbart** werden. Einschränkungen ergeben sich vor allem aus dem Grundsatz der Lohngleichheit (zwischen den Geschlechtern) oder der Tarifbindung (§ 612 III BGB).

Untergrenze

Besteht für die Arbeitsvertragsparteien **Tarifbindung**, so darf die vereinbarte Vergütung die tarifliche nicht unterschreiten. Auch dann, wenn eine Tarifbindung nicht gegeben ist, kann das tarifliche Entgelt eine Orientierungshilfe für den **Wert der Arbeitsleistung** darstellen. Ein Entgelt von etwa einem Drittel unter Tarif ist als strafbarer Lohnwucher angesehen worden.

Eingruppierung

Die Tarifparteien können die Einreihung in eine bestimmte Vergütungsgruppe von **subjektiven Merkmalen** (Ablegung von Prüfungen; bestimmte Zeiten praktischer Tätigkeit o.ä.) abhängig machen.

Bedeutung der Eingruppierung

Die Eingruppierung in eine bestimmte Vergütungsgruppe hat grundsätzlich nur deklaratorische (beschreibende) Bedeutung. Wird der Heilpädagoge **untertariflich** eingruppiert, so erlangt er gleichwohl einen Vergütungsanspruch in Höhe des Betrages, der ihm bei korrekter Eingruppierung zustünde. Gleiches gilt umgekehrt: Das BAG geht davon aus, daß der Arbeitgeber (des öffentlichen Dienstes) keine übertarifliche Vergütung, sondern nur das gewähren will, was dem Arbeitnehmer tariflich zusteht.

Korrektur tarifwidriger Eingruppierung

Das Bundesministerium des Innern vertrat mit Rundschreiben vom 01.09.1998 die Auffassung, „daß tarifwidrige Eingruppierungen von Arbeitnehmern der institutionell geförderten Zuwendungsempfänger korrigiert werden müssen."

Tarifautomatik

Die Entlohnung kann nicht vom Eingruppierungsakt abhängen, sonst würden die Tarifverträge leer laufen. Es kann **unmittelbar** auf Leistung der „richtigen" Vergütung geklagt werden (sogenannte Tarifautomatik). Der Heilpädagoge muß im Prozeß aber darlegen und beweisen, daß die von ihm vertragsgemäß verrichtete Arbeit tariflich höher zu bewerten ist.

Eingruppierung nach BAT

Auch hierzu in Auszügen die einschlägige (aber leider nicht leicht verständliche) Bestimmung des BAT (§ 22):

„Die Eingruppierung der Angestellten richtet sich nach den Tätigkeitsmerkmalen der Vergütungsordnung. Der Angestellte erhält Vergütung

nach der Vergütungsgruppe, in der er eingruppiert ist. Der Angestellte **ist** in der Vergütungsgruppe eingruppiert, deren **Tätigkeitsmerkmalen** die gesamte von ihm nicht nur vorübergehend auszuübende Tätigkeit entspricht. Die gesamte auszuübende Tätigkeit entspricht den Tätigkeitsmerkmalen einer Vergütungsgruppe, wenn zeitlich **mindestens zur Hälfte** Arbeitsvorgänge anfallen, die für sich genommen die Anforderungen eines Tätigkeitsmerkmals oder mehrerer Tätigkeitsmerkmale dieser Vergütungsgruppe erfüllen.
Ist in einem Tätigkeitsmerkmal als Anforderung eine Voraussetzung in der **Person** des Angestellten bestimmt, muß auch diese Anforderung erfüllt sein. Die Vergütungsgruppe ist im Arbeitsvertrag anzugeben."
Die „Allgemeine Vergütungsordnung für den Bereich der Vereinigung der kommunalen Arbeitgeberverbände (VKA)" stimmt hinsichtlich der **Eingruppierung von Heilpädagogen** mit derjenigen „für Angestellte im Bereich des Bundes und der Länder" überein:

Vergütungsgruppen

Vergütungsgruppe V c Fallgruppe 8: „Heilpädagogen mit staatlicher Anerkennung und entsprechender Tätigkeit"

Vergütungsgruppe V b Fallgruppe 6: „Heilpädagogen mit staatlicher Anerkennung und entsprechender Tätigkeit nach vierjähriger Bewährung in Vergütungsgruppe V c, Fallgruppe 8"

Vergütung und Heilpädagogenausbildung

Nach den Erläuterungen Nr. 28 erfassen die Tätigkeitsmerkmale nur Heilpädagogen, die ihren Ausbildungsgang an Fachschulen (Fachakademien) für Heilpädagogik erfolgreich abgeschlossen haben. Es handelt sich somit um Angestellte, die nach einer sozialpädagogischen oder sozialpflegerischen Ausbildung (z.B. zur Erzieherin) eine aufbauende eineinhalb- bis zweijährige **Aufbauausbildung** abgeschlossen haben. Die Tätigkeitsmerkmale erfassen nicht die Heilpädagogen, die eine Fach**hoch**schulausbildung abgeschlossen haben, d.h. die „Diplom-Heilpädagogen" (Baden-Württemberg = Diplom-Sozialpädagogen, Studiengang Heilpädagogik) mit sieben- bzw. achtsemestriger Ausbildung. Diese sind nach der Niederschrift über die Tarifverhandlungen am 25./26. Februar 1991 in entsprechender Anwendung der Tätigkeitsmerkmale für Sozialarbeiter/Sozial-pädagogen eingruppiert.

BAG-Rechtsprechung

Das BAG hat mit Urteil vom 16.04.1997 bestätigt, daß hinsichtlich der Eingruppierung von Heilpädagogen mit Fach**hoch**schulausbildung eine „**bewußte Tariflücke**" besteht, die von den Arbeitsgerichten nicht geschlossen werden kann. Diese Heilpädagogen sind in Vergütungsgruppe V b Fallgruppe 10 eingruppiert; nach zweijähriger Bewährung werden sie in Vergütungsgruppe IV b Fallgruppe 17 höhergruppiert.

Für Heilpädagogen mit Universitätsabschluß gibt es im BAT keine spezifischen Eingruppierungsmerkmale. Meistens werden sie wie Fach**hoch**schulabsolventen vergütet.

Heimzulage

Alle in Heimen tätigen Heilpädagogen erhalten hierfür eine monatliche Zulage, die abhängig von den dort ständig untergebrachten Personen derzeit DM 120,- oder DM 60,- beträgt.

Merkmale höherer Vergütung

Höhere als die genannten Vergütungsgruppen können erreicht werden, wenn die jeweiligen **Tätigkeitsmerkmale** erfüllt sind. In Betracht kommen z.B.

- „Angestellt als Leiter von ..."
- „Angestellte, die durch ausdrückliche Anordnung als ständige Vertreter von Leitern von ... bestellt sind"
- „Sonstige Angestellte, deren Tätigkeit sich durch besondere Schwierigkeit und Bedeutung aus der Vergütungsgruppe ... heraushebt"
- „Schwierige Tätigkeiten"
- „Schwierige fachliche Tätigkeiten"
- „Besonders schwierige fachliche Tätigkeiten".

Hinweis auf tarifliche Einzelheiten

Beispiele für die drei letztgenannten Tätigkeitsmerkmale und weitere Hinweise enthalten die Protokollerklärungen zu „Sozial- und Erziehungsdienst" in Anlage 1 a zum BAT (VKA) bzw. die Protokollnotizen in Anlage 1 a zum BAT Bund/Land, Teil II G.

Bestandteile der Vergütung

Gem. § 26 BAT besteht die Vergütung aus der **Grundvergütung** und dem **Ortszuschlag**. Die Grundvergütungen sind nach Lebensaltersstufen zu bemessen. Ein Mitarbeiter, der das 21. Lebensjahr vollendet hat, erhält die Anfangsgrundvergütung (1. Stufe) seiner Vergütungsgruppe.

Anfangs-/Endvergütung

Nach je zwei Jahren erhält er bis zum Erreichen der Endgrundvergütung (letzte Stufe) die Grundvergütung der nächsthöheren Stufe (§ 27 BAT/VKA). Da Heilpädagogen kaum mit 21 Jahren eingestellt werden, sollten sie sich § 27 III BAT ansehen:

Grundvergütung nach BAT

„Der Angestellte, der bei der Einstellung das 21. Lebensjahr überschritten hat, erhält die **Grundvergütung** der nächstniedrigeren Stufe als der Stufe, die er zu erhalten hätte, wenn er seit Vollendung des 21. Lebensjahres in der unmittelbar unter der Einstellungsgruppe liegenden Vergütungsgruppe beschäftigt und am Tage der Einstellung höhergruppiert worden wäre, mindestens jedoch die Anfangsgrundvergütung (1. Stufe) der Anstellungsgruppe."

Kritische Anmerkung

Wem bereits dieser Satz unnötig kompliziert erscheint, der wird zumindest nachdenklich, wenn er an dieser Stelle im BAT weiterliest. Was fehlgeleitete Regelungswut anrichten kann, offenbart das bei vertretbarem Zeitaufwand kaum aufzuhellende Gestrüpp des § 29 BAT. (AVR sind hier leider nicht besser.) Dort geht es um den **Ortszuschlag**, der längst Familienzuschlag heißen sollte, da seine Höhe nur noch von den Familienverhältnissen (einschließlich Unterhaltspflichten und Kindergeld) abhängt.

5.1.2 Vergütungszuschläge

Ein **Rechtsanspruch** auf Vergütungszuschläge kann kraft Gesetzes, kollektivrechtlicher oder einzelvertraglicher Vereinbarung bestehen. Zumeist beruhen Zuschläge auf tariflicher Regelung.

Zuschlag für Überstunden

Dort, wo hinsichtlich Überstunden (vgl. IX. 3.5.2) **kein Tarifvertrag** eingreift, wird die Auslegung des Einzelarbeitsvertrages ergeben, daß dann, wenn der Heilpädagoge über die vertraglich vereinbarte Arbeitszeit hinaus Überstunden leistet, diese nach § 612 BGB zu vergüten sind.

Überstunden-zuschlag nach BAT

Sonntagsarbeit

Nachtarbeit

Ein besonderer Zuschlag ist nur dann zu zahlen, wenn dieser üblich ist. Die Üblichkeit läßt sich mit Hinweis auf § 35 BAT begründen. Nach dieser Tarifnorm können Zeitzuschläge beansprucht werden, und zwar für Überstunden, für Arbeiten an Sonntagen und für Arbeit an oder vor bestimmten Feiertagen (ohne und bei Freizeitausgleich) in Höhe eines **bestimmten Vomhundertsatzes der Stundenvergütung**. Die Zuschläge für Nachtarbeit (Arbeit zwischen 20.00 Uhr und 6.00 Uhr) betragen je Stunde DM 2,50 und für Arbeit an Samstagen in der Zeit von 13.00 Uhr bis 20.00 Uhr DM 1,25.

Bereitschafts-dienst

Rufbereitschaft

Für die Zeit des Bereitschaftsdienstes, einschließlich der geleisteten Arbeit und für die Zeit der Rufbereitschaft werden Zeitzuschläge **nicht** gezahlt. Für die Zeit der innerhalb der Rufbereitschaft tatsächlich geleisteten Arbeit einschließlich einer etwaigen Wegezeit werden ggf. die oben genannten Zeitzuschläge (mit Ausnahme derjenigen für Überstunden) gezahlt. Die Zeitzuschläge können durch Nebenabrede zum Arbeitsvertrag oder durch betriebliche Vereinbarung **pauschaliert** werden.

Zulagen

Wechsel-schichtzulage

Schichtzulage

Definition der Schichtarbeit

Von Zuschlägen zu unterscheiden sind Zulagen. Insbesondere für im **Heimbereich** oder in der **Psychiatrie** tätige Heilpädagogen kommen u.U. Wechselschicht- und Schichtzulagen nach § 33 a BAT in Betracht. Wechselschichten sind wechselnde Arbeitsschichten, in denen ununterbrochen bei Tag und Nacht, werktags, Sonntags und Feiertags gearbeitet wird. Wer dabei in je fünf Wochen durchschnittlich mindestens **vierzig Arbeitsstunden** in der dienstplanmäßigen **Nachtschicht** leistet, erhält eine Wechselschichtzulage von DM 200,- monatlich. Die Schichtzulage beträgt DM 70,-, 90,- oder 120,-. Voraussetzung ist u.a., daß ständig **Schichtarbeit** zu leisten ist. Schichtarbeit ist die Arbeit nach einem

Dienstplan, der einen regelmäßigen Wechsel der täglichen Arbeitszeit in Zeitabschnitten von längstens einem Monat vorsieht (§ 15 VIII Unterabsatz 7 BAT). Die Schichtzulage steht einem Heilpädagogen zu, wenn er nur aus im einzelnen genannten Gründen die Voraussetzungen einer Wechselschichtzulage nicht erfüllt oder Schichtarbeit innerhalb einer **Zeitspanne** von mindestens 18 bzw. 13 Stunden leistet. Zeitspanne ist die Zeit zwischen dem Beginn der frühesten und dem Ende der spätesten Schicht innerhalb von 24 Stunden (§ 33 a BAT).

5.1.3 Vergütungsänderungen

In wirtschaftlich schwierigen Zeiten kommt es vor, daß Arbeitgeber ihren Mitarbeitern kündigen und die **Fortsetzung** des Arbeitsverhältnisses **zu geänderten Arbeitsbedingungen**, sprich für geringeres Entgelt, anbieten (Änderungskündigung). Das hierfür nötige **dringende betriebliche Erfordernis** kann darin liegen, daß die Unrentabilität der Einrichtung einer Weiterbeschäftigung zu unveränderten Bedingungen entgegensteht, wenn durch die Senkung der Personalkosten die Stillegung der Einrichtung oder die **Reduzierung der Belegschaft verhindert** werden kann und die Kosten durch andere Maßnahmen nicht zu senken sind. Eine derart betriebsbedingte Änderungskündigung, die eine aus wirtschaftlichen Gründen sonst erforderlich werdende Beendigungskündigung vermeidet, ist grundsätzlich zulässig (Urteil des BAG vom 01.07. 99). Zwar sind einmal geschlossene Verträge grundsätzlich einzuhalten, so daß Geldmangel den Träger nicht entlastet. Eine Änderungskündigung zur Durchsetzung einer erheblichen **Lohnsenkung** ist deshalb **nur** dann begründet, wenn bei einer Aufrechterhaltung der bisherigen Personalkostenstruktur weitere, betrieblich nicht mehr auffangbare **Verluste** entstehen, die absehbar zu einer Reduzierung der Belegschaft führen. Regelmäßig setzt eine solche Situation einen umfassenden **Sanierungsplan** voraus, der alle milderen Mittel ausschöpft. Der Arbeitgeber darf jedoch nicht einzelne Arbeitnehmer herausgreifen und das Entgelt der überwiegenden Mehrzahl der Mitarbeiter unangetastet lassen.

Voraussetzung: Dringendes betriebliches Erfordernis

Werden in einer Einrichtung, deren Finanzierung zum überwiegenden Teil von Zuwendungen der öffentlichen Hand abhängt, an einen erheblichen Teil der Mitarbeiter Gehälter gezahlt, die aus der Sicht des Trägers nicht ohne Verluste erwirtschaftet werden können, so kann dies Entgeltkürzungen rechtfertigen: Erstattet die **öffentliche Hand** als Auftraggeber ab einem bestimmten Zeitpunkt nur die Personalkosten auf der Grundlage eines bestimmten Tarifvertrages (z.B. des BAT), so kann sich auch daraus ein dringendes betriebliches Erfordernis zur Änderungskün-

Finanzierung Privater durch die öffentliche Hand

BAT-Vergütung als Obergrenze

„Anpassung" an Marktbedingungen

digung gegenüber den Mitarbeitern ergeben, die **zu günstigeren Arbeitsbedingungen eingestellt** worden sind. Hat der Mitarbeiter ein fest umrissenes Arbeitsgebiet, so kann, wenn die Personalkosten seines konkreten Arbeitsplatzes auf dem Markt nicht mehr durchsetzbar sind, die Situation entstehen, daß das Entgelt des betreffendes Mitarbeiters an die neuen Marktbedingungen angepaßt werden muß (BAG, a.a.O.). Wird die Entgeltkürzung nur mit vorübergehenden wirtschaftlichen Verlusten begründet, müssen die Mitarbeiter keine Entgeltsenkung auf Dauer hinnehmen (BAG, Urteil vom 20.08.98).

Verlängerung der regelmäßigen Arbeitszeit wegen Bereitschaftsdienst

Die Verlängerung der regelmäßigen Arbeitszeit wegen anfallender Arbeitsbereitschaft (z.B. gem. § 15 II BAT) läßt den Vergütungsanspruch unberührt. Der Mitarbeiter erhält wie bisher seine monatliche Vergütung, ohne hierfür mehr arbeiten zu müssen. Er hat lediglich dem Arbeitgeber für dasselbe Entgelt mehr Zeit zur Verfügung zu stellen. Aus der **Überstundenregelung** des BAT folgt, daß für Arbeitsstunden, die innerhalb der regelmäßigen wöchentlichen Arbeitszeit liegen, **keine** gesonderte Vergütung geschuldet wird (BAG, Urteil vom 26.03.98).

5.2 Aufwendungsersatz

Der Arbeitgeber ist dem Arbeitnehmer zum Ersatz von Aufwendungen verpflichtet (§ 670 BGB). Erstattungsfähig sind jedoch nur diejenigen

Beispiele

Auslagen, die der **Arbeitsausführung** selbst dienen. Hierzu gehören vor allem Fahrtkosten, Reisespesen, Kosten für die Reparatur des Arbeitsmaterials und dergleichen. Nicht erstattungspflichtig sind die persönlichen Aufwendungen des Arbeitnehmers.

Schädigung des Arbeitnehmers ohne Verschulden des Arbeitgebers

Die Vorschriften über den Aufwendungsersatz werden **entsprechend angewandt**, wenn der Arbeitnehmer bei Ausführung der Arbeit Schäden erleidet, die nicht vom Arbeitgeber zu vertreten sind. Bei Schäden an seiner Person wird regelmäßig ein Arbeitsunfall vorliegen, so daß eine Haftung des Arbeitgebers ausgeschlossen ist (§ 104 I SGB VII).

Fall

Eine Heilpädagogin macht mit den ihr dienstlich anvertrauten Kindern eines der üblichen Bewegungsspiele. Die Kinder zählen nicht zu den Ruhigsten. Plötzlich springt ein sechsjähriger Junge die Heilpädagogin von hinten an, worauf ihre Brille zu Boden fällt und beide Gläser zerbrechen. Die Reparaturkosten betragen DM 400,-. Welche Ansprüche hat die Heilpädagogin?

Lösung

Der kindliche Täter schuldet nichts (§ 828 I BGB).

Die Heilpädagogin kann die Reparaturkostenrechnung beim zuständigen Träger der gesetzlichen Unfallversicherung einreichen. Eine **Brille** ist eine ärztlich verordnete Sache, die die Folgen von Gesundheitsschäden ausgleicht; damit ist sie ein **Hilfsmittel** im Sinne von § 31 SGB VII. Die Beschädigung eines Hilfsmittels gilt wiederum als Gesundheitsschaden (§ 8 III SGB VII). Dazu geführt hat ein „zeitlich begrenztes, von außen auf den Körper einwirkendes Ereignis". Somit hat die Heilpädagogin einen Arbeitsunfall erlitten (§ 8 I SGB VII).

Gesetzliche Unfallversicherung

Der Arbeitsunfall ist ein Versicherungsfall (§ 7 I SGB VII). Der Unfallversicherungsträger hat „mit allen geeigneten Mitteln möglichst frühzeitig den durch den Versicherungsfall verursachten Gesundheitsschaden zu beseitigen" (§26 II Nr. 1. SGB VII), kurz, neue Brillengläser zu finanzieren. Leider hat die gesetzliche Krankenversicherung hierfür Festbeträge festgesetzt, die auch der Unfallversicherungsträger einhält (§§ 31 S 3, 29 I S 2 SGB VII, 36 SGB V). Den von diesem nicht übernommenen **Teil der Reparaturkosten** kann die Heilpädagogin von ihrem **Arbeitgeber** entsprechend § 670 BGB ersetzt verlangen. (Das BAG hatte einen Krankenhausträger zum Aufwendungsersatz verpflichtet, weil ein Patient die Brille eines Pflegers zerstörte.)

Gesundheitsschaden

Dienstfahrt mit Privatfahrzeug

Erleidet ein **Heilpädagoge mit seinem Pkw** einen Unfall, muß sein (am Unfall völlig schuldloser) Arbeitgeber die am Fahrzeug entstandenen Schäden dann ersetzen, wenn das Fahrzeug mit Billigung des Arbeitgebers ohne besondere (über das übliche Kilometergeld hinausgehende) Vergütung in dessen Betätigungsbereich eingesetzt war. Letzteres ist dann anzunehmen, wenn ohne Einsatz des Fahrzeuges des Arbeitnehmers der Arbeitgeber ein entsprechendes Fahrzeug einsetzen und damit dessen Unfallgefahr tragen müßte. Der zu ersetzende Schaden umfaßt auch den **Nutzungsausfall**.

5.3 Arbeitsvergütung ohne Arbeitsleistung

5.3.1 Arbeitsverhinderung aus persönlichen Gründen

Nach § 616 BGB wird ein Arbeitnehmer des Anspruchs auf die Vergütung nicht dadurch verlustig, daß er für eine verhältnismäßig nicht er-

Regeln des BGB

hebliche Zeit durch einen in seiner Person liegenden Grund **ohne sein Verschulden** an der Arbeitsleistung verhindert wird. Der Verhinderungsgrund darf sich also nicht auf einen größeren Personenkreis erstrecken oder objektiv gegeben sein, wie z.B. bei allgemeinen Straßenverkehrsstörungen, Eisglätte, Schneeverwehungen und ähnlichem.

Regelung des BAT

§ 616 BGB ist **abdingbar**. Der BAT (§ 52) hat diese Möglichkeit genutzt und die Freistellung von der Arbeit unter Fortzahlung der Vergütung auf die folgende Anlässe **beschränkt**:

a)	Niederkunft der Ehefrau	1 Arbeitstag
b)	Tod eines Ehegatten, eines Kindes oder Elternteils	2 Arbeitstage
c)	Umzug aus dienstlichem oder betrieblichem Grund an einen anderen Ort	1 Arbeitstag
d)	25-, 40- und 50jähriges Arbeitsjubiläum	1 Arbeitstag
e)	schwere Erkrankung aa) eines Angehörigen, soweit er in demselben Haushalt lebt	1 Arbeitstag im Kalenderjahr
	bb) eines Kindes, das das 12. Lebensjahr noch nicht vollendet hat, wenn im laufenden Kalenderjahr kein Anspruch nach § 45 SGB V besteht oder bestanden hat	bis zu 4 Arbeitstage im Kalenderjahr
	cc) einer Betreuungsperson, wenn der Angestellte deshalb die Betreuung seines Kindes, das das 8. Lebensjahr noch nicht vollendet hat oder wegen körperlicher, geistiger oder seelischer Behinderung dauernd pflegebedürftig ist, übernehmen muß	bis zu 4 Arbeitstage im Kalenderjahr
f)	Ärztliche Behandlung des Angestellten, wenn diese während der Arbeitszeit erfolgen muß	Erforderliche nachgewiesene Abwesenheitszeit einschließlich erforderlicher Wegezeiten

Sonstige dringende Fälle

In sonstigen dringenden Fällen kann der Arbeitgeber Arbeitsbefreiung unter Fortzahlung der Vergütung **bis zu drei Arbeitstagen** gewähren (§ 52 III BAT). Andererseits entbinden auch schwerwiegende familiäre Probleme nicht von der Pflicht zum pünktlichen Erscheinen am Arbeitsplatz. In solchen Fällen kann von dem Arbeitnehmer zumindest verlangt werden, sich bei Verspätungen telefonisch bei den Vorgesetzten zu melden.

5.3.2 Entgeltfortzahlung bei Krankheit

Maßgeblich ist das am 01.06.1994 in Kraft getretene **Entgeltfortzahlungsgesetz**: „Wird ein Arbeitnehmer durch Arbeitsunfähigkeit infolge Krankheit an seiner Arbeitsleistung verhindert, **ohne daß ihn ein Verschulden trifft**, so hat er Anspruch auf Entgeltfortzahlung im Krankheitsfall durch den Arbeitgeber für die Zeit der Arbeitsunfähigkeit bis zur Dauer von **sechs Wochen**. Wird der Arbeitnehmer infolge derselben Krankheit erneut arbeitsunfähig, so verliert er wegen der erneuten Arbeitsunfähigkeit den Anspruch nach Satz 1 für einen weiteren Zeitraum von höchstens sechs Wochen **nicht**, wenn

Gesetzliche Regelung

1. er vor der erneuten Arbeitsunfähigkeit mindestens sechs Monate nicht infolge derselben Krankheit arbeitsunfähig war oder

2. seit Beginn der ersten Arbeitsunfähigkeit infolge derselben Krankheit eine Frist von 12 Monaten abgelaufen ist" (§ 3 Entgeltfortzahlungsgesetz = EntgeltFZG).

Krankheitsbegriff

Der Begriff der Krankheit ist gesetzlich nicht definiert. Man versteht darunter einen regelwidrigen Körper- oder Geisteszustand, der in der Notwendigkeit der Heilbehandlung oder der Arbeitsunfähigkeit wahrnehmbar zutage tritt. **Unerheblich** ist, auf welchen **Ursachen** die Krankheit beruht.

Arbeitsunfähigkeit

Arbeitsunfähigkeit ist gegeben, wenn die Krankheit es dem Arbeitnehmer unmöglich macht, die geschuldete Leistung zu erbringen oder er die Arbeit nur unter der Gefahr fortsetzen kann, seinen Gesundheitszustand in absehbarer, naher Zukunft zu verschlechtern. Maßgebend ist die vom Arzt nach objektiven medizinischen Maßstäben vorzunehmende Bewertung. Arbeitsunfähigkeit wird auch dann bejaht, wenn dem Arbeitnehmer die Fortsetzung der Arbeit vernünftigerweise nicht zugemutet werden kann. Keine Arbeitsunfähigkeit ist gegeben bei ambulanten **Arztbesuchen**. Der Begriff der Arbeitsunfähigkeit ist von Art und Umfang der geschuldeten Arbeitsleistung abhängig. Die Arbeitsunfähigkeit ist aber nicht teilbar; ein **teilweise** an seiner Arbeitsleistung verhinderter Heilpädagoge ist **arbeitsunfähig**. Die Krankheit muß die alleinige Ursache der Arbeitsunfähigkeit sein.

Begriffe des Verschuldens

Ein Verschulden im Sinne von § 3 EntgeltFZG ist dann gegeben, wenn ein **gröblicher Verstoß** gegen das von einem verständigen Menschen im eigenen Interesse zu erwartende (gebotene) Verhalten vorliegt, dessen Folgen auf den Arbeitgeber abzuwälzen unbillig wäre. Es muß ein besonders leichtfertiges oder vorsätzliches Verhalten vorliegen, dann **entfällt** der Vergütungsfortzahlungsanspruch.

Kein Verschulden bei Erkrankung - Unfälle

Allgemeine **Erkrankungen** sind in der Regel **unverschuldet**. **Unfälle** sind unverschuldet, wenn sie in der Freizeit oder in erlaubter Nebentätigkeit (vgl. IX. 3.8) vorkommen. Verschuldet sind dagegen Unfälle, die auf Alkoholmißbrauch zurückzuführen sind.

Verkehrsunfälle

Verkehrsunfälle sind verschuldet bei vorsätzlicher oder grob fahrlässiger Verletzung der Verkehrsregeln.

Sportunfälle

Sportunfälle sind dann verschuldet, wenn der Arbeitnehmer an einer besonders gefährlichen Sportart teilnimmt oder wenn er sich auf eine seine Kräfte deutlich übersteigende Art sportlich betätigt oder wenn er in besonders grober Weise und leichtsinnig gegen anerkannte Regeln des Sports verstößt.

Suchtkrankheiten

Bei Suchtkrankheiten ist nur dann ein Verschulden gegeben, wenn der Arbeitnehmer aus nicht nachvollziehbaren Gründen in die Suchtabhängigkeit geraten ist. Verschuldet kann ein gesundheitsschädliches Verhalten sein, wenn dadurch der Krankheitsverlauf verlängert wird.

Arbeitgeber muß Verschulden beweisen

Stets trifft den **Arbeitgeber** für das Verschulden die Darlegungs- und Beweislast. Hat ein **Dritter** die Arbeitsunfähigkeit des Arbeitnehmers verschuldet, so geht der Schadenersatzanspruch des Arbeitnehmers kraft Gesetzes auf den Arbeitgeber über (§ 6 EntgeltFZG).

Fortzahlung des Entgelts - Höhe

Für die genannten sechs Wochen ist dem Arbeitnehmer das ihm bei der für ihn maßgebenden regelmäßigen Arbeitszeit zustehende Arbeitsentgelt fortzuzahlen. Hierzu gehört **nicht** ein zusätzlich für Überstunden gezahltes Entgelt (§ 4 EntgeltFZG). Das Gesetz erlaubt jedoch, daß durch Tarifvertrag eine andere Bemessungsgrundlage festgelegt wird. Durch den **BAT** ist dies geschehen: Nach dessen § 37 erhält der Angestellte **Krankenbezüge** in Höhe der **Urlaubsvergütung**, die ihm zustehen würde, wenn er Erholungsurlaub hätte.

Krankengeld

Ist ein **Heilpädagoge** länger als sechs Wochen krank, erhält er im Regelfall von seiner Krankenkasse ein sogenanntes Krankengeld, bei Arbeitsunfähigkeit wegen derselben Krankheit für längstens 78 Wochen innerhalb von je drei Jahren, ansonsten ohne zeitliche Begrenzung (§ 48 I SGB V). Das Krankengeld beträgt 70 v.H. des erzielten regelmäßigen Arbeitsentgelts (§ 47 I SGB V). Die entstehende Lücke schließt für gewisse Zeit der BAT: Nach § 37 VIII erhält der Heilpädagoge vom Arbeitgeber einen Krankengeldzuschuß in Höhe des **Unterschiedsbetrages** zwischen den tatsächlichen Barleistungen der Krankenkasse und der Nettourlaubsvergütung.

Dauer des Bezugs

Die Dauer des Bezugs ist aber begrenzt: Der **Krankengeldzuschuß** wird bei einer Beschäftigungszeit von mehr als einem Jahr längstens bis zum Ende der 13. Woche, von mehr als drei

Jahren längstens bis zum Ende der 26. Woche seit dem Beginn der Arbeitsunfähigkeit gezahlt (§ 37 IV BAT).

Der Arbeitnehmer hat Anzeige- und Nachweispflichten zu beachten, die sowohl im EntgeltFZG als auch (fast gleichlautend) im BAT beschrieben sind (§ 5 I EntgeltFZG):

Anzeige- und Nachweispflichten des Arbeitnehmers

„Der Arbeitnehmer ist verpflichtet, dem Arbeitgeber die Arbeitsunfähigkeit und deren voraussichtliche Dauer unverzüglich mitzuteilen. Dauert die Arbeitsunfähigkeit **länger als drei Kalendertage**, hat der Arbeitnehmer eine ärztliche Bescheinigung über das Bestehen der Arbeitsunfähigkeit sowie deren voraussichtliche Dauer spätestens an dem darauffolgenden Arbeitstag vorzulegen. Der Arbeitgeber ist berechtigt (BAT: „in Einzelfällen"), die Vorlage der ärztlichen Bescheinigung **früher** zu verlangen. Dauert die Arbeitsunfähigkeit länger als in der Bescheinigung angegeben, ist der Arbeitnehmer verpflichtet, eine neue ärztliche Bescheinigung vorzulegen."

Den Beweis, arbeitsunfähig krank gewesen zu sein, führt der Arbeitnehmer in der Regel durch Vorlage dieser ärztlichen Arbeitsunfähigkeitsbescheinigung. Er kann diesen Beweis aber auch mit **jedem** anderen zulässigen **Beweismittel** führen.

Beweismittel

Fall

Während einer **Privatfahrt** am Wochenende wird eine Heilpädagogin bei einem Verkehrsunfall verletzt. Die Alleinschuld hat der Unfallgegner. Die Heilpädagogin ist daraufhin zwei Wochen arbeitsunfähig und überlegt, ob sie die anteilige Vergütung vom Arbeitgeber oder von der gegnerischen Haftpflichtversicherung verlangen kann.

Lösung

Die Heilpädagogin hat einen Schadenersatzanspruch direkt gegen die Gesellschaft, bei der das andere Fahrzeug versichert ist. Anspruchsgrundlage ist § 823 I BGB: Fahrlässige Körper- bzw. Gesundheitsverletzung. Der zu ersetzende Schaden umfaßt auch den entgangenen Verdienst aus abhängiger Arbeit (§ 252 BGB).

Direktanspruch gegen die gegnerische Kfz-Haftpflichtversicherung

Auf der anderen Seite muß der Arbeitgeber das Entgelt fortzahlen (§ 3 EntgeltFZG). Es entsteht also eine unbefriedigende Situation: Der Arbeitgeber hat einen Nachteil, da er für diese Vergütung keine Arbeitsleistung erhält; als nur mittelbar Geschädigter hat er selbst keinen Ersatzanspruch gegen den Schädiger seiner Mitarbeiterin. Die Heilpädagogin hat den eingangs aufgezeigten Anspruch, aber kei-

Übergang des Schadenersatzanspruchs auf den Arbeitgeber

nen Schaden. Deshalb bestimmt § 6 I EntgeltFZG, daß in solchen Fällen der Schadenersatzanspruch der Mitarbeiterin insoweit auf den Arbeitgeber übergeht, als dieser ihr Arbeitsentgelt fortgezahlt hat **(gesetzlicher Forderungsübergang bei Dritthaftung)**. Der Arbeitgeber kann die für diese zwei Wochen gezahlte Vergütung einschließlich seiner Beiträge zur Sozialversicherung unmittelbar von der Versicherung ersetzt verlangen. Die Heilpädagogin muß lediglich dem Arbeitgeber unverzüglich die zur Geltendmachung erforderlichen Angaben machen (§ 6 II EntgeltFZG).

5.3.3 Erholungsurlaub

Bundesurlaubsgesetz mit Öffnungsklauseln

Der Urlaubsanspruch ist auf Befreiung von der Arbeitspflicht unter Zahlung einer Vergütung gerichtet. Wichtigste Rechtsgrundlage ist das **Bundesurlaubsgesetz**, das abweichende tarifliche Regelungen weitgehend zuläßt (§ 13 I BUrlG).

Wartezeit

Der Urlaubsanspruch entsteht, wenn die Wartezeit zurückgelegt ist. Der volle Urlaubsanspruch wird erstmalig nach **sechsmonatigem** Bestehen des Arbeitsverhältnisses erworben (§ 4 BUrlG, ähnlich § 47 III BAT).

Ausschluß von Doppelansprüchen

Der Anspruch auf Urlaub besteht nicht, soweit dem Arbeitnehmer für das laufende Kalenderjahr bereits von einem **früheren Arbeitgeber** Urlaub gewährt worden ist (§ 6 I BUrlG, ähnlich § 47 V BAT). Eine Bescheinigung hierüber muß dem Arbeitnehmer bei Beendigung des Arbeitsverhältnisses ausgehändigt werden.

Dauer des Urlaubs

Mehrurlaub durch BAT

Der gesetzliche Urlaub beträgt jährlich **mindestens 24 Werktage**. Als Werktage gelten alle Kalendertage, die nicht Sonn- oder gesetzliche Feiertage sind (§ 3 BUrlG). Nach § 48 I BAT beträgt der Erholungsurlaub bei einer Fünftagewoche (unabhängig von der Zahl der täglichen Arbeitsstunden) bis zum vollendeten 30. Lebensjahr 26, bis zum vollendeten 40. Lebensjahr 29 und danach 30 Arbeitstage.

Verminderung und Erhöhung der Urlaubsdauer

Ist die durchschnittliche regelmäßige wöchentliche Arbeitszeit regelmäßig oder dienstplanmäßig im Durchschnitt des Urlaubsjahres auf weniger als fünf Arbeitstage in der Kalenderwoche verteilt, vermindert sich der Urlaub für jeden zusätzlichen arbeitsfreien Tag im Urlaubsjahr um 1/260 des angegebenen Urlaubs. Bei mehr als fünf Arbeitstagen kommt es zu einer entsprechenden Erhöhung.

Fall

Ein Heilpädagoge arbeitet dienstplanmäßig an drei aufeinanderfolgenden Wochen an fünf Tagen und in jeder vierten Woche an vier Tagen. In der Fünftagewoche betrüge sein Urlaubsanspruch 29 Arbeitstage. Anspruch auf Zusatzurlaub besteht nicht. Da sich gegenüber der Arbeit in der Fünftagewoche 13 zusätzliche arbeitsfreie Tage im Urlaubsjahr ergeben, vermindert sich der Urlaubsanspruch von 29 Tagen nach § 48 IV Unterabsatz 3 BAT um

$$\frac{29 \times 13}{260}$$

= 1,45 Arbeitstage auf 27,55 Arbeitstage; unter Berücksichtigung der Rundungsvorschrift des § 48 IV Unterabsatz 5 BAT beträgt der Urlaubsanspruch 28 Tage.
Bei der Urlaubseinbringung zählen alle Wochentage als Urlaubstage, an denen der Angestellte dienstplanmäßig zu arbeiten hätte.

Schwerbehinderte haben Anspruch auf einen bezahlten zusätzlichen Urlaub von **fünf Arbeitstagen** im Urlaubsjahr (§ 47 SchwbG).

Zusatzurlaub für Schwerbehinderte

Erkrankt der Heilpädagoge während des Urlaubs, so werden die durch ärztliches Zeugnis nachgewiesenen Tage der Arbeitsunfähigkeit auf den Jahresurlaub **nicht** angerechnet (§§ 9 BUrlG, 47 VI BAT). Der Urlaub verlängert sich aber nicht automatisch um die Tage der Arbeitsunfähigkeit; der Resturlaub ist vielmehr neu festzusetzen.

Erkrankung während des Urlaubs

Keine automatische Verlängerung

Während des Urlaubs darf der Heilpädagoge keine dem Urlaubszweck widersprechende Erwerbstätigkeit leisten (§ 8 BUrlG). § 47 VIII BAT, der Verstöße gegen dieses **Verbot** mit dem Verlust des Anspruchs auf die Urlaubsvergütung bestraft, ist aber nach Ansicht des BAG (Urteil vom 25.02.1988) im Umfang des gesetzlichen Mindesturlaubs unwirksam.

Erwerbstätigkeit während des Urlaubs

Teilurlaub in Höhe von einem Zwölftel des Jahresurlaubs wird für jeden vollen Monat des rechtlichen Bestandes des Arbeitsverhältnisses gewährt. Bruchteile von Urlaubstagen, die mindestens einen halben Tag ergeben, sind auf volle Urlaubstage aufzurunden (§ 5 BUrlG). Das BAG hat allerdings die Ansicht vertreten, daß der **gesamte** Urlaubsanspruch bereits mit **Beginn** des Urlaubsjahres entstehe, wenn die Wartezeit spätestens im Vorjahr zurückgelegt sei. Dessen ungeachtet bestimmt der BAT in § 48 Abs. 5 nach wie vor:
„Beginnt oder endet das Arbeitsverhältnis im Laufe des Urlaubsjahres, so beträgt der Urlaubsanspruch ein Zwölftel für jeden vollen Beschäftigungsmonat."

Teilurlaub

Rundungsvorschrift

Bundesarbeitsgericht contra BAT

> *Beispiel*
>
> Eine 29 Jahre alte Heilpädagogin scheidet mit Ablauf des 15.07. aus. Der tarifliche Urlaubsanspruch würde nach § 48 Abs. 1 Abs. 5 BAT **13 Arbeitstage** betragen. Der gesetzliche Urlaubsanspruch beträgt in diesem Fall nach § 3 I BUrlG 24 Werktage (= **20 Arbeitstage**). Die Angestellte hat Anspruch auf **20 Arbeitstage** Erholungsurlaub.

Keine Zwölftelung nach erfüllter Wartezeit

Auch wenn das Arbeitsverhältnis während des Urlaubsjahres begonnen hat und bis zu dessen Ende fortbesteht, darf – nach erfüllter sechsmonatiger Wartezeit – durch die Zwölftelung der gesetzliche Mindesturlaub nicht unterschritten werden. Auf diesen kann auch in einem **Auflösungsvertrag** nicht wirksam verzichtet werden.

Zeitpunkt des Urlaubs

Bei der zeitlichen Festlegung des Urlaubs sind die **Urlaubswünsche** des Arbeitnehmers zu berücksichtigen, es sei denn, daß ihrer Berücksichtigung dringende betriebliche Belange oder Urlaubswünsche anderer Arbeitnehmer, die unter sozialen Gesichtspunkten den Vorrang verdienen, entgegenstehen" (§ 7 I BUrlG).

Der Urlaub ist (BAT: „soll") **zusammenhängend** zu gewähren, seine Teilung soll die Ausnahme sein (§ 7 II BUrlG). Nach BAT kann er auf Wunsch des Angestellten in zwei Teilen genommen werden, dabei muß jedoch ein Urlaubsteil so bemessen sein, daß der Angestellte mindestens für **zwei volle Wochen** von der Arbeit befreit ist. Nicht zu beanstanden ist, wenn der Arbeitgeber allen Mitarbeitern zur gleichen Zeit Urlaub erteilt (sogenannter Betriebsurlaub).

Betriebsurlaub möglich

Widerruf und Rückruf

Der Widerruf eines einmal erteilten Urlaubs kommt nur bei unvorhergesehenen Ereignissen in Betracht, ein Rückruf ist in Notfällen wirksam.

Eigenmächtiger Urlaubsantritt

Vor einem eigenmächtigen Urlaubsantritt muß gewarnt werden: Er kann zu einer fristlosen Kündigung führen (BAG, u.a. im Beschluß vom 22.01.1998).

Übertragbarkeit des Urlaubs

Der Urlaub **muß** im laufenden Kalenderjahr gewährt und genommen werden (§ 7 III BUrlG). Eine Übertragung des Urlaubs auf die **ersten drei Monate** des nächsten Kalenderjahres ist nach dem Gesetz nur aus dringenden Gründen statthaft. Der BAT geht etwas weiter: Er erlaubt den Urlaubsantritt bis zum **30. April**, in besonderen Fällen bis zum 30. Juni des Folgejahres; danach verfällt er.

Verfall des Urlaubs

Urlaubsentgelt und Urlaubsgeld

Bei den finanziellen Leistungen sind zu **unterscheiden** das Urlaubsentgelt, das ist das Arbeitsentgelt während des Urlaubs, und das Urlaubsgeld, also eine zusätzlich gewährte Vergütung: Das Urlaubsentgelt bemißt sich nach dem durchschnittlichen Arbeitsverdienst, den der Arbeitnehmer in den letzten 13 Wochen vor dem Beginn des Urlaubs erhalten hat, mit Ausnahme des zusätzlichen für Überstunden gezahlten Arbeitsverdienstes (§ 11 I S 1 BUrlG).

Einfacher ist es nach § 47 II BAT: Die Vergütung und die Zulagen, die in Monatsbeträgen festgelegt sind, werden schlicht weitergezahlt. Der Teil der Bezüge, der nicht in Monatsbeträgen festgelegt ist, wird durch einen Aufschlag berücksichtigt, dessen Berechnung hier aus Platzgründen nicht wiedergegeben werden kann.

Urlaubsentgelt nach BAT

Das Urlaubsgeld beträgt nach BAT für den am 1. Juli vollbeschäftigten Angestellten **500,- DM**; für Mitarbeiter in den Vergütungsgruppen X bis Vc beträgt es **650,- DM**. Bei Teilzeitbeschäftigten erfolgt eine entsprechende Kürzung.

Urlaubsgeld nach BAT

Kann der Urlaub **wegen Beendigung des Arbeitsverhältnisses** ganz oder teilweise nicht mehr gewährt werden, so ist er abzugelten (§§ 7 IV BUrlG, 51 BAT). Der Abgeltungsanspruch ist Urlaubsersatz und kann daher nicht anders behandelt werden als der Urlaubsanspruch selbst. Soweit die Erfüllung des Urlaubsanspruchs – z.B. wegen Krankheit – unmöglich ist, **erlischt** auch der Abgeltungsanspruch; dies gilt auch während des Übertragungszeitraums.

Abgeltung des Urlaubs

Anspruch auf bezahlten Bildungsurlaub besteht bislang in den Ländern Berlin, Brandenburg, Bremen, Hamburg, Hessen, Niedersachsen, Nordrhein-Westfalen, Rheinland-Pfalz, Saarland und Schleswig-Holstein.

Bildungsurlaub

5.3.4 Erziehungsurlaub

Der Erziehungsurlaub ist im Bundeserziehungsgeldgesetz (BErzGG) geregelt. Arbeitnehmer haben Anspruch auf Erziehungsurlaub bis zur Vollendung des dritten Lebensjahres eines Kindes, wenn sie

Anspruchsvoraussetzungen

1. mit einem Kind, für das ihnen die Personensorge zusteht, einem Kind des Ehepartners, einem Kind, das sie mit dem Ziel der Annahme als Kind in ihre Obhut aufgenommen haben, oder als Nichtsorgeberechtigte mit ihrem leiblichen Kind in einem Haushalt leben und
2. dieses Kind selbst betreuen und erziehen (§ 15 I BErzGG).

Ein Anspruch auf Erziehungsurlaub besteht nicht, solange

Kein Anspruch auf Erziehungsurlaub

1. Mutterschutzfristen laufen (im Normalfall bis zum Ablauf von acht Wochen seit der Geburt),
2. der mit dem Arbeitnehmer in einem Haushalt lebende andere Elternteil nicht erwerbstätig ist, es sei denn, dieser ist arbeitslos oder befindet sich in Ausbildung oder

3. der andere Elternteil Erziehungsurlaub in Anspruch nimmt,

es sei denn, die Betreuung und Erziehung des Kindes kann nicht sichergestellt werden.

Unabdingbarkeit des Anspruchs

Der Anspruch kann nicht durch Vertrag ausgeschlossen oder beschränkt werden (§ 15 III BErzGG).

Erwerbstätigkeit während des Erziehungsurlaubs

Während des Erziehungsurlaubs ist Erwerbstätigkeit zulässig, wenn die wöchentliche Arbeitszeit 19 Stunden nicht übersteigt. Teilerwerbstätigkeit bei einem anderen Arbeitgeber oder als **Selbständiger** bedarf der **Zustimmung** des Arbeitgebers. Die Ablehnung seiner Zustimmung kann der Arbeitgeber nur mit entgegenstehenden betrieblichen Interessen innerhalb einer Frist von vier Wochen schriftlich begründen (§ 15 IV BErzGG).

Inanspruchnahme des Erziehungsurlaubs

Der Arbeitnehmer muß den Erziehungsurlaub spätestens **vier Wochen** vor dem Zeitpunkt, von dem ab er ihn in Anspruch nehmen will, vom Arbeitgeber verlangen und gleichzeitig **erklären**, für welchen Zeitraum oder für welche Zeiträume er Erziehungsurlaub in Anspruch nehmen will. Eine Inanspruchnahme von Erziehungsurlaub oder ein Wechsel unter den Berechtigten ist dreimal zulässig (§ 16 I BErzGG).

Vorzeitige Beendigung, Verlängerung

Der Erziehungsurlaub kann vorzeitig beendet oder im Rahmen des § 15 I verlängert werden, wenn der Arbeitgeber **zustimmt**. Eine Verlängerung kann verlangt werden, wenn ein vorgesehener Wechsel in der Anspruchsberechtigung aus einem wichtigen Grund nicht erfolgen kann (§ 16 III BErzGG).

Beendigung wegen Tod des Kindes

Stirbt das Kind während des Erziehungsurlaubs, endet dieser spätestens drei Wochen nach dem Tod des Kindes (§ 16 IV BErzGG).

Eine Änderung in der Anspruchsberechtigung hat der Arbeitnehmer dem Arbeitgeber unverzüglich mitzuteilen (§ 16 BErzGG).

Resturlaub

Hat der Arbeitnehmer den ihm zustehenden Urlaub vor dem Beginn des Erziehungsurlaubs nicht oder nicht vollständig erhalten, so hat der Arbeitgeber den Resturlaub **nach dem Erziehungsurlaub** im laufenden oder im nächsten Urlaubsjahr zu gewähren (§ 17 II BErzGG).

Abgeltung des Erholungsurlaubs

Endet das Arbeitsverhältnis während des Erziehungsurlaubs oder setzt der Arbeitnehmer im Anschluß an den Erziehungsurlaub das Arbeitsverhältnis nicht fort, so hat der Arbeitgeber ggf. den noch nicht gewährten Urlaub abzugelten (§ 17 III BErzGG).

Kündigung des Arbeitnehmers

Der Arbeitnehmer kann das Arbeitsverhältnis zum Ende des Erziehungsurlaubs nur unter Einhaltung einer Kündigungsfrist von drei Monaten kündigen (§ 19 BErzGG).

Kündigungsschutz

Besonders wichtig: Der Arbeitgeber darf das Arbeitsverhältnis ab dem Zeitpunkt, von dem an Erziehungsurlaub verlangt worden ist, höchstens jedoch sechs Wochen vor Beginn des Erziehungsurlaubs, und während des Erziehungsurlaubs **nicht kündigen**. In besonderen Fällen kann ausnahmsweise eine Kündigung für zulässig erklärt werden (§ 18 BErzGG). Beim Erziehungsurlaub sind Änderungen geplant, die ab 1.1.2001 für danach geborene Kinder gelten sollen: Beide Elternteile sollen ihn künftig auch gemeinsam nehmen können. Mit Zustimmung des Arbeitgebers soll ein Anteil von maximal einem Jahr auf die Zeit bis zur Vollendung des achten Lebensjahres des Kindes übertragen werden können. Teilzeitarbeit während des Erziehungsurlaubs ist dem Gesetzentwurf zufolge bis zu 30 Stunden wöchentlich zuläßig. Vorgesehen ist ferner, daß der Arbeitnehmer während der Gesamtdauer des Erziehungsurlaubs unter bestimmten Voraussetzungen zweimal eine Verringerung seiner Arbeitszeit (auf einen Umfang zwischen 15 und 30 Wochenstunden) beanspruchen kann. Nach dem Erziehungsurlaub kann der Arbeitnehmer zu der Arbeitszeit zurückkehren, die er vor dessen Beginn hatte.

5.4 Fürsorgepflicht

Die dem Arbeitgeber obliegenden Nebenpflichten – zu denen des Arbeitnehmers vgl. IV. 4.3 – werden unter dem Oberbegriff Fürsorgepflicht zusammengefaßt. Diese durchdringt wie der Grundsatz von Treu und Glauben das gesamte Arbeitsverhältnis und beinhaltet **Schutz-, Sorgfalts- und Auskunftspflichten**. Ihre schuldhafte Verletzung macht den Arbeitgeber schadenersatzpflichtig. Hier einige Einzelfälle:

Grundsatz von Treu und Glauben

- Schon nach § 618 BGB hat der Arbeitgeber „Räume, Vorrichtungen oder Gerätschaften" so einzurichten und zu unterhalten, daß der Arbeitnehmer gegen Gefahren für Leben und Gesundheit soweit geschützt ist, als die Natur der Arbeit es gestattet.

Pflicht zu Schutzmaßnahmen

- Der Arbeitgeber hat im Rahmen des ihm Zumutbaren dafür zu sorgen, daß die **Sachen des Arbeitnehmers**, die dieser berechtigterweise zur Arbeit mitbringt (persönlich unentbehrliche und arbeitsdienliche Gegenstände, z.B. Kleidung, Geräte, Fahrzeuge), so **aufbewahrt** werden können, daß sie vor Verlust und Beschädigung sicher sind. Parkplätze muß er nur in Ausnahmefällen bereitstellen.

Schutzpflichten

- Eine allgemeine Belehrungspflicht über mögliche Ansprüche des Arbeitnehmers besteht nicht. Die Fürsorgepflicht umfaßt nicht die Verpflichtung, den Arbeitnehmer auf den drohenden Verfall von Ansprüchen durch eine Ausschlußfrist (vgl. IX. 2.4.1) hinzuweisen.

Keine Hinweispflicht auf Rechte des Arbeitnehmers

- Verhinderung der Überanstrengung des Arbeitnehmers.

- Schutz des **Persönlichkeitsrechts** des Arbeitnehmers (Achtung seiner Menschenwürde, Entfaltung seiner Persönlichkeit).

Mobbing

- Der Arbeitgeber muß sich in Fällen von Mobbing **schützend** vor den betroffenen Mitarbeiter stellen. Von Mobbing wird dann gesprochen, wenn einzelne Arbeitnehmer aus der Gemeinschaft ausgegrenzt, geringschätzig behandelt, von Kommunikation ausgeschlossen, beleidigt und diskriminiert werden.

Freizeit zur Stellensuche

- Fürsorgepflicht **zum Ende des Arbeitsverhältnisses**: Nach der Kündigung muß dem Arbeitnehmer angemessene Freizeit zur Stellensuche gewährt werden (§ 629 BGB). Ein Zeugnis muß dem Arbeitnehmer bei der Beendigung des Arbeitsverhältnisses nur dann erteilt werden, wenn er eines fordert (§ 630 BGB).

5.5 Gleichbehandlung

Gleiche Vergütung

Auf den **Gleichberechtigungssatz** in Art. 3 II des Grundgesetzes wurde bereits unter IX 2.2 hingewiesen, ebenso auf das in Art. 3 III GG enthaltene **Benachteiligungsverbot** (IX. 2.1). Daneben gibt es noch den zum Privatrecht gehörenden **Gleichbehandlungsgrundsatz**. Er gehört zu den tragenden Ordnungsprinzipien des Arbeitsrechts und verbietet die willkürliche, d.h. sachfremde Schlechterstellung einzelner Arbeitnehmer gegenüber anderen, die sich in vergleichbarer Lage befinden. Er verhindert aber nicht die Begünstigung eines oder einzelner Arbeitnehmer.

Umstritten ist, ob der Arbeitgeber **Nichttarifgebundenen** mindestens die gleiche Vergütung wie Tarifgebundenen gewähren muß. Jedoch darf er auf sachgemäß gebildete Gruppen von Mitarbeitern unterschiedliche Vergütungssätze anwenden. Hauptanwendungsgebiet des Gleichbehandlungsgrundsatzes sind **freiwillige Sonderleistungen**; ein Ausschluß Einzelner ist nur bei sachlich gerechtfertigtem Grund zulässig. Die dem Direktionsrecht (vgl. IX. 3.5) innewohnende einseitige Gestaltungsbefugnis erfordert in besonderem Maße die Gleichbehandlung der Mitarbeiter, z.B. bei der Heranziehung zu Mehr-, Über-, Nacht- und Feiertagsarbeit.

6. Das Arbeitnehmerschutzrecht

6.1 Arbeitsschutzgesetz (ASG)

Das Arbeitsschutzgesetz vom 7.8.1996 gilt für alle Beschäftigten. Grundsätzlich ist der Arbeitgeber für den Arbeitsschutz verantwortlich. Er ist verpflichtet, die erforderlichen Maßnahmen des Arbeitsschutzes unter Berücksichtigung der Umstände zu treffen, die **Sicherheit und Gesundheit** der Beschäftigten bei der Arbeit beeinflussen. Er hat die getroffenen Maßnahmen auf ihre Wirksamkeit zu überprüfen (§ 3 I ASG) und von folgenden allgemeinen Grundsätzen auszugehen:

Grundpflichten des Arbeitgebers

Vermeidung von Gefährdungen

1. Die Arbeit ist so zu gestalten, daß eine Gefährdung für Leben und Gesundheit möglichst vermieden und die verbleibende Gefährdung möglichst gering gehalten wird.

Bekämpfung von Gefahren

2. Gefahren sind an ihrer Quelle zu bekämpfen.

Arbeitswissenschaften

3. Bei den Maßnahmen sind der Stand von **Technik**, **Arbeitsmedizin** und **Hygiene** sowie sonstige gesicherte arbeitswissenschaftliche Erkenntnisse zu berücksichtigen.

4. Individuelle Schutzmaßnahmen sind nachrangig zu anderen Maßnahmen.

5 .Spezielle Gefahren für besonders schutzbedürftige Beschäftigtengruppen sind zu berücksichtigen.

Geschlechtsspezifische Regelungen

6. Unmittelbar oder mittelbar geschlechtsspezifisch wirkende Regelungen sind nur zulässig, wenn dies aus biologischen Gründen zwingend geboten ist (§ 4 ASG).

Erste Hilfe, Vorsorge

Erste Hilfe und Notfallmaßnahmen sind in § 10 und die arbeitsmedizinische Vorsorge in § 11 ASG geregelt. Eine an die Gefährdungsentwicklung angepaßte **Unterweisung der Beschäftigten** über Sicherheit und Gesundheitsschutz ist ebenfalls vorgeschrieben (§ 12 ASG).

Pflichten der Beschäftigten

Das Arbeitsschutzgesetz begründet aber auch Pflichten der Beschäftigten. Sie müssen nach ihren Möglichkeiten sowie gemäß der (Unter)Weisung des Arbeitgebers für ihre Sicherheit und Gesundheit bei der Arbeit Sorge tragen (§ 15 ASG). Die Beschäftigten haben dem Arbeitgeber oder dem zuständigen Vorgesetzten jede von ihnen festgestellte **unmittelbare erhebliche Gefahr für die Sicherheit und Gesundheit** sowie jeden an den Schutzsystemen festgestellten Defekt unverzüglich zu melden (§ 16 I ASG). Nach § 17 I ASG sind die Beschäftigten berechtigt, dem Arbeitgeber Vorschläge zu allen Fragen der Sicherheit und des Gesundheitsschutzes bei der Arbeit zu machen.

Meldepflicht

Vorschlagsrecht

Benachteiligungsverbot

Sind Beschäftigte auf Grund konkreter Anhaltspunkte der Auffassung, daß die vom Arbeitgeber getroffenen Maßnahmen und bereitgestellten Mittel nicht ausreichen, um die Sicherheit und den Gesundheitsschutz bei der Arbeit zu gewährleisten, und hilft der Arbeitgeber darauf gerichteten Beschwerden von Beschäftigten nicht ab, können sich diese an die zuständige Behörde wenden. Hierdurch dürfen den Beschäftigten keine Nachteile entstehen (§ 17 II ASG).

Ausführungsverordnungen

Das Arbeitsschutzgesetz ist durch eine Reihe von Ausführungsverordnungen ergänzt worden; zu erwähnen sind hier die **Bildschirmarbeitsverordnung** vom 04.12.1996 und die **Mutterschutzrichtlinienverordnung** vom 15.04. 1997.

Überwachung

Die Überwachung des Arbeitsschutzes ist staatliche Aufgabe (Gewerbeaufsichtsamt).

6.2 Arbeitssicherheitsgesetz (ASiG)

Bestellung von Betriebsärzten

Unfallverhütungsvorschrift

Auf Grund dieses Gesetzes hat der Arbeitgeber Betriebsärzte zu bestellen, soweit dies erforderlich ist im Hinblick auf die betriebstypischen Unfall- und Gesundheitsgefahren, die Zahl der beschäftigten Arbeitnehmer und die Betriebsorganisation (§ 2 I AsiG). Die Unfallverhütungsvorschrift „Betriebsärzte“ (VBG 123) vom 01.09.1995 legt die erforderlichen Einsatzzeiten der Betriebsärzte tabellarisch fest. Beispielsweise beträgt **in allen Heimen** mit durchschnittlich 30 und mehr Beschäftigten die erforderliche Einsatzzeit 15 Minuten im Jahr je Arbeitnehmer. Auch **in kleineren Heimen** muß die betriebsärztliche Betreuung gewährleistet sein: Wenigstens alle drei Jahre 0,33 Stunden je Arbeitnehmer. Die Aufgaben der Betriebsärzte sind in § 3 ASiG näher beschrieben.

Fachkräfte für Arbeitssicherheit

Unter den o.g. Voraussetzungen hat der Arbeitgeber ferner Fachkräfte für Arbeitssicherheit (nicht zu verwechseln mit dem Sicherheitsbeauftragten, vgl. IX.7.) zu bestellen. Deren Aufgabe ist, den Arbeitgeber beim Arbeitsschutz und bei der Unfallverhütung zu **unterstützen** (§ 6 ASiG).

6.3 Arbeitsstättenverordnung (ArbstättVO)

Nach § 3 ArbstättVO hat der Arbeitgeber

Allgemeine Anforderungen

1. die Arbeitsstätte nach den geltenden Vorschriften und nach den allgemein anerkannten sicherheitstechnischen arbeitsmedizinischen und hygienischen Regeln sowie den sonstigen gesicherten arbeitswissenschaftlichen Erkenntnissen einzurichten und zu betreiben,

2. den in der Arbeitsstätte beschäftigten Arbeitnehmern die Räume und Einrichtungen zur Verfügung zu stellen, die in dieser Verordnung vorgeschrieben sind.

Die allgemeinen Anforderungen an Räume, Verkehrswege und Einrichtungen in Gebäuden betreffen **Lüftung, Raumtemperaturen, Beleuchtung, Fußböden, Wände, Fenster, Türen** und vieles mehr. Hinzu kommen Anforderungen an bestimmte Räume: **Arbeitsräume** müssen eine Grundfläche von mindestens 8 m^2 haben, die lichte Höhe muß mindestens 2,50 m betragen. Für jeden ständig anwesenden Arbeitnehmer muß als Mindestluftraum 12 m^3 bei überwiegend sitzender Tätigkeit vorhanden sein (§ 23 ArbstättVO). Für jeden Arbeitnehmer muß an seinem Arbeitsplatz mindestens eine freie Bewegungsfläche von 1,50 m^2 zur Verfügung stehen, die an keiner Stelle weniger als 1 Meter breit sein soll (§ 24 ArbstättVO). Weitere Anforderungen gelten z.B. für Pausen-, Bereitschafts- und Sanitärräume. Nach § 55 ArbstättVO hat der Arbeitgeber, falls erforderlich, einen Flucht- und Rettungsplan aufzustellen.

Räume, Verkehrswege und Einrichtungen in Gebäuden

Arbeitsräume

Weitere Anforderungen

6.4 Beschäftigtenschutzgesetz (BSchG)

Dies ist die Kurzbezeichnung für das „Gesetz zum Schutz der Beschäftigten vor **sexueller Belästigung am Arbeitsplatz**" vom 24.06.1994. Arbeitgeber und Vorgesetzte haben diesen Schutz, der auch vorbeugende Maßnahmen umfaßt, zu bewirken (§ 2 BSchG). Die betroffenen Beschäftigten haben das Recht, sich zu **beschweren**, wenn sie sich von Kollegen, Vorgesetzten oder Dritten sexuell belästigt fühlen. Die Beschwerde muß geprüft und die **Fortsetzung** einer festgestellten Belästigung **unterbunden** werden (§ 3 BSchG). Sexuelle Belästigung am Arbeitsplatz ist eine Verletzung der arbeitsvertraglichen Pflichten. Folglich hat der Arbeitgeber die im Einzelfall angemessenen arbeitsrechtlichen Maßnahmen wie Abmahnung, Umsetzung, Versetzung oder Kündigung zu ergreifen (§ 4 I BSchG).
Die belästigten Beschäftigten, die sich gewehrt und in zulässiger Weise ihre Rechte ausgeübt haben, dürfen nicht benachteiligt werden (§ 4 III BSchG). Dieses Gesetz ist an geeigneter Stelle zur Einsicht auszulegen oder auszuhängen (§ 7 BSchG).

Beschwerderecht

Maßnahmen des Arbeitgebers

Benachteiligungsverbot

Bekanntgabe des Gesetzes

6.5 Arbeitszeitschutz

Der Arbeitszeitschutz wirkt **vierfach**: Er setzt eine Höchstdauer für eine tägliche Arbeitszeit fest, er regelt die zeitliche Lage der Arbeitszeit, er schreibt Arbeitspausen und Ruhezeiten vor und er beschränkt die Arbeit

Arbeitszeitgesetz

an Sonn- und Feiertagen. Wichtigste **Rechtsgrundlage** ist das Arbeitszeitgesetz (AZG) vom 06.06.1994, das allerdings in **§ 7** den Tarifvertragsparteien, den Kirchen und auch den Einrichtungen bestimmte weitergehende **Gestaltungsmöglichkeiten** einräumt. Dieses Gesetz ist nicht anzuwenden auf Arbeitnehmer, die in **häuslicher Gemeinschaft** mit den ihnen anvertrauten Personen zusammenleben und sie eigenverantwortlich erziehen, pflegen oder betreuen (§ 18 I Nr. 3 AZG).

Nicht-anwendung

Die zeitliche Lage der Arbeitszeit ist gesetzlich nicht allgemein geregelt. Insoweit gelten für alle Arbeitnehmer nur besondere **Schutzvorschriften** bei Nachtarbeit. Das ist jede Arbeit, die mehr als zwei Stunden der Nachtzeit (23.00 Uhr bis 6.00 Uhr) umfaßt (§ 2 AZG). Nachtarbeitnehmer sind Mitarbeiter, die normalerweise Nachtarbeit in Wechselschicht zu leisten haben oder an mindestens 48 Tagen im Kalenderjahr Nachtarbeit leisten. Ihre werktägliche Arbeitszeit darf 8 Stunden (im Monatsdurchschnitt) nicht überschreiten (§ 6 II AZG).

Nacht- und Schichtarbeit

Nachtarbeit-nehmer

Nachtarbeitnehmer sind berechtigt, sich in regelmäßigen Zeitabständen arbeitsmedizinisch untersuchen zu lassen und können aus gesundheitlichen Gründen, zur Betreuung eines Kindes oder zur Versorgung schwerpflegebedürftiger Angehöriger die Umsetzung auf einen **Tagesarbeitsplatz** verlangen (§ 6 IV AZG).

Umsetzung auf Tagesarbeits-plätze

Arbeitnehmer dürfen ohne Ruhepausen **nicht länger als 6 Stunden** hintereinander beschäftigt werden. Die Ruhepausen (mindestens 30 Minuten bei einer Arbeitszeit von mehr als 6 bis zu 9 Stunden) müssen im Voraus feststehen (§ 4 AZG). Nach Beendigung der täglichen Arbeitszeit muß der Arbeitnehmer eine ununterbrochene Ruhezeit von mindestens 11 Stunden haben. Sonderregelungen sind möglich in Einrichtungen zur Behandlung, Pflege und Betreuung von Personen (§ 5 AZG).

Ruhezeit

Sonder-regelung für (heilpäd.) Ein-richtungen

Sofern der Gesundheitsschutz der Arbeitnehmer durch einen entsprechenden **Zeitausgleich** gewährleistet wird, kann in einem Tarifvertrag, in kirchlichen Bestimmungen oder in einer Betriebsvereinbarung zugelassen werden, die o.g. Regelungen bei der **Behandlung, Pflege und Betreuung von Personen** der Eigenart dieser Tätigkeit und dem Wohl dieser Personen entsprechend anzupassen (§ 7 II und IV AZG).

Ermächtigung zur Anpassung

An Sonn- und Feiertagen ist die Beschäftigung von 0 bis 24 Uhr verboten (§ 9 I AZG). Auch hier gibt es aber **Ausnahmen**, z.B. für die zuvor genannten Einrichtungen, die jedoch nicht zu einer Überschreitung der Höchstarbeitszeiten und Ausgleichszeiträume führen dürfen. Mindestens 15 Sonntage im Jahr müssen beschäftigungsfrei bleiben (§ 11 I AZG).

Sonn- und Feiertagsbe-schäftigung

Auf Sonntags- und Feiertagsbeschäftigung muß innerhalb bestimmter Zeiträume ein **Ersatzruhetag** folgen (§ 11 III AZG). Auch der Ausgleich für Sonn- und Feiertagsbeschäftigung kann abweichend geregelt werden (§ 12 AZG).

Ausgleich für Sonn- und Feiertagsbeschäftigung

Die zahlreichen Einzelfragen zum Arbeitszeitrecht können hier nicht erschöpfend behandelt werden. Neben dem Gesetz müssen stets die tariflichen bzw. kirchlichen Normen herangezogen werden. Im Bereich des BAT sind dies dessen §§ 15 bis 18 sowie Sonderregelungen, für **Heilpädagogen** etwa diejenigen „für Angestellte in Anstalten und Heimen" (SR 2 b BAT).

Konkurrenz verschiedener Normen

7. Gesetzliche Unfallversicherung

Aufgabe der Unfallversicherung ist es,

Aufgabe der Unfallversicherung

1. mit allen geeigneten Mitteln **Arbeitsunfälle** und **Berufskrankheiten** sowie arbeitsbedingte Gesundheitsgefahren zu verhüten,

2. nach Eintritt von Arbeitsunfällen oder Berufskrankheiten die Gesundheit und die Leistungsfähigkeit der Versicherten mit allen geeigneten Mitteln **wiederherzustellen** und sie oder ihre Hinterbliebenen durch Geldleistungen zu entschädigen (§ 1 SGB VII).

Heilpädagogen gehören als Beschäftigte zu dem kraft Gesetzes versicherten Personenkreis (§ 2 I Nr. 1 SGB VII).

Arbeitsunfälle sind Unfälle infolge einer versicherten Tätigkeit, die zu einem Gesundheitsschaden oder zum Tod führen (§ 8 I S 1 SGB VII). Durch das Wort „infolge" soll zum Ausdruck kommen, daß ein **ursächlicher innerer Zusammenhang** zwischen Unfall und versicherter Tätigkeit erforderlich ist. Die Tätigkeit muß den Zwecken der Einrichtung zu dienen bestimmt sein. Der Versicherungsschutz besteht auch gegenüber Gefahren des täglichen Lebens (z.B. Ausrutschen auf glattem Fußboden), aber **nicht** bei der sogenannten **eigenwirtschaftlichen Tätigkeit**, die dem Interesse des Versicherten und nicht dem der Einrichtung dient. Wird der **Heilpädagoge** vor, während oder nach der Arbeitszeit **in eigenem Interesse** tätig, so besteht **kein** Versicherungsschutz (z.B. beim Mittagessen einschließlich der dazu notwendigen Wege). Unfälle unter Alkoholeinfluß sind nicht versichert – obwohl verbotswidriges Handeln einen Versicherungsfall nicht ausschließt (§ 7 II SGB VII) – wenn die Trunkenheit rechtlich allein wesentliche Ursache war, d.h. wenn der Versicherte in nüchternem Zustand den Unfall vermieden hätte. Betriebliche **Gemeinschaftsveranstaltungen** sind in der Regel ver-

Begriff des Arbeitsunfalls

versicherte Tätigkeit

Wegeunfall = Arbeitsunfall

sichert, Freizeitveranstaltungen dagegen nicht. Zu den Arbeitsunfällen zählen ferner die sogenannten Wegeunfälle (Wege nach und von dem Ort der Tätigkeit), beschrieben in § 8 II Nr. 1 bis 4 SGB VII. Probleme entstehen bei Umwegen und Unterbrechungen.

Berufskrankheit

Versicherungsfall kann auch eine Berufskrankheit sein. Das sind Krankheiten, die die Bundesregierung durch **Rechtsverordnung** als Berufskrankheiten bezeichnet und die Versicherte infolge ihrer Beschäftigung erleiden (§ 9 I SGB VII). Dieser Verordnung ist eine umfangreiche Liste der Berufskrankheiten beigefügt.

Leistungen nach Eintritt eines Versicherungsfalles

Nach Eintritt eines Versicherungsfalls haben Versicherte Anspruch auf Leistungen, die wie folgt eingeteilt sind:

- Heilbehandlung (§§ 27ff.)
- Berufsfördernde Leistungen zur Rehabilitation (§§ 35ff.)
- Leistungen zur sozialen Rehabilitation und ergänzende Leistungen (§§ 39ff.)
- Leistungen bei Pflegebedürftigkeit (§ 44)
- Geldleistungen während der Heilbehandlung und der beruflichen Rehabilitation (§§ 45ff.)
- Renten an Versicherte (§§ 56ff.)
- Leistungen an Hinterbliebene (§§ 63ff.)
- Abfindungen (§§ 75ff. – alle Paragraphen aus dem SGB VII)

Grundsatz

Der Unfallversicherungsträger hat mit allen geeigneten Mitteln möglichst frühzeitig

1. den durch den Versicherungsfall verursachten **Gesundheitsschaden** zu beseitigen oder zu bessern, seine Verschlimmerung zu verhüten und seine Folgen zu mildern,

2. die Versicherten nach ihrer Leistungsfähigkeit und unter Berücksichtigung ihrer Eignung, Neigung und bisherigen Tätigkeit möglichst auf Dauer **beruflich einzugliedern**,

3. **Hilfen** zur Bewältigung der Anforderungen des täglichen Lebens und zur Teilnahme am Leben in der Gemeinschaft unter Berücksichtigung von Art und Schwere des Gesundheitsschadens **bereitzustellen**,

4. ergänzende Leistungen zur Heilbehandlung und zur Rehabilitation zu erbringen,

5. Leistungen bei **Pflegebedürftigkeit** zu erbringen.

Pflichtgemäßes Ermessen

Die Unfallversicherungsträger bestimmen im **Einzelfall** Art, Umfang und Durchführung der Heilbehandlung und Rehabilitation sowie die

Einrichtungen, die diese Leistungen erbringen, nach pflichtgemäßem Ermessen (§ 26 SGB VII).

Als Träger der gesetzlichen Unfallversicherung kommen in Frage:

Träger der gesetzlichen Unfallversicherung

- Der **Bund**, der (u.a.) für seine Unternehmen zuständig ist (§ 125 I SGB VII),
- die Unfallkassen der **Länder** (u.a.) für die Unternehmen des Landes (§ 128 I SGB VII),
- die Gemeindeunfallversicherungsverbände und Unfallkassen der **Gemeinden** (u.a.) für die Unternehmen der Gemeinden und Gemeindeverbände (§ 129 I SGV VII),
- ansonsten die **gewerblichen Berufsgenossenschaften** (§ 121 I SGB VII).

Zuständigkeit

Berufsgenossenschaft für Gesundheitsdienst und Wohlfahrtspflege

Die Zuständigkeit für **Heilpädagogen** bestimmt sich nach der Zuständigkeit für das Unternehmen, für das sie tätig sind (§ 133 SGB VII). Die Versicherten sind darüber zu **unterrichten**, welcher Unfallversicherungsträger zuständig ist (§ 138 SGB VII). Im nicht-öffentlichen Bereich ist dies meist die BG für Gesundheitsdienst und Wohlfahrtspflege mit Hauptsitz in Hamburg.

Haftungsbeschränkung der Unternehmer und anderer Mitarbeiter

Damit Streitigkeiten über Arbeitsunfälle das Zusammenleben im Betrieb nicht unnötig belasten, ist die **Haftung** der Unternehmer (Arbeitgeber) und anderer im Betrieb tätiger Personen **beschränkt**: Die Genannten sind den Versicherten und deren Angehörigen und Hinterbliebenen nach anderen gesetzlichen Vorschriften zum Ersatz des Personenschadens nur verpflichtet, wenn sie den Versicherungsfall vorsätzlich oder auf einem versicherten Weg herbeigeführt haben (§§ 104ff. SGB VII).

In Unternehmen mit regelmäßig mehr als 20 Beschäftigten (hierzu zählen auch Kinder während des Besuchs von Tageseinrichtungen, deren Träger einer Betriebserlaubnis bedürfen) sind Sicherheitsbeauftragte zu bestellen, die den Träger bei der Durchführung der Maßnahmen zur Verhütung von Arbeitsunfällen und Berufskrankheiten zu unterstützen haben (§ 22 SGB VII).

Angenehm (auch) für Heilpädagogen ist: Beitragspflichtig sind allein die Unternehmer, die sie beschäftigen (§ 150 I SGB VII).

8. Mutterschutzrecht

Geltungsbereich

Das Mutterschutzgesetz (MuSchG) gilt für alle Frauen, die in einem **Arbeitsverhältnis** stehen (§ 1 MuSchG) oder sich in der beruflichen Ausbildung befinden. Es gilt nicht für Studierende, die vorgeschriebene Praktika ableisten. Es ändert auch nichts an der Beendigung zulässig befristeter Arbeitsverhältnisse durch Zeitablauf.

Mitteilungspflicht

Damit der Arbeitgeber die Schutzbestimmungen einhalten kann, sollen Frauen ihm ihre Schwangerschaft und den mutmaßlichen Tag der Entbindung mitteilen, **sobald** ihnen diese Tatsachen **bekannt** sind. Der Arbeitgeber darf die Mitteilung der Schwangeren Dritten nicht unbefugt bekannt geben, muß aber unverzüglich die Aufsichtsbehörde benachrichtigen (§ 5 MuSchG).

Kündigungsverbot

Vom Beginn der Schwangerschaft bis zum Ablauf von **vier Monaten nach der Entbindung** ist jede Art der Kündigung des Arbeitsverhältnisses durch den Arbeitgeber bis auf wenige Ausnahmen unzulässig. Das Kündigungsverbot gilt nur dann, wenn dem Arbeitgeber zum Zeitpunkt der Kündigung die Schwangerschaft oder die Entbindung bekannt war oder sie ihm **innerhalb von zwei Wochen** nach Zugang der Kündigung **mitgeteilt** wird. Wenn die Zwei-Wochen-Frist unverschuldet versäumt und die Mitteilung unverzüglich nachgeholt wird, gilt auch danach das Kündigungsverbot (§ 9 I MuSchG). Die Schwangerschaft muß bei Zugang der Kündigung bereits bestehen. Diese Voraussetzung muß auch dann gegeben sein, wenn die Schwangerschaft dem Arbeitgeber erst nachträglich mitgeteilt wird. Das Kündigungsverbot gilt unabhängig davon, ob die Arbeitnehmerin bei Kündigungszugang Kenntnis von ihrer Schwangerschaft hatte (BAG, Urteil vom 13.06.1996).

Zustimmung der Aufsichtsbehörde

Ausnahmsweise ist eine Kündigung in besonderen Fällen möglich. Der Arbeitgeber muß aber zuerst bei der **Aufsichtsbehörde** beantragen, daß die Kündigung für zulässig erklärt wird (§ 9 III MuSchG). Erst nach der Zustimmung der Behörde kann er rechtswirksam kündigen; eine früher erklärte Kündigung ist unwirksam.

Eigenkündigung

Die Frauen selbst sind an das Kündigungsverbot nicht gebunden. Sie können während der Schwangerschaft und während der Schutzfrist nach der Entbindung das Arbeitsverhältnis **ohne Einhaltung einer Frist** zum Ende der Schutzfrist kündigen. Da Frauen ihr Arbeitsverhältnis während der Schwangerschaft freiwillig beenden können, sind auch **Aufhebungsverträge** grundsätzlich zulässig. Der Mutterschutz endet dann zusammen mit dem Arbeitsverhältnis.

Beschäftigungsverbote

Werdende Mütter dürfen nicht mit schweren körperlichen Arbeiten beschäftigt werden. Werdende und stillende Mütter dürfen nicht in **Nachtarbeit** (zwischen 20.00 Uhr und 6.00 Uhr), nicht an **Sonn- und Feiertagen** und nicht mit **Mehrarbeit** beschäftigt werden. Sie dürfen nicht mehr als maximal 8 1/2 Stunden täglich oder 90 Stunden pro Doppelwoche arbeiten (§ 8 I und II MuSchG).

Einige Abweichungen von diesen Arbeitszeitregelungen sind für bestimmte Beschäftigungsbereiche erlaubt: Zum Beispiel dürfen „im Beherbergungswesen“ – ob damit auch **Heime** gemeint sind, sollte im Einzelfall mit der Aufsichtsbehörde geklärt werden – werdende Mütter in den ersten vier Monaten der Schwangerschaft bis 22.00 Uhr beschäftigt werden; während der ganzen Schwangerschaft dürfen sie an Sonn- und Feiertagen beschäftigt werden, wenn ihnen in jeder Woche einmal eine ununterbrochene Ruhezeit von mindestens 24 Stunden im Anschluß an eine Nachtruhe gewährt wird (§ 8 III und IV MuSchG).

Abweichungen im „Beherbergungswesen“

Neben diesen für alle Frauen geltenden Beschäftigungsverboten gibt es auch individuelle für den Einzelfall. Ein solches besteht, soweit nach ärztlichem Zeugnis Leben oder Gesundheit von Mutter oder Kind bei Fortdauer der Beschäftigung gefährdet ist (§ 3 I MuSchG). „Soweit“ bedeutet, daß durch das ärztliche Zeugnis die Beschäftigung **ganz** oder **teilweise** untersagt sein kann. Liegt dagegen eine Krankheit vor, so hat der Arzt die Schwangere krank zu schreiben.

Beschäftigungsverbote im Einzelfall

Frauen, die wegen eines obengenannten Beschäftigungsverbotes ganz oder teilweise mit der Arbeit aussetzen, haben Anspruch auf den sogenannten „Mutterschutzlohn“. Das ist mindestens der **Durchschnittsverdienst** der letzten 13 Wochen oder der letzten drei Monate vor Beginn des Monats, in dem die Schwangerschaft eingetreten ist (§ 11 I MuSchG).

Arbeitsentgelt bei Beschäftigungsverboten

In den letzten **sechs Wochen** vor der Entbindung dürfen Schwangere nicht beschäftigt werden, es sei denn, daß sie sich zur Arbeitsleistung ausdrücklich bereit erklären (§ 3 II MuSchG). Nach der Entbindung besteht ein absolutes Beschäftigungsverbot für **acht Wochen**, nach Früh- und Mehrlingsgeburten für **zwölf Wochen** (§ 6 I MuSchG). Fehlzeiten auf Grund dieser Beschäftigungsverbote lassen den Anspruch auf Erziehungsurlaub grundsätzlich unberührt.

Mutterschutzfristen

Während der Mutterschutzfristen vor und nach der Entbindung sind Arbeitnehmerinnen finanziell abgesichert. Sie erhalten als Mitglied einer Krankenkasse das Mutterschaftsgeld (**höchstens DM 25,-** pro Kalendertag) und vom Arbeitgeber einen Zuschuß (§§ 13, 14 MuSchG).

(Zuschuß zum) Mutterschaftsgeld

Beispiel

Eine Heilpädagogin hat in den letzten drei Monaten vor Beginn der Schutzfrist eine gleichbleibende monatliche Vergütung von DM 2800,- netto, die auf den Kalendertag umgerechnet wird:

$$\frac{\text{DM 2800,- x 3 DM = 8400,-}}{\text{90 Kalendertage}} = \text{DM 93,- pro Kalendertag}$$

Die Heilpädagogin erhält für jeden Tag DM 25,- von der Krankenkasse und DM 68,- vom Arbeitgeber.

9. Betreuungs- und Aufsichtspflicht

9.1 Gesetzliche Verankerung und vertragliche Übernahme

Betreuung von und Aufsicht über Menschen sind Aufgaben, zu deren Erfüllung entweder ein **Gesetz oder ein Vertrag** (zu diesem Begriff: IX 3.1) verpflichten kann.

Gesetzliche Verpflichtungen

Adressaten einer gesetzlichen Verpflichtung sind die **Eltern**, denen die Sorge für ihre minderjährigen Kinder zusteht. Sie (dürfen und) müssen sie u.a. pflegen und erziehen (= betreuen) sowie beaufsichtigen (Art. 6 II GG in Verbindung mit §§ 1626 I, 1631 I BGB). Dieselben Aufgaben hat ein **Vormund** (§§ 1793, 1800, 1631 I BGB). Sind Eltern oder Vormund an der „Besorgung" von Betreuung und Aufsicht verhindert, erhält das Kind hierfür einen **Pfleger** – und dieser gesetzlich die Pflicht und das Recht, sich dieser Angelegenheiten anzunehmen (§§ 1909, 1915 BGB). Bei Volljährigen, die psychisch krank oder behindert sind, kann ein **Betreuer** bestellt werden, der bei entsprechendem Aufgabenkreis gesetzlich verpflichtet ist, Betreuung und Aufsicht „rechtlich zu besorgen", d.h. gemäß dem Wohl des Betreuten sicherzustellen (§§ 1896, 1901 BGB).

Vertragliche Übernahme

Heilpädagogen hingegen handeln beruflich auf vertraglicher Grundlage. Ihre Arbeitsverträge beinhalten generell die Übernahme von Betreuung und Aufsicht in Beziehung auf die ihnen anvertrauten Personen. **Betreuung und Aufsicht** sind somit Bestandteile der Arbeitspflicht (hierzu IX. 4.1).

Übernahme und Übertragung

Der **Rechtsträger** der Betreuungseinrichtung, der gleichzeitig **Arbeitgeber** des Heilpädagogen ist, kann auf diesen naturgemäß nur das übertragen, was er selbst hat. Er überträgt dem einzelnen Heilpädagogen einen Teil jener Verantwortung, die er seinerseits zuvor übernommen hat, und zwar ebenfalls durch ausdrückliche (vertragliche) Vereinbarung, z.B. mit den Eltern eines Kindes. Auch solche Vereinbarungen bedürfen keiner bestimmten Form; mündliche Absprachen genügen, sogar die stillschweigende Einigung reicht aus.

Abgrenzung zur Gefälligkeit

Die Rechtsprechung bejaht eine vertragliche Übernahme dann, wenn es sich um eine weitreichende Obhut von längerer Dauer und/oder weitgehender Einwirkungsmöglichkeit (auf die Person, um die es geht) handelt. Hiervon abzugrenzen ist das Handeln aus reiner **Gefälligkeit**, das gerade keine vertraglichen Bindungen erzeugt.

Persönliche Verantwortung

Der Heilpädagoge muß Betreuung und Aufsicht „im Zweifel in Person" leisten (§ 613 BGB). Er darf die Ausführung seiner Pflichten nur ausnahmsweise anderen überlassen. Die Weiterübertragung (Delegation) der Pflichten kann z.B. in **Not- oder Gefahrensituationen** eine angemessene Reaktion sein. Derjenige, der delegiert, muß dafür einstehen, daß organisatorisch alles so läuft, wie es geplant oder abgesprochen ist; er muß also nach Möglichkeit den **Überblick** behalten.

Fall

Kurz vor Ende einer Wanderung verletzt sich eine Jugendliche schwer. Die Heilpädagogin bleibt, Erste Hilfe leistend, bei ihr und beauftragt eine Praktikantin, die anderen Teilnehmer zu einer nahegelegenen Schutzhütte zu führen und dort zu warten.

Lösung

Gegen dieses Verhalten ist rechtlich nichts einzuwenden, da die Heilpädagogin nicht (mehr) alle Teilnehmer gleichzeitig betreuenkann. Es ist eine sogenannte **Pflichtenkollision** eingetreten. Die Heilpädagogin ist jedoch für die Auswahl der Praktikantin verantwortlich. Sie darf die ihr obliegende Verpflichtung gegenüber dem Rest der Gruppe nur an gewissenhafte, zuverlässige Personen mit der nötigen menschlichen Reife und fachlichen Eignung übertragen. Ein Verschulden bei der **Auswahl** könnte der Heilpädagogin angelastet werden. (Dieser Fall müßte anders beurteilt werden, wenn Maßnahmen der Ersten Hilfe wirksamer durch einen anderen Anwesenden ergriffen werden könnten.)

9.2 Inhalt und Umfang der Pflichten

Die Frage nach dem Inhalt der Pflichten erfordert zunächst eine **begriffliche Klärung**:

Die Betreuung soll unmittelbar dem zu Betreuenden zugute kommen. Er ist als Subjekt heilpädagogischer Arbeit zu fördern, zu begleiten und vor jeglichem Schaden zu bewahren. Ziel ist die **bestmögliche Betreuung**, die sowohl die Selbstschädigung des Betreuten ausschließt als auch Nachteile vermeidet, die andere **ihm** zufügen könnten. Betreuung

Die Aufsicht über den Betreuten soll sicherstellen, daß dieser **andere** nicht schädigt. Er ist soweit als möglich von der Begehung unerlaubter Handlungen (§§ 823ff. BGB) abzuhalten. (Der außerhalb dieses Buches anzutreffende Sprachgebrauch vermengt gelegentlich die Inhalte von Aufsicht und Betreuung.) Aufsicht

Zur Pflicht des **Heilpädagogen** werden Betreuung und Aufsicht erst durch den Arbeitsvertrag und daraus abgeleitete Weisungen (vgl. IX. 3.5).

Schwierigkeiten bei der Inhaltsbestimmung

Die genaue Bestimmung des konkreten Inhalts beider Pflichten bereitet allerdings Schwierigkeiten: Gesetze schweigen hierzu, Verträge meistens ebenso. Erschwerend kommt hinzu, daß die Begriffe überwiegend **negativ** definiert sind: Im Vordergrund steht das Bemühen, Schäden als etwas Unerwünschtes zu verhindern. Mit welchen Mitteln dieses Ziel anzustreben ist, bleibt (rechtlich zunächst) offen.

Auswahl der Mittel

Bei der von pädagogischen und therapeutischen Erwägungen zu leitenden Auswahl der Mittel empfiehlt es sich, **Grundentscheidungen des Gesetzgebers** einzubeziehen:

Grundrichtung der Erziehung

Das Recht des jungen Menschen auf **Förderung** seiner Entwicklung (§ 1 I SGB VIII) verbietet jedenfalls Maßnahmen, von denen anzunehmen ist, daß sie seine Entwicklung eher behindern. Das Recht auf **Erziehung** zu einer eigenverantwortlichen und gemeinschaftsfähigen Persönlichkeit läßt keine Methoden zu, die die Ausbildung dieser Persönlichkeitsmerkmale gefährden. Zu berücksichtigen sind die wachsende Fähigkeit und das wachsende Bedürfnis des Kindes oder des Jugendlichen zu selbständigem, verantwortungsbewußtem Handeln sowie die jeweiligen besonderen sozialen und kulturellen Bedürfnisse und Eigenarten junger Menschen (§ 9 SGB VIII).

Umgang mit Volljährigen

Der Umgang mit Volljährigen hat sich an deren **Grundrecht** auf freie Entfaltung der Persönlichkeit (Art. 2 I GG) und dem damit zusammenhängenden Recht auf Selbstbestimmung aller Lebensbereiche zu orientieren. Eine Ausprägung dieses Grundsatzes und eine Ahnung von seiner gelegentlich erforderlichen Einschränkung vermittelt das Betreuungsrecht: Der Betreuer hat **Wünschen** des Betreuten zu entsprechen, soweit dies dessen **Wohl** nicht zuwiderläuft und dem Betreuer zuzumuten ist (§ 1901 III BGB).

Verhältnismäßigkeit der Mittel

Auch bei der Auswahl der Mittel ist der Grundsatz der Verhältnismäßigkeit zu beachten, d.h. die Mittel müssen geeignet, erforderlich und angemessen sein. Hierbei hat die Rechtsprechung einen gewissen **Freiraum** vertretbarer **pädagogischer Maßnahmen** zuerkannt. Es versteht sich jedoch von selbst, daß sich die zu treffenden Vorkehrungen an den „Schwächsten" der jeweiligen Gruppe zu orientierten haben.

Umfang der Pflichten

Die Frage nach dem Umfang der Pflichten führt näher an die praktischen Handlungsschritte heran. Das, was der Heilpädagoge im Berufsalltag zu tun hat, läßt sich selten in Betreuungs- und Aufsichtsaufgaben aufspalten. Wer hier sorgfältig arbeitet, erreicht **beide Ziele zugleich**. Allgemein gilt:

- Der Heilpädagoge hat sich über die Personen, für die er verantwortlich ist, gründlich zu informieren. Ohne umfassende Informationen über die gesamte Persönlichkeit fehlt schlicht die Grundlage für richtiges Handeln. Sodann muß er Informationen an die Personen **weitergeben**, die sie ebenfalls benötigen. Bei dienstplanmäßiger Ablösung ist vor allem auf aktuelle besondere Vorkommnisse hinzuweisen. Zurückhaltung in diesem Zusammenhang, auch wenn sie mit „Datenschutz" begründet wird, beruht auf einem Mißverständnis: Die Arbeit mit Klienten erfordert Informationen über sie.

- Der Betreute ist zu beobachten, zu belehren, aufzuklären und zu leiten. Auf sein Verhalten ist Einfluß zu nehmen.

Pflicht zur Einflußnahme

9.2.1 Pflichten gegenüber ***Minderjährigen***

Die Beurteilung aller Einzelfälle hat von den Grundsätzen auszugehen, die die **Rechtsprechung** für Betreuung und Aufsicht gleichlautend entwickelt hat:

Grundsätze der Recht-sprechung

Der Umfang der gebotenen Aufsicht bestimmt sich nach **Alter**, **Eigenart** und **Charakter** des Kindes, nach der **Vorhersehbarkeit** des schädigenden Verhaltens sowie danach, was den Aufsichtspflichtigen in ihren jeweiligen Verhältnissen zugemutet werden kann, wobei Aufsicht und Überwachung um so intensiver sein müssen, je geringer der **Erziehungserfolg** ist. Da mit zunehmenden Alter eines **normal begabten und entwickelten Kindes** sowohl seine intellektuellen und psychischen Fähigkeiten wie auch seine Möglichkeit zu rationaler Einsicht in Gefahren wachsen, mindern sich entsprechend die Anforderungen an die Aufsichtspflicht. Je älter das Kind wird und je weiter es in seiner Entwicklung fortschreitet, desto weniger kann einer aufsichtsführenden Begleitung eine Aufsicht auf Schritt und Tritt zugemutet werden.

Aufsicht auf Schritt und Tritt

Dieser Maßstab findet aber keine Anwendung auf Kinder, bei denen davon auszugehen ist, daß sie sich den **Belehrungen** der Aufsichtspflichtigen **verschließen**, die Erfahrungen des Lebens mit seinen Gefahren nicht in sich aufnehmen und ihr Verhalten nicht im allgemeinen altersentsprechend danach ausrichten. Bei einer **erheblich verringerten Einsichtsfähigkeit** des Kindes, die es diesem auf Grund einer etwa gegebenen besonderen psychischen Situation nicht gestattet, die Gefährlichkeit seines Handelns zu erkennen und die ihm erteilten Belehrungen und Ermahnungen zu beachten, erfordert der Schutz Dritter eine besondere Überwachung; das gilt insbesondere, wenn eine Neigung des Kindes zu **gefährlichen Streichen** bekannt geworden ist. Besondere Umstände können dazu führen, daß ein solches Kind auch nicht für fünf Minuten allein gelassen werden darf, also einer **Aufsicht „auf Schritt und Tritt"** unterzogen werden muß, mag eine solche auch schwer zu verwirklichen sein (BGH, Urteil vom 18.03.1997).

„Schwierige" Kinder

Geistig retardierte Kinder

An die Aufsichtspflicht bei einem geistig retardierten Kind sind jedenfalls dann **erhöhte Anforderungen** zu stellen, wenn dieses auch schwere Verhaltensstörungen mit ausgeprägter Aggressionsbereitschaft aufweist (BGH, Urteil vom 10.10.1995). Bei schwer erziehbaren Kindern in Heimen wird dies ebenso gesehen. Die bloße Feststellung einer „**Milieuschädigung**“ des Minderjährigen reicht aber noch nicht aus, um den Aufsichtspflichtigen zu einer Überwachung auf Schritt und Tritt zu verpflichten.

„Milieuschädigung“

Berücksichtigung therapeutischer Erwägungen

Die Pflichten sind also dann verschärft, wenn im Einzelfall aus besonderen Gründen Veranlassung dazu besteht. Doch kann ausnahmsweise auch das Gegenteil richtig sein: Eine aufsichtspflichtige Mutter (ähnliches könnte für Heilpädagoginnen gelten) ist für den Schaden, den ihr 13jähriger, geistig und körperlich behinderter Sohn anrichtet, nicht verantwortlich, wenn ihr vonseiten von Fachärzten **aus therapeutischer Sicht** unbeaufsichtigte Spaziergänge des Kindes **empfohlen** worden sind (Landgericht Arnsberg, Urteil vom 05.08.1994). Diese Entscheidung zeigt zumindest, daß therapeutische Erwägungen auch von den Gerichten berücksichtigt werden.

Gefährliche Gegenstände

Um so **strenger** ist die Rechtsprechung allerdings, wenn gefährliche Gegenstände im Spiel sind; hier wird ein Höchstmaß an Überwachung und die **Möglichkeit sofortigen Eingreifens** verlangt.
Bereits diese Ausführungen zeigen, daß immer alle Umstände der jeweiligen Situation zu bedenken sind.

Beispiel

Die **Frage**, ob ein zwölfjähriges Mädchen für eine Stunde allein zum Einkaufen geschickt werden darf, kann **so nicht beantwortet** werden. Es kommt eben auf weitere Punkte an: Eigenart und Charakter (Zuverlässigkeit?) des Mädchens, sein körperliches und seelisches Befinden zur fraglichen Zeit, sein früheres Verhalten in vergleichbarer Situation (Routine im Straßenverkehr? Benehmen im Geschäft?), witterungsangemessene Bekleidung, Länge und Gefährlichkeit des Weges, Ablenkungsgelegenheiten unterwegs, Art und Menge der einzukaufenden Waren usw.

9.2.2 Pflichten gegenüber Volljährigen

Wegen ihres **geistigen oder körperlichen Zustandes** können auch Volljährige der Beaufsichtigung bedürfen (vgl. § 832 I BGB), z.B. Kranke, geistig oder körperlich Behinderte, Epileptiker, Blinde.

Bei **Behinderten** richtet sich der Umfang der Aufsichtspflicht nach deren **Eigenart**. Dabei sind auch Schadenneigungen, Aggressionen und greifbare Anhaltspunkte für eine Drittgefährdung, auch wenn noch nicht erkennbar konkretisiert, zu berücksichtigen. Andererseits ist die Würde des Behinderten, soweit vertretbar, zu wahren.

Behinderte

9.3 Zivilrechtliche Folgen mangelhafter Pflichterfüllung

9.3.1 Allgemeines

Glücklicherweise führt nicht jeder Fehler zu einem Schaden. Nicht jedes unzureichend betreute Kind erleidet gleich einen Unfall. Nicht jeder allzu großzügig beaufsichtigte Jugendliche stellt etwas an. Obwohl in solchen Fällen niemand zu Schaden kommt, kann der Arbeitgeber die Nachlässigkeit als Verstoß gegen die arbeitsvertraglichen Pflichten rügen. Er kann den Heilpädagogen mündlich oder schriftlich **ermahnen** oder schriftlich **abmahnen**, letzteres als ausdrückliche Vorstufe zu einer verhaltensbedingten **Kündigung**.

Reaktionen des Arbeitgebers

Im Folgenden werden Schadensfälle untersucht. Die Verpflichtung, Schadenersatz leisten zu müssen, wird als Haftpflicht bezeichnet. Für den Schädiger gelten zwei Grundsätze:

Folgen von Schadenfällen

- Sein Handeln oder Unterlassen muß für den Schaden **ursächlich** gewesen sein (Kausalität).
- **Keine Haftung ohne Verschulden** (zu den Formen des Verschuldens vgl. IX. 4.2.2).

Grundsätze

Die wichtigste Vorschrift des Schadenersatzrechts enthält das BGB in § 823 I: „Wer vorsätzlich oder fahrlässig das Leben, den Körper, die Gesundheit, die Freiheit, das Eigentum oder ein sonstiges Recht eines anderen widerrechtlich verletzt, ist dem anderen zum Ersatze des daraus entstehenden Schadens verpflichtet."

Schadenersatzpflicht

9.3.2 Schädigung des Betreuten

Der Betreute hat mehrere mögliche Anspruchsgrundlagen:

- Der **Arbeitsvertrag** des Heilpädagogen mit dem Einrichtungsträger entfaltet eine **Schutzwirkung** zu seinen Gunsten. Deshalb kann er – oder sein gesetzlicher Vertreter – bereits auf der Grundlage dieses Vertrages Schadenersatzansprüche erheben.

Haftung aus Vertrag

- Er kann sich auf seinen eigenen Vertrag mit dem **Einrichtungsträger**, der ihm bestmögliche Betreuung schuldet, berufen. Dieser hat ein Verschulden des Heilpädagogen in gleichem Umfang zu vertreten

Haftung aus Vertrag

wie eigenes Verschulden (§ 278 BGB). Das eigene Verhalten des Trägers oder der Einrichtungsleitung spielt hier keine Rolle.

Haftung aus Gesetz

- Er kann den Heilpädagogen, mit dem ihn ja kein Vertrag verbindet, persönlich aus § 823 I BGB wegen schuldhafter und widerrechtlicher Verletzung eines der dort genannten Rechtsgüter unbeschränkt in Anspruch nehmen. Die **unerlaubte Handlung**, die z.B. seinen Körper verletzt hat, kann in einem aktiven Tun oder in einer Unterlassung bestanden haben. Die Widerrechtlichkeit entfällt z.B. bei Notwehr (§ 227 BGB).

Haftung aus Gesetz

- Geht der Schaden des Betreuten auf ein Verschulden des Trägers oder der Einrichtungsleitung zurück, haften ihm diese direkt aus **§ 823 I BGB**. In Betracht kommen Organisationsmängel (z.B. zu wenig Personal für eine Gruppe von Behinderten) und Verletzungen der sogenannten Verkehrssicherungspflicht, die die gefahrlose Benutzung der Einrichtung ermöglichen soll (z.B. fehlende Beleuchtung, ungenügendes Schneeräumen).

Unterschiedliche Rechtsfolgen

Schadenersatzansprüche aus Vertrag und aus Gesetz (wegen unerlaubter Handlung; § 823 BGB) können **nebeneinander** bestehen. Praktisch bedeutsam ist dies im Hinblick auf den nur bei unerlaubter Handlung gegebenen **Schmerzensgeldanspruch** (§ 847 BGB) und die verschiedene Regelung der **Verjährung**: 3 Jahre bei unerlaubter Handlung (§ 852 BGB); 30 Jahre bei Vertragsverletzung (§ 195 BGB).

9.3.3 Schädigung Dritter durch den Aufsichtsbedürftigen

Haftung des Aufsichtspflichtigen

- Jeder „Dritte" (ein anderer Betreuter, aber auch Außenstehende), der durch einen Aufsichtsbedürftigen geschädigt wurde, kann seinen Schaden unter Hinweis auf **§ 832 BGB** ersetzt verlangen:

gesetzlicher Wortlaut

„Wer ... zur Führung der Aufsicht über eine Person verpflichtet ist, die wegen Minderjährigkeit oder wegen ihres geistigen oder körperlichen Zustandes der Beaufsichtigung bedarf, ist zum Ersatze des Schadens verpflichtet, den diese Person einem Dritten widerrechtlich zufügt. Die Ersatzpflicht tritt nicht ein, wenn er seiner Aufsichtspflicht genügt oder wenn der Schaden auch bei gehöriger Aufsichtsführung entstanden sein würde."

Konzeption der Norm

Das heißt: Das Gesetz unterstellt dem aufsichtspflichtigen Heilpädagogen unzureichende Aufsichtsführung. Diese **Vermutung** zu seinen Lasten kann er aber zweifach **widerlegen** – indem er nachweist, daß er alles richtig (vgl. oben 9.2) gemacht hat oder daß der Schaden auch dann entstanden wäre, wenn er alles richtig gemacht hätte. Gelingt ihm dieser Nachweis, haftet er nicht.

- Der Dritte kann aber auch den Träger der Einrichtung auf Schadenersatz in Anspruch nehmen (**§ 831 I BGB**). Schließlich hat der Träger einigen Einfluß darauf, ob bzw. wie seine Mitarbeiter den ihnen auferlegten Aufsichtspflichten nachkommen. — Haftung des Trägers

  Auch hier wird vom Gesetz ein Verschulden unterstellt, diesmal zu Lasten des Trägers. Auch er kann diese **Vermutung widerlegen** und sich entlasten, indem er nachweist, daß er bei der **Auswahl** und der **Überwachung** des Heilpädagogen mit der nötigen Sorgfalt vorgegangen ist. Der Träger haftet auch dann nicht, wenn seine diesbezügliche Sorgfalt den Schaden nicht verhindert hätte. — Konzeption der Norm

- Der Dritte kann natürlich auch **direkt** gegen den Aufsichtsbedürftigen vorgehen, der den Schaden angerichtet hat. Die Erfolgsaussichten müssen sich an den §§ 827, 828 BGB messen lassen, die die Verantwortlichkeit sowohl von Behinderten als auch von Minderjährigen begrenzen. — Haftung des Aufsichtsbedürftigen

  Es kann vorkommen, daß der aufsichtspflichtige Heilpädagoge und der Aufsichtsbedürftige **nebeneinander verantwortlich** sind. In diesen Fällen kann sich der geschädigte Dritte aussuchen, welchen der beiden er in Anspruch nimmt (§§ 840 II, 421 BGB). Bittet er den **Heilpädagogen** zur Kasse, muß dieser zahlen, kann aber den ganzen Betrag vom Aufsichtsbedürftigen **zurückfordern**. — Haftung mehrerer

- In allen Fällen reduziert sich der Schadenersatzanspruch des Dritten anteilig, wenn bei der Entstehung des Schadens ein Verschulden seinerseits mitgewirkt hat (§ 254 I BGB). — Mitverschulden

9.3.4 Freistellungsanspruch gegen den Arbeitgeber

> *Fall*
>
> Eine Heilpädagogin arbeitet in einer **Klinik für Kinder- und Jugendpsychiatrie**. An einem ihr ruhig erscheinenden Abend läßt sie – wegen privater Erledigungen – ihre weiblichen Patienten entgegen der Absprache mit der Leitung für eine Stunde allein. Während ihrer Abwesenheit geraten zwei 16jährige Mädchen in Streit miteinander, der zunächst lautstark verbal ausgetragen wird und dann in eine Rangelei übergeht, die an der Zimmertüre mit schmerzhafter **Quetschung zweier Finger** endet, wobei der genaue Hergang unaufklärbar bleibt. Einigkeit besteht nur darüber, daß die Heilpädagogin im Falle ihrer Anwesenheit zumindest die Verletzung des Mädchens hätte verhindern können.

Sachverhalt

Forderung gegen die Heilpädagogin

Einige Zeit später erhält die Heilpädagogin zwei Briefe. Zum einen verlangen die Eltern des verletzten Mädchens von ihr ein **Schmerzensgeld** in Höhe von DM 1000,-. Zum anderen soll sie DM 800,- an den Unfallversicherungsträger (UVT) zahlen, der diesen Betrag für die **ärztliche Behandlung** der Unfallfolgen aufwenden mußte.

Lösung

1. Der **Schmerzensgeldanspruch** setzt eine unerlaubte Handlung voraus, die zu einer Körperverletzung geführt hat (§§ 823 I, 847 BGB).

Begriff der Handlung

Widerrechtlichkeit

Kein Problem ist die Feststellung, daß eine Körperverletzung eingetreten ist. Eine Handlung im Rechtssinne liegt nicht nur dann vor, wenn jemand etwas aktiv tut, sondern auch dann, wenn jemand etwas nicht tut, was er rechtlich tun müßte (**Unterlassen**). So ist es hier: Die Heilpädagogin hätte sich um ihre Patienten kümmern müssen; dies hat sie 60 Minuten lang nicht getan. Ihr Verhalten war auch die **Ursache** für die Körperverletzung: Wäre sie auf der Station geblieben, hätte sie rechtzeitig eingreifen können. Sie hatte für das Verlassen der Station und das damit verbundene Unterlassen der Betreuung auch keinerlei Erlaubnis oder rechtfertigenden Grund; sie handelte also widerrechtlich.

Verschulden

Fahrlässigkeit

Vorhersehbarkeit

Zum Verschulden: Zu Gunsten der Heilpädagogin wird unterstellt, daß sie die Körperverletzung weder gewollt noch in Kauf genommen hat; letzteres würde genügen, um (bedingten) Vorsatz anzunehmen. Den Vorwurf, **fahrlässig** gehandelt zu haben, kann man ihr hingegen nicht ersparen: Eine sorgfältig handelnde Heilpädagogin (objektiver Maßstab!) hätte private Angelegenheiten außerhalb des Dienstes erledigt und die Patienten nicht eine Stunde lang sich selbst überlassen. Voraussetzung der Fahrlässigkeit ist die allgemeine Vorhersehbarkeit der Gefahr. Um dies prüfen zu können, ist natürlich immer die Kenntnis der **Umstände des Einzelfalles** vonnöten. Jedoch reicht es nach Ansicht des BGH aus, daß die „nicht ganz fern liegende Möglichkeit einer Schädigung besteht"; der BGH verlangt auch nicht, daß der konkrete Ablauf der Ereignisse in seinen Einzelheiten vorhersehbar war. **Entscheidend** ist hier, daß auf einer solchen Station stets mit plötzlich auftretenden Auseinandersetzungen und unbedachten gefährlichen Verhaltensweisen der Patienten zu rechnen ist, daß die Heilpädagogin dies wußte und deshalb zumindest die gefährliche Zuspitzung des Streits hätte vermeiden können und müssen. Im **Ergebnis** ist die Heilpädagogin nach § 823 I BGB zum Schadenersatz verpflichtet. Die Fingerquetschung ist keine Bagatelle, so daß in der Tat **Schmerzensgeld** verlangt werden kann (§ 847 BGB). Der verlangte Betrag erscheint nicht überhöht.

Umfang des Ersatzanspruchs

2. Die **Kosten**, die durch die **Behandlung** der verletzten Finger entstanden sind, gehören als typische Folge dieser Körperverletzung zum ersatzpflichtigen Schaden. Anspruchsgrundlage gegenüber der Heilpädagogin auch hier: § 823 I BGB; Begründung wie oben.

Übergang des Anspruchs

Die Tatsache, daß das verletzte Mädchen diese Kosten nicht selbst bezahlen mußte, vernichtet seinen Anspruch nicht. Vielmehr geht der Anspruch des Mädchens auf den UVT über, soweit dieser auf Grund des Unfalls Leistungen zu erbringen hat (§ 116 I SGB X).

Freistellungsanspruch

3. Freistellungsanspruch: Die Heilpädagogin hat also Schulden in Höhe von DM 1800,--. Die Frage, ob ihr **Arbeitgeber** sie von diesen Schulden (durch Zahlung) **befreien** muß, hängt davon ab, **ob er selbst** dem Mädchen bzw. dem UVT **haftet**. Nur wenn dies der Fall ist, kann die Heilpädagogin vom Arbeitgeber verlangen, daß er den Schaden übernimmt.

Haftung des Trägers aus Vertrag

a) In der Fingerquetschung liegt nicht nur eine unerlaubte Handlung der Heilpädagogin, sondern auch eine unzureichende Erfüllung des Vertrages, den das Mädchen bzw. seine Eltern mit dem Klinikträger abgeschlossen haben. Dieser **Vertrag** verpflichtet den Klinikträger (u.a.) gerade dazu, Vorfälle wie den geschehenen mit geeignetem Personal zu verhindern. Das oben festgestellte **Verschulden seiner Mitarbeiterin** wird dem Träger gem. § 278 BGB wie eigenes **zugerechnet**, so daß der UVT die 800,- DM anstelle der Heilpädagogin auch dem Klinikträger in Rechnung stellen könnte.

Verhältnis Arbeitgeber - Heilpädagogin

Der UVT kann sich aussuchen, welchen der beiden er in Anspruch nimmt. **Heilpädagogin** und **Arbeitgeber** haften ihm gegenüber als **„Gesamtschuldner“** (§ 421 BGB). Nur wo dies der Fall ist, erlangt der Arbeitnehmer im Innenverhältnis zum Arbeitgeber einen Freistellungsanspruch von der Haftung; hinsichtlich des **Umfangs** tut die Rechtsprechung so, als habe der Arbeitnehmer den Arbeitgeber direkt geschädigt. Dies bedeutet zumindest für den Bereich von BAT bzw. AVR (vgl. IX. 4.2.2): Wenn man die Fahrlässigkeit der Heilpädagogin nicht als grobe ansieht, kann sie verlangen, daß ihr Arbeitgeber die Behandlungskosten erstattet.

b) Beim **Schmerzensgeld** sieht es möglicherweise anders aus. Der Schmerzensgeldanspruch erwächst nicht aus einer Vertragsverlet-

Haftung des Trägers aus Gesetz

zung, sondern ausschließlich aus verbotenem Tun, sprich aus **unerlaubter Handlung**. Zwar hat die Heilpädagogin eine solche begangen; ihr Arbeitgeber kann hierfür jedoch nur dann zur Rechenschaft gezogen werden, wenn er seine Mitarbeiterin nicht mit der nötigen Sorgfalt ausgewählt und überwacht hat (§ 831 I BGB). Falls der Arbeitgeber nachweist, daß er die Befähigung der Heilpädagogin (Kenntnisse, Erfahrung, Zuverlässigkeit) regelmäßig geprüft hat, kann er sich **entlasten**. Das heißt, daß er den Eltern kein Schmerzensgeld zahlen muß. Diesbezüglich bleibt die Heilpädagogin die alleinige Schuldnerin. An dieser Tatsache würde dann der Freistellungsanspruch scheitern mit der **Folge**, daß die Heilpädagogin das Schmerzensgeld selbst bezahlen müßte.

Entlastungsmöglichkeit des Arbeitgebers

9.4 Haftpflichtversicherung

Die in diesem Kapitel behandelten Fragen offenbaren die Notwendigkeit, für ausreichenden Versicherungsschutz zu sorgen. Meistens hat der Arbeitgeber dies mit dem Abschluß einer Betriebshaftpflichtversicherung auf eigene Kosten bereits getan. Zu klären ist jedoch stets der genaue **Deckungsbereich** einer solchen Versicherung.

Gegenstand der Versicherung

Gegenstand jeder Haftpflichtversicherung ist, dem Versicherungsnehmer Versicherungsschutz für den Fall zu gewähren, daß er wegen eines Schadenereignisses, das Personen- oder Sachschaden zur Folge hatte, für diese Folgen auf Grund **gesetzlicher Haftpflichtbestimmungen** von einem **Dritten** auf Schadenersatz in Anspruch genommen wird. Versicherungsnehmer ist dabei derjenige, der den Versicherungsvertrag abschließt. Es wäre nun ziemlich verfehlt, wenn der Arbeitgeber als Versicherungsnehmer nur sein eigenes Haftungsrisiko versichern würde. Jeder vernünftige Arbeitgeber bezieht seine **Mitarbeiter** vertraglich in den Versicherungsschutz ein; so werden diese zu „mitversicherten Personen". Ist dies geschehen, dann sind **Schadenersatzansprüche** von Klienten, Patienten, Schülern, Betreuten usw. ebenso wie von außenstehenden Dritten, z.B. aus § 823 BGB (gesetzliche Haftpflichtbestimmung!) **abgedeckt**. Damit muß der Versicherer – nicht mehr der Arbeitgeber wie im Fall unter IX. 9.3.4 – den Arbeitnehmer von seinen möglichen Haftpflicht-Schulden befreien.

Versicherungsnehmer

Mitversicherte Personen

Risiken

Schadenrisiken aus den Beziehungen zum Arbeitgeber (z.B. Verlust von Schlüsseln) oder zu Kollegen können zumindest teilweise in den Versicherungsschutz eingeschlossen werden. Diesbezüglich wird allerdings häufig vereinbart, daß sich der Schädiger an den Schadenfolgen zu beteiligen hat (sogenannte **Selbstbeteiligung**).

Haftungsausschluß

Wichtig ist, daß der Versicherer nur dann nicht haftet, wenn der Versicherungsfall vorsätzlich herbeigeführt wurde (§ 152 Versicherungsvertragsgesetz).

Leistungsumfang

Die Leistungspflicht des Versicherers umfaßt die Prüfung der Haftpflichtfrage, die **Befriedigung** begründeter und die **Abwehr** unberechtigter Ansprüche. Der Versicherer trägt also auch die Kosten eines möglichen Schadenersatzprozesses. Die Bearbeitung von Schadenfällen muß demzufolge dem Versicherer überlassen werden. Ohne seine vorherige Zustimmung dürfen Ansprüche von Geschädigten weder anerkannt noch befriedigt werden.

Klärungsbedarf

Das BAG hat bisher offen gelassen, ob Arbeitgeber generell zum Abschluß von Betriebshaftpflichtversicherungen verpflichtet sind. Deshalb sollte sich jeder Heilpädagoge bei seinem Arbeitgeber frühzeitig nach Umfang und Reichweite des Versicherungsschutzes **erkundigen**. Nach den Erfahrungen der Autoren führt der Abschluß einer (zusätzlichen) privaten Berufshaftpflichtversicherung in vielen Fällen zu einer unnötigen Doppelversicherung.

10. Recht der Beratung und Therapie

Beratung ist, bei vielen Zielgruppen, eine Form heilpädagogischer Arbeit. Rechtsfragen tauchen (auch hier) oft erst dann auf, wenn etwas schief gegangen oder gar ein Schaden entstanden ist.

10.1 Zivilrechtliche Haftung für fehlerhafte Beratung

Regel und Ausnahmen

Wer einem anderen einen **Rat** oder eine **Empfehlung** erteilt, ist zum Ersatz des aus der Befolgung des Rates oder der Empfehlung entstehenden Schadens nicht verpflichtet (§ 675 II BGB; bis zum 13.08.1999: § 676 BGB). Diese Grundregel wird durch das Gesetz an gleicher Stelle eingeschränkt: Aus einem Vertragsverhältnis, einer unerlaubten Handlung oder einer sonstigen gesetzlichen Bestimmung kann sich sehr wohl eine **Verantwortlichkeit** ergeben:

Haftung aus Vertrag

- Denkbar ist ein Vertrag (zum Begriff: IX. 3.1), gerichtet auf Beratung als Hauptleistung. Ob die Beratung entgeltlich oder unentgeltlich erfolgt, ist ohne Bedeutung. In Frage kommt hier die **Erziehungsberatung** nach § 28 SGB VIII. Diese stellt zwar eine Sozialleistung dar;

durch die Inanspruchnahme einer Einrichtung oder eines Dienstes eines Trägers der freien Jugendhilfe wird jedoch ein privatrechtliches Schuldverhältnis begründet.

Vertragliche Nebenpflichten

- Aufklärung und Auskunft sind häufig Nebenpflichten im Rahmen eines anderen Vertrages, z.B. eines **Heim- oder Betreuungsvertrages**, der bewirkt, daß sich die Beteiligten eben nicht mehr unverbindlich gegenüberstehen. Wenn die Beratung nebenher freiwillig übernommen wird, kann sich aus einem solchen Vertrag auch die Pflicht zur Gewissenhaftigkeit ergeben.

Vertragliches Verhältnis

- Auch ohne ein auf Beratung gerichtetes Vertragsverhältnis besteht, falls Rat oder Auskunft gegeben wird, eine Verpflichtung zu gewissenhafter Erteilung dann, wenn zwischen den Beteiligten eine längere beruflich bedingte Verbindung besteht, aus der ein **Vertrauensverhältnis** entstanden ist.

Unerlaubte Handlung

- Liegt keiner der genannten Fälle vor, so haftet der Rat- oder Auskunftgeber nur ausnahmsweise kraft Gesetzes: Die §§ 823ff. BGB greifen vor allem bei wissentlich falscher Beratung ein. Aber auch bei nichtwissentlich falscher, aber **leichtfertiger** Raterteilung kann sich eine Haftung ergeben.

Schadenersatz

Zu ersetzen ist der Schaden, der **durch das Vertrauen** auf die Richtigkeit und Vollständigkeit der Auskunft **entstanden** ist. Der Empfänger der Auskunft ist so zu stellen, wie er bei pflichtgemäßem Verhalten des Beraters stehen würde. Sein Problem wird aber sein, daß er sowohl den Ursachenzusammenhang zwischen Falschberatung und Schaden als auch das Verschulden des Beraters beweisen muß.

Beispiel

Eine Mitarbeiterin einer Heilpädagogischen Tagesstätte rät Eltern, ihren Sohn in ein Heim zu geben. So geschieht es. Viele Jahre später – die Verjährung beträgt 30 Jahre – verlangt ein mittlerweile erwachsener Mann (das Ex-Heimkind) einen größeren Geldbetrag mit der Begründung, wegen der „Heimkarriere“ sei er statt Architekt „nur“ Maurer geworden.

Der Beweis, daß gerade der lange zurückliegende Rat, ihn ins Heim zu geben, für die beruflichen Nachteile ursächlich war, wird kaum gelingen. Schließlich beruhen die im Laufe des Lebens eintretenden Ereignisse so gut wie nie auf einer einzigen Ursache. Fehlt es bereits am **Ursachenzusammenhang**, muß das **Verschulden** der Mitarbeiterin nicht mehr geprüft werden.

Der **Heilpädagoge**, der sich als Mitarbeiter einer Einrichtung um Beratung für die ihm anvertrauten Personen bemüht, muß und kann diese nicht immer selbst durchführen. Er darf (und sollte manchmal) seine Klienten an Stellen weiter **verweisen**, die ihrerseits Beratung schulden.

Anspruch auf Beratung

Denn **jeder** hat Anspruch auf Beratung über seine Rechte und Pflichten nach dem Sozialgesetzbuch. Zuständig hierfür sind die Leistungsträger, denen gegenüber die Rechte geltend zu machen oder die Pflichten zu erfüllen sind (§ 14 SGB I). Leistungsträger ist die für die jeweilige Sozialleistung zuständige Körperschaft, Anstalt oder Behörde (§ 12 SGB I).

Leistungsträger

In Fällen, in denen der Klient sich scheut oder nicht in der Lage ist, diese Beratung in Anspruch zu nehmen, kann der Heilpädagoge **stellvertretend** für ihn die Beratung entgegennehmen. Die Tatsache, daß Ansprüche auf Dienstleistungen – und die Beratung ist eine solche – nicht übertragen werden können (§ 53 I SGB I), steht dem nicht entgegen.

Anspruch auf Auskunft

Der sozialrechtliche Beratungsanspruch wird ergänzt durch ein Recht auf Auskunft: Die nach Landesrecht zuständigen Stellen, die Träger der gesetzlichen Krankenversicherung und der sozialen Pflegeversicherung sind verpflichtet, über **alle sozialen Angelegenheiten** nach dem Sozialgesetzbuch Auskünfte zu erteilen. Die Auskunftspflicht erstreckt sich auf die Benennung der für die Sozialleistungen zuständigen Leistungsträger sowie auf alle **Sach- und Rechtsfragen**, die für die Auskunftsuchenden von Bedeutung sein können und zu deren Beantwortung die Auskunftsstelle im Stande ist (§ 15 SGB I).

Beratung und Arbeitsförderung

Neben diesen Ansprüchen aus dem Ersten Buch (Allgemeiner Teil) des SGB enthalten dessen weitere Bücher zum Teil spezielle Beratungsverpflichtungen der Leistungsträger. So haben beispielsweise die **Arbeitsämter** Berufsberatung anzubieten und Berufsorientierung zu betreiben (§§ 29ff. SGB III).

Beratung und Jugendhilfe

Die **Jugendämter** wiederum müssen sich um Kinder und Jugendliche kümmern, die das Recht haben, sich **in allen Angelegenheiten der Erziehung und Entwicklung** dorthin zu wenden. Kinder und Jugendliche können ohne Kenntnis des Personensorgeberechtigten beraten werden, wenn die Beratung auf Grund einer Not- und Konfliktlage erforderlich ist und solange durch die Mitteilung an den Personensorgeberechtigten der Beratungszweck vereitelt würde (§ 8 SGB VIII).

Beratung bei eigenem Beschwerderecht

Soweit Jugendliche bei Maßnahmen des Vormundschafts- bzw. Familiengerichts ein eigenes Beschwerderecht haben (§ 59 FGG) können sie auch **unabhängig von den Personensorgeberechtigten** beraten werden. Dies gilt beispielsweise bei folgenden Verfahren:

Recht des nichtsorgeberechtigten Elternteils zum persönlichen Umgang (§ 1684 BGB), Gefährdung des Kindeswohls (§ 1666 BGB) und Regelung der elterlichen Sorge nach Trennung der Eltern bei bisheriger gemeinsamer elterlicher Sorge (§ 1671 BGB).

Beratung in Fragen der Partnerschaft, Trennung und Scheidung

Auch Mütter und Väter haben im Rahmen der Jugendhilfe **verschiedene Beratungsansprüche**: Zum einen in Fragen der Partnerschaft, wenn sie für ein Kind oder einen Jugendlichen zu sorgen haben oder tatsächlich sorgen (§ 17 I SGB VIII). Im Falle der Trennung oder Scheidung sind Eltern bei der Entwicklung eines einvernehmlichen Konzepts für die Wahrnehmung der elterlichen Sorge zu unterstützen (§ 17 II SGB VIII).

Beratung bei der Ausübung der Personensorge

Zum anderen haben Mütter und Väter, die allein für ein Kind oder einen Jugendlichen zu sorgen haben oder tatsächlich sorgen, Anspruch auf Beratung und Unterstützung bei der Ausübung der Personensorge **einschließlich** der Geltendmachung von **Unterhaltsansprüchen** des Kindes oder Jugendlichen (§ 18 SGB VIII).

Beratung nach dem BSHG

Finanzielle Aspekte greift auch das Beratungsangebot des Bundessozialhilfegesetzes auf: Die Vermeidung und Überwindung von Lebenslagen, in denen Leistungen der Hilfe zum Lebensunterhalt erforderlich oder zu erwarten sind, soll durch die Beratung und Unterstützung gefördert werden; dazu gehört auch der Hinweis auf das Beratungsangebot von Verbänden der Freien Wohlfahrtspflege und von sonstigen Stellen (z.B. **Schuldnerberatungsstellen**; angemessene Kosten dieser externen Beratung soll bzw. kann das Sozialamt übernehmen; § 17 BSHG).

10.3 Recht der Therapie

Therapeutische Angebote

Bei jungen Menschen und Behinderten aller Altersstufen sind oft therapeutische Angebote in vielfältigen Formen notwendig. Zum Beispiel umfaßt nach dem Willen des Gesetzgebers die Hilfe zur Erziehung die Gewährung **pädagogischer und damit verbundener therapeutischer Leistungen** (§ 27 III SGB VIII).

Therapie und Pädagogik

Vor allem in der Erziehungsberatung, aber auch in der Heimerziehung, gehören therapeutische Verfahren zum Leistungsangebot. Der Einsatz von Therapien wird hier jedoch durch die primär pädagogische Zielsetzung bestimmt. Der pädagogische Prozeß soll **durch therapeutische Leistungen unterstützt**, gefördert und im Extremfall (wieder) ermöglicht werden. Neben psychotherapeutischen Leistungen kommen vor allem Beschäftigungs-, Kunst-, Gestaltungs-, Bewegungs- und Musiktherapie oder körperorientierte Verfahren in Betracht.

Psychotherapeutengesetz

Pädagogisch-therapeutische Leistungen der Jugendhilfe fallen nicht unter das Psychotherapeutengesetz. Andererseits sind Therapien, bei denen die Heilung oder die Linderung somatischer oder psychischer **Störungen mit Krankheitswert** im Vordergrund steht, nicht Leistungsbestandteil der Hilfe zur Erziehung.

Kein „Erfolg", sondern Dienste

Für die rechtliche Einordnung therapeutischer Leistungen ist ausschlaggebend, daß der Heilpädagoge, der sie erbringt, in aller Regel kein bestimmtes Ergebnis („Erfolg") schuldet. Die Annahme, mit der Therapie jeweils ein ganz bestimmtes Ergebnis erreichen zu müssen, wäre unrealistisch. Somit ist hinsichtlich der an therapeutische Leistungen zu stellenden Anforderungen im Verhältnis zum Leistungsempfänger rechtlich von den Regeln des **Dienstvertrags** auszugehen.

Therapiefreiheit

Therapiestandards

Grundlage ist, wie bei Ärzten, die Therapiefreiheit, die zugleich Methodenfreiheit bedeutet. Allerdings darf weder ein Arzt noch ein Heilpädagoge sich ohne weiteres über Erfahrungen und gesicherte Erkenntnis der **Wissenschaft** hinwegsetzen und von **Therapiestandards** abweichen. Für ein schuldhaftes Unterschreiten der Standards hat der Heilpädagoge haftungsrechtlich einzustehen. Grundsätzlich kann der Hilfeempfänger optimale **Therapiebedingungen** und nach neuesten Methoden arbeitende Helfer erwarten. Jedoch werden den Qualitätsanforderungen durch Finanzierbarkeit und Wirtschaftlichkeit Grenzen gezogen.

Prinzip des „sichersten Weges"

Trotz Therapiefreiheit ist immer das Prinzip des „sichersten Weges" zu beachten. Der Inhalt des Dienstvertrages und damit die konkrete Ausgestaltung der Therapie orientieren sich richtigerweise am **Interesse des Hilfeempfängers**. Es ist in erster Linie darauf gerichtet, von Schädigung, Einschränkung und Benachteiligung befreit zu werden, und zwar auf dem sichersten und gefahrlosesten therapeutischen Weg.

Beispiel

Kinder sollen lernen, Vertrauen zu entwickeln und sich führen zu lassen. Zu diesem erzieherisch-therapeutischen Zweck verbindet ihnen eine Heilpädagogin die Augen. Die Kinder stellen sich hintereinander auf, strecken den rechten Arm nach vorne aus und legen die Hand auf die Schulter des Vorderkindes. Die von der Heilpädagogin sehenden Auges angeführte Reihe setzt sich langsam in Bewegung. Soweit, so gut. Es soll aber leider vorgekommen sein, daß diese Übung auf einem schmalen Steg ausgeführt wurde und ein Kind sich beim Sturz in den Bach verletzte.

Die Mitarbeit in einer Betreuungseinrichtung bringt den **Heilpädagogen** gelegentlich in Situationen, in denen der ihm anvertraute Mensch rechtlichen Rat benötigt. Der Umstand, daß er ihn oft gar nicht geben kann, hat meist die gebotene **Zurückhaltung** zur Folge; geboten deshalb, weil falsche Beratung häufig Schadenersatzpflichten begründet (vgl. IX. 10.1).

Die weitere Frage ist, ob der Heilpädagoge rechtlichen Rat geben dürfte. Sie ist anhand des Rechtsberatungsgesetzes (RBerG) zu beantworten.

Rechtsberatungsgesetz

Nach § 1 RBerG darf die Besorgung fremder Rechtsangelegenheiten einschließlich der Rechtsberatung **geschäftsmäßig** – ohne Unterschied zwischen entgeltlicher und unentgeltlicher Tätigkeit – nur von Personen betrieben werden, denen dazu eine **Erlaubnis** erteilt ist. Die **Rechtsberatung** ist also eine Unterform der **Rechtsbesorgung**.

Fremde Rechtsangelegenheit

Erlaubnispflichtig nach dem Rechtsberatungsgesetz ist nur die Besorgung fremder Rechtsangelegenheiten; die Erledigung eigener Rechtsangelegenheiten ist grundsätzlich erlaubt.

Rechtsbesorgung

Unter die Besorgung einer fremden Rechtsangelegenheit fällt jede Tätigkeit, die auf die unmittelbare Förderung konkreter fremder Rechtsangelegenheiten gerichtet ist, ohne Rücksicht auf den Schwierigkeitsgrad der zu besorgenden Angelegenheit.

Rechtsberatung

Unter Rechtsberatung versteht man die (schriftliche oder mündliche) Unterrichtung des Rechtsuchenden über die **Rechtslage in einem Einzelfall** gleich auf welchem Rechtsgebiet und über die zu ergreifenden Maßnahmen bei der Durchsetzung seiner Rechte, sowie das Entwerfen von Eingaben an Gerichte und Behörden, von Mahnschreiben und Verträgen.

Erlaubnispflicht und soziale Angelegenheiten

Die Erlaubnispflicht besteht nur für die geschäftsmäßige Besorgung. Unentgeltliche soziale Hilfeleistungen werden durch das Gesetz hingegen nicht berührt. Diesbezüglich können sich Heilpädagogen und ihre Arbeitgeber auf eine Stellungnahme des **Bundesministeriums der Justiz** (Bundestags-Drucksache 12/Nr. 1957) berufen, in der es heißt, „daß eine Rechtsberatung, die untrennbar verbunden ist mit einer im **Vordergrund** stehenden **Erledigung einer sozialen Angelegenheit**, welche ohne diese Rechtsberatung nicht vollständig oder nicht wirksam durchgeführt werden könnte, nicht von der Erlaubnispflicht erfaßt sein soll. Bei der Beratung in einer sozialen Angelegenheit darf auch auf Rechtsfragen aus sonstigen Gebieten eingegangen werden, wenn dies notwendig ist.“

Vertretung im Einzelfall

Die Geschäftsmäßigkeit entfällt auch bei Vertretung lediglich im Einzelfall, z.B. bei Stellung eines **Antrags auf Sozialleistung**. Da solche Erledigungen aber nicht zum typischen Spektrum der arbeitsvertraglich vereinbarten Tätigkeiten gehören, muß der Arbeitgeber damit einverstanden sein.

Schriftliche Vollmacht

Es ist zweckmäßig, sich in wichtigen Fällen eine schriftliche Vollmacht erteilen zu lassen. Ein **einseitiges Rechtsgeschäft** ist unwirksam, wenn der Bevollmächtigte eine Vollmachtsurkunde nicht vorlegt und der andere das Rechtsgeschäft aus diesem Grunde unverzüglich zurückweist (§ 174 BGB).

Nachweis der Vollmacht

Im Verwaltungsverfahren nach dem Sozialgesetzbuch hat der Bevollmächtigte auf Verlangen seine Vollmacht schriftlich nachzuweisen (§ 13 I SGB X). Dies ist dann nicht nötig, wenn sich die **Vertretungsbefugnis aus einem Gesetz** ergibt. Beispielsweise sind Heilpädagogen, die im Rahmen der Heimerziehung die Erziehung und Betreuung eines Kindes übernommen haben, befugt, Sozialleistungen aller Art für den Minderjährigen geltend zu machen und zu verwalten (§ 1688 BGB).

12. Allgemeines Persönlichkeitsrecht, Geheimhaltung und Datenschutz

12.1 Einführung

Hier geht es um Fragen, die im Mittelpunkt heilpädagogischer Arbeit stehen. Der Erfolg dieser Arbeit hängt naturgemäß stark von der Beziehung ab, die den Heilpädagogen mit dem Subjekt seiner Arbeit verbindet. Diese Beziehung von Mensch zu Mensch kann ohne Vertrauen nicht gelingen. **Vertrauen muß geschützt werden**. Diesem Schutz dienen Rechtsvorschriften aus unterschiedlichen Bereichen, die sich leider nicht immer nahtlos ergänzen. Die Schwierigkeit besteht auch hier darin, aus der Fülle der Vorschriften die „passende" herauszufinden.

12.2 Allgemeines Persönlichkeitsrecht

Grundlage und Gegenstand

Wer sich wie Heilpädagogen mit den Problemkreisen Geheimhaltung und Datenschutz zu befassen hat, dem kann nur empfohlen werden, bevor er sich in gesetzliche Einzelheiten verliert, sich (immer wieder) den Kern der Materie klar zu machen: Die **Grundrechte** des Grundgesetzes. Aus der **Menschenwürde** (Art. 1 I GG) und aus dem Grundrecht der allgemeinen **Handlungsfreiheit** (Art. 2 I GG) hat das Bundesverfassungsgericht das allgemeine Persönlichkeitsrecht abgeleitet. Es ist ein umfassendes Recht auf Achtung und Entfaltung der Persönlichkeit.

Geschützte Sphären

Die vom allgemeinen Persönlichkeitsrecht geschützten Sphären lassen sich wie folgt unterteilen:

Individualsphäre

- Die Individualsphäre schützt das **Selbstbestimmungsrecht** und bewahrt die **persönliche Eigenart** des Menschen in seinen Beziehungen zur Umwelt, seinem öffentlichen, wirtschaftlichen und beruflichen Wirken.

Privatsphäre

- Die Privatsphäre umfaßt das Leben im häuslichen Bereich oder Familienkreis und das sonstige **Privatleben**.

Intimsphäre

- Die Intimsphäre umfaßt die **innere** Gedanken- und Gefühlswelt mit ihren **äußeren** Erscheinungsformen wie vertraulichen Briefen, Tagebuchaufzeichnungen sowie die Angelegenheiten, für die ihrer Natur nach Anspruch auf Geheimhaltung besteht, z.B. Gesundheitszustand, Einzelheiten über Sexualleben. Die Intimsphäre genießt grundsätzlich **absoluten** Persönlichkeitsschutz.

Verletzungshandlung

Untersagt ist die widerrechtliche **Beeinträchtigung** dieser Sphären, also jeder Eingriff zum Nachteil der Person. Die Widerrechtlichkeit kann durch Rechtfertigungsgründe ausgeschlossen sein. Als solche kommen in Betracht:

Rechtfertigungsgründe

- Eigenes Recht des „Täters" zum Handeln (z.B. das Recht des Heilpädagogen, bei bestimmten Formen der Jugendhilfe in Angelegenheiten des täglichen Lebens zu entscheiden und solche Entscheidungen, z.B. freiheitsbeschränkende Maßnahmen durchzusetzen; §§ 1688, 1631 BGB).

Notwehr

- Notwehr; das ist diejenige **Verteidigung**, die erforderlich ist, um einen gegenwärtigen rechtswidrigen **Angriff** von sich oder einem anderen abzuwenden (§ 227 BGB).

Gesetzliche Verfahren

- Einleitung eines gesetzlichen Verfahrens (ein **Strafantrag**, z.B. wegen Beleidigung, führt u.U. zur Bestrafung des Täters und damit zu einer Beeinträchtigung seiner Privatsphäre. Der Antrag ist dennoch rechtmäßig; schließlich ist Selbstjustiz verboten. Voraussetzung: Der Antragsteller war redlich, gutgläubig und hat nicht bewußt oder leichtfertig unwahre Behauptungen aufgestellt.).

Einwilligung

- Einwilligung des Betroffenen. Dies ist der wichtigste Rechtfertigungsgrund bei heilpädagogischer Arbeit.

Veröffentlichung von Fotografien

Fall

Eine große Behinderteneinrichtung will die Kontakte zur Bevölkerung verbessern und bereitet einen „Tag der offenen Tür" vor. Zu

Reklame- und Informationszwecken werden einige hundert Broschüren hergestellt, die **Fotografien** beinhalten, auf denen **Behinderte** abgebildet sind.

Lösung

Recht am eigenen Bild

Zum allgemeinen Persönlichkeitsrecht gehört das Recht am eigenen Bild. Der Abgebildete hat das Recht, zu bestimmen, was mit „seinem" Foto geschehen soll. Er kann die Veröffentlichung erlauben, muß es aber nicht. Das Selbstbestimmungsrecht erfordert, ihm Gelegenheit zur Äußerung zu geben. Damit seine Er**klär**ung Gewicht bekommen kann, ist der Betroffene zuvor aufzu**klären.** Er muß also erfahren, um welches Foto es sich handelt, in welcher Größe und Anzahl, an welcher Stelle, zu welchem Zweck es veröffentlicht werden soll.

Im übrigen kann das gezielte Fotografieren einer Person auch ohne Verbreitungsabsicht eine rechtswidrige Persönlichkeitsrechtsverletzung sein.

Widerrechtlichkeit

Die Feststellung, daß jemand in seiner Persönlichkeit verletzt ist, reicht für sich nicht aus, um die Rechtswidrigkeit zu bejahen. Nötig ist vielmehr in jedem Einzelfall, unter sorgsamer **Würdigung aller Umstände,** insbesondere des Grundsatzes der Verhältnismäßigkeit, abzugrenzen, ob der Eingriff befugt war oder nicht. Maßgebend für diese **Abgrenzung** ist das Prinzip der Güter- und Interessenabwägung. Die Rechtsprechung hierzu ist längst unübersichtlich geworden. Einen Schwerpunkt bilden Fälle, in denen Meinungsfreiheit und Ehrenschutz kollidieren. Nach der Rechtswidrigkeit ist, wie sonst auch, das **Verschulden** zu prüfen.

Güter- und Interessenabwägung

Ersatz des materiellen Schadens

Die **rechtswidrige** Verletzung des Persönlichkeitsrechts gibt Anspruch auf Unterlassung, auf Beseitigung und ggf. auf Gegendarstellung; kommt **Verschulden** hinzu, kann Schadenersatz verlangt werden. Ersatz des immateriellen Schadens in **Geld** gibt es nur bei **schwerer Verletzung** des Persönlichkeitsrechts, wenn Genugtuung auf andere Weise nicht zu erreichen ist.

12.3 Recht auf informationelle Selbstbestimmung

In seinem berühmten „**Volkszählungsurteil**" vom 15.12.1983 hat das Bundesverfassungsgericht unverändert fortbestehende Grundlagen geschaffen:

„Volkszählungsurteil" des Bundesverfassungsgerichts

„Der Schutz des Einzelnen gegen unbegrenzte Erhebung, Speicherung, Verwendung und Weitergabe seiner persönlichen Daten wird von dem **allgemeinen Persönlichkeitsrecht** umfaßt. Das Grundrecht gewährleistet insoweit die Befugnis des Einzelnen, grundsätzlich **selbst** über die Preisgabe und Verwendung seiner persönlichen Daten zu **bestimmen**. Im Mittelpunkt der grundgesetzlichen Ordnung stehen **Wert und Würde der Person**, die in freier Selbstbestimmung als Glied einer freien Gesellschaft wirkt ... Individuelle Selbstbestimmung setzt voraus, daß dem Einzelnen Entscheidungsfreiheit einschließlich der Möglichkeit gegeben ist, sich auch entsprechend dieser Entscheidung tatsächlich zu verhalten. Wer nicht mit hinreichender Sicherheit überschauen kann, welche ihn betreffende Informationen in bestimmten Bereichen seiner sozialen Umwelt bekannt sind, und wer das Wissen möglicher Kommunikationspartner nicht einigermaßen abzuschätzen vermag, kann in seiner Freiheit wesentlich gehemmt werden, aus eigener Selbstbestimmung zu planen oder zu entscheiden. Mit dem Recht auf informationelle Selbstbestimmung wäre eine Gesellschaftsordnung nicht vereinbar, in der Bürger **nicht mehr wissen können, wer was wann und bei welcher Gelegenheit über sie weiß**.

Entscheidungsfreiheit des Einzelnen

Dieses Recht auf „informationelle Selbstbestimmung" ist nicht schrankenlos gewährleistet. Der Einzelne hat nicht ein Recht im Sinne einer absoluten, uneinschränkbaren Herrschaft über „seine" Daten ... Einschränkungen dieses Rechts sind **nur im überwiegenden Allgemeininteresse** zulässig. Sie bedürfen einer verfassungsgemäßen gesetzlichen Grundlage, die dem rechtsstaatlichen Gebot der Normenklarheit entsprechen muß".

Einschränkungen nur auf gesetzlicher Grundlage

Folgerung für die heilpädagogische Arbeit

Damit ist klar: Ein **Heilpädagoge**, der Informationen über einen ihm anvertrauten Menschen weitergibt, tangiert dessen Grundrechte. Er muß ihm die **Möglichkeit zur Selbstbestimmung** ernsthaft geben und die getroffene Entscheidung respektieren, solange hiervon keine schädlichen Auswirkungen zu erwarten sind.

Besprechung mit Betroffenen

Andererseits wird ein verantwortlicher Heilpädagoge seinem Klienten oder Betreuten (dem „Betroffenen") einen bestimmten Informationsfluß **vorschlagen** und diesen Vorschlag mit guten Argumenten erläutern. Von der Kompetenz des Heilpädagogen überzeugt, wird der Betroffene dem Vorschlag vor Ausführung oft **zustimmen**. Die vorherige Zustimmung heißt Einwilligung (§ 183 I BGB).

Selbstbestimmung durch Einwilligung

Generell kann die Bedeutung einer solchen Einwilligung kaum hoch genug eingeschätzt werden. Wer **ohne** Einwilligung Informationen weitergibt, wird häufig zu Recht Schwierigkeiten bekommen. **Mit** Einwilligung des Betroffenen geht (fast) alles.

Voraussetzung für eine wirksame Einwilligung ist nicht die volle Geschäftsfähigkeit des Betroffenen. Es genügt seine **natürliche Einsichtsfähigkeit** in die Bedeutung und Tragweite seiner Entscheidung. Wirksam ist das Einverständnis nur, **wenn der Einwilligende die Tragweite seiner Entscheidung jedenfalls im Wesentlichen zu überblicken und zu beurteilen vermag.**

Voraussetzung für die Wirksamkeit von Einwilligungen

Ob diese Voraussetzungen vorliegen, richtet sich bei einem Minderjährigen nach seinem **individuellen Entwicklungsstand**. Die Anforderungen sind um so strenger, je schwerwiegender der Eingriff in seine Rechte ist. Seine Einwilligungsfähigkeit ist um so eher anzunehmen, je näher die Volljährigkeitsgrenze rückt. Fehlt ihm die Einwilligungsfähigkeit, so kann die Einwilligung nur von seinem **gesetzlichen Vertreter** erteilt werden. Umgekehrt: Besitzt ein Minderjähriger die erforderliche Einsichts- und Urteilsfähigkeit, so muß der Wille der gesetzlichen Vertreter grundsätzlich außer Betracht bleiben. In **Konflikt** geraten Heilpädagogen dann, wenn sie etwas wissen, was der Jugendliche vor seinen Eltern geheim halten möchte. Das **Bundesverfassungsgericht** hat mit Urteil vom 09.02.1982 aus Art. 6 II GG das Recht der Eltern auf Unterrichtung über Vorgänge (in der Schule) abgeleitet, deren Verschweigen die Ausübung des individuellen elterlichen Erziehungsrechts beeinträchtigen könnte. Das Gericht hat ausgeführt, daß mit abnehmender Pflege- und Erziehungsbedürftigkeit sowie zunehmender Selbstbestimmungsfähigkeit des Kindes die im Elternrecht wurzelnden Rechtsbefugnisse zurückgedrängt werden. Es kam jedoch zu dem Ergebnis, daß den Eltern **keine Informationen vorenthalten** werden dürfen, „die für die individuelle Erziehung des Kindes **von wesentlicher Bedeutung** sein können." Dieses Verbot wirkt wohl über den schulischen Bereich hinaus.

Einwilligung eines Minderjährigen

Recht der Eltern auf Unterrichtung

Ein erforderliches Einverständnis bedarf keiner bestimmten Form. Es kann auch stillschweigend gegeben werden.

Formfreiheit der Einwilligung

Beispiel

Eine Behinderte bittet die verantwortliche Heilpädagogin, einen Arzt zu rufen, da sie sich krank fühle. Am Telefon stellt der Arzt einige Fragen zur Person der Erkrankten und zu deren akuten Beschwerden. Die Heilpädagogin darf antworten. Die Bitte, den Arzt zu rufen, beinhaltet die Erlaubnis, ihm das für die Behandlung Nötige mitzuteilen.

Zur Erteilung von Einwilligungen werden oft Vordrucke verwendet. Rechtlich wirksam sind solche formularmäßig abgegebenen Erklärun-

Einwilligung auf Formularen

gen („**Schweigepflichtentbindungserklärung**") jedoch nur dann, wenn sie den Gegenstand **möglichst klar und eindeutig** bezeichnen sowie **Zweck** und **Empfänger** nennen. Andernfalls kann der Einwilligende nicht den oben beschriebenen Überblick gewinnen. Er muß aber stets wissen oder wissen können, auf welche Informationen sich seine Einwilligung bezieht. Viele der in der Praxis anzutreffenden Formulare sind allzu pauschal oder (zeitlich) unbegrenzt und verhindern so eher die dem Betroffenen geschuldete **Transparenz**.

12.4 Arbeitsvertragliche Pflicht zur Verschwiegenheit

Die nächstliegende Möglichkeit, die Pflicht zur Verschwiegenheit zu verankern, bietet der Arbeitsvertrag. Sofern darin keine individuelle Klausel aufgenommen wird, gilt diejenige des **Tarifvertrags** (oder der **AVR**), auf den verwiesen wird.

Schweigepflicht gemäß BAT

In § 9 BAT heißt es: „Der Angestellte hat über Angelegenheiten der Verwaltung oder des Betriebes, deren Geheimhaltung durch gesetzliche Vorschriften vorgesehen oder auf Weisung des Arbeitgebers angeordnet ist, **Verschwiegenheit** zu bewahren ... Der Angestellte hat auch **nach Beendigung** des Arbeitsverhältnisses über Angelegenheiten, die der Schweigepflicht unterliegen, Verschwiegenheit zu bewahren."

Damit ist jedoch nicht alles gesagt. Denn Angelegenheiten der Einrichtung sind nicht notwendigerweise Angelegenheiten des Klienten und „Angelegenheiten, die der Schweigepflicht unterliegen", werfen die Frage nach dem Inhalt derselben erst auf.

Verpflichtung auf das Datengeheimnis

Davon abgesehen hat das **Bundesdatenschutzgesetz** in § 5 den Arbeitgebern auferlegt, Arbeitnehmer, soweit sie bei nichtöffentlichen Stellen beschäftigt werden, bei der Aufnahme ihrer Tätigkeit auf das Datengeheimnis zu verpflichten. **Kirchliche Vorschriften** sind dem gefolgt.

12.5 Unbestimmte Rechtsbegriffe

Typisch für den Fragenkomplex und die Fallösungen nicht gerade erleichternd ist das häufige Vorkommen sogenannter unbestimmter Rechtsbegriffe. Deren Zunahme ist eine Folge davon, daß die gesellschaftlichen Verhältnisse immer komplexer werden. Während in der Straßenverkehrsordnung Begriffe wie „Dunkelheit" gelegentlich Auslegungsprobleme bereiten, sind es hier Ausdrücke wie „**erforderlich**", „**Aufgabenerfüllung**", „**Zweck**", „**Interessen**" usw. Sie sind unbestimmt, d.h. bezogen auf den zu entscheidenden Einzelfall interpretationsbedürftig, auszufüllen mit konkreten Fakten, auszurichten am Ziel der Vorschrift, in der sie vorkommen.

Unbestimmte Rechtsbegriffe lassen bewußt einen sogenannten Beurteilungsspielraum. Der Gesetzgeber will, daß sich der Rechtsanwender **selbst Gedanken** darüber **macht**, was erforderlich, welche Aufgabe zu erfüllen ist, welcher Zweck erreicht werden soll usw. Gleichwohl gilt für den Beurteilungsspielraum, daß die Auslegung des Gesetzes und die (zutreffende) Tatsachenfeststellung gerichtlich voll überprüfbar sind.

Beurteilungsspielraum

12.6 Gesetzliche Grundlagen

12.6.1 Abgrenzung der Geltungsbereiche

- Das Bundesdatenschutzgesetz (BDSG) gilt für die öffentlichen Stellen des Bundes und für alle nicht-öffentlichen Stellen, soweit sie Daten in oder aus Dateien verarbeiten oder nutzen. **Akten** – immer noch die gebräuchlichsten Unterlagen heilpädagogischer Arbeit – gehören **nicht** zu den **Dateien** (§ 3 I BDSG). Im Übrigen gehen „bereichsspezifische" Rechtsvorschriften des Bundes dem allgemein gehaltenen BDSG vor (§ 1 IV BDSG). Demzufolge verdrängen die speziell für den sozialen Bereich im **Sozialgesetzbuch** erlassenen Datenschutzbestimmungen das BDSG weitgehend.

Bundesdatenschutzgesetz

Vorrang spezieller Normen

- Die Datenschutzgesetze der Länder gelten hauptsächlich für deren öffentliche Stellen sowie für die Gemeinden.

Datenschutzgesetze der Länder

- Im schulischen Bereich tätige Heilpädagogen müssen etwaige Datenschutzbestimmungen des jeweiligen Landesschulgesetzes beachten.

Landesschulgesetz

- Die katholische und die evangelische Kirche haben **anstelle des BDSG** eigene Datenschutzregelungen erlassen. Diese gelten auch für die **Caritas** bzw. die **Diakonie** und sind ähnlich allgemein formuliert wie das BDSG. Auf die besonderen Belange des sozialen Bereichs gehen die kirchlichen Datenschutznormen leider nicht ein. Um die dadurch entstehenden Probleme in den Griff zu bekommen, wird vielfach vorgeschlagen, daß die kirchlichen Träger das staatliche Recht des Sozialdatenschutzes – soweit als möglich – sinngemäß (= analog) anwenden sollten. Die Autoren schließen sich dieser Meinung an. Dafür spricht bereits § 78 I SGB X, der alle **Empfänger von Sozialdaten** verpflichtet, diese „in demselben Umfang geheim zu halten" wie z.B. Jugendämter, Sozialämter oder Krankenkassen. Am besten wäre natürlich, mit den Betroffenen klar zu vereinbaren, welche Datenschutz-„Spielregel" gelten soll.

Kirchliche Regelungen

Analoge Anwendung staatlicher Bestimmungen

- Nichtkirchliche freie Träger haben ähnliche Probleme: Das BDSG gilt unmittelbar, paßt aber inhaltlich schlecht (Akten sind ausgenommen; die besonderen Bedürfnisse des sozialen Bereichs sind nicht berücksichtigt). Die Regeln des Sozialgesetzbuches würden inhaltlich besser passen, gelten aber nicht (unmittelbar). Auch hier kann der Ausweg darin liegen, mit den betroffenen Betreuten zu **vereinbaren**, daß die Daten (mindestens) **entsprechend den Regeln des SGB** geschützt werden sollen.

12.6.2 SGB I und SGB X

Sozialgeheimnis

§ 35 SGB I definiert das Sozialgeheimnis: „Jeder hat **Anspruch** darauf, daß die ihn betreffenden Sozialdaten von den Leistungsträgern nicht unbefugt **erhoben**, **verarbeitet** oder **genutzt** werden."
Dieser Satz verlangt nach einer Klärung der Begriffe:

Sozialdaten

- Sozialdaten sind **Einzelangaben** über persönliche oder sachliche Verhältnisse einer bestimmten oder bestimmbaren natürlichen Person (Betroffener). Der **Begriff** (§ 67 I SGB X) ist **umfassend** zu verstehen. Beispiele: Name, Anschrift, Geburtsdatum, Zahl der Kinder, Beruf, Arbeitgeber, Arbeitslosigkeit, Einkommen, Schulden, Versicherungsverhältnis, Telefonnummer, behandelnde Ärzte, Krankheiten, stationäre Maßnahmen, Schwangerschaft, äußeres Erscheinungsbild, Charaktereigenschaften, Überzeugungen, strafbare Handlungen; auch Werturteile (z.B. Untersuchungsergebnisse, Planungs- und Prognosedaten).

Leistungsträger

- Leistungsträger sind die im SGB I (§§ 18 bis 29) genannten Körperschaften, Anstalten und Behörden, die für die Sozialleistungen **zuständig** sind (§ 12 SGB I). Beispiel: Träger der Leistungen der Kinder- und Jugendhilfe sind die **Kreise** und die **kreisfreien Städte** (§ 27 II SGB I). Diese tragen auch Leistungen der Sozialhilfe (§ 28 II SGB I).

Erheben

- Erheben ist das **Beschaffen** von Daten über den Betroffenen (§ 67 V SGB X).

Verarbeiten

- Verarbeiten ist das **Speichern, Verändern, Übermitteln, Sperren und Löschen von Sozialdaten**. Im Einzelnen ist, ungeachtet der dabei angewendeten Verfahren

Speichern

1. Speichern das **Erfassen, Aufnehmen oder Aufbewahren** von Sozialdaten auf einem Datenträger zum Zwecke ihrer weiteren Verarbeitung oder Nutzung,

Verändern

2. Verändern das inhaltliche **Umgestalten** gespeicherter Sozialdaten,

Übermitteln

3. Übermitteln das **Bekanntgeben** gespeicherter oder durch Datenverarbeitung gewonnener Sozialdaten an einen Dritten (Empfänger). Übermitteln ist auch das Bekanntgeben nicht gespeicherter Sozialdaten,

Sperren

4. Sperren das vollständige oder teilweise **Untersagen** der weiteren Verarbeitung oder Nutzung von Sozialdaten durch entsprechende Kennzeichnung,

Löschen

5. Löschen das **Unkenntlichmachen** gespeicherter Sozialdaten.

Nutzen

- Nutzen ist **jede Verwendung** von Sozialdaten, soweit es sich **nicht** um **Verarbeitung** handelt, auch die Weitergabe innerhalb der speichernden Stelle.

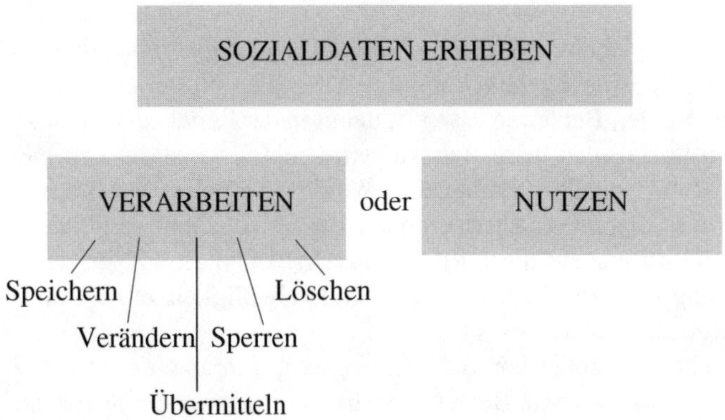

Grundsätze aus dem Sozialgesetzbuch

Die Frage, **wann** eine Erhebung, Verarbeitung oder Nutzung von Sozialdaten **zulässig** ist, wird im Zehnten Buch des SGB (SGB X) beantwortet. Obwohl die dortigen Bestimmungen sich unmittelbar nur auf Sozialleistungsträger beziehen, können ihnen wichtige allgemeingültige Grundsätze entnommen werden.

Zulässigkeit der Datenerhebung

Das Erheben von Sozialdaten ist zulässig, wenn ihre **Kenntnis** zur Erfüllung einer **Aufgabe** der erhebenden Stelle (nach dem SGB) **erforderlich** ist (§ 67 a I SGB X).

Beispiel

Hilfe zum Lebensunterhalt erhält nicht, wer sich selbst helfen kann (§ 2 I BSHG). Das Sozialamt hat die Aufgabe, zu prüfen, ob diese gesetzliche Voraussetzung vorliegt. Zur Erfüllung dieser Aufgabe ist es erforderlich, Angaben über Einkommen und Vermögen des Hilfesuchenden zu beschaffen.

Grundsatz der Erforderlichkeit

Dieser Grundsatz der Erforderlichkeit soll verhindern, daß der Empfänger Daten erhält, die er für seine Aufgabe gar nicht benötigt. **Unzulässig** wäre auch eine Datenerhebung „**auf Vorrat**".

Erhebung beim Betroffenen

Sozialdaten sind **beim Betroffenen** zu erheben. Daten über ihn dürfen **nicht „hinter seinem Rücken"** beschafft werden. Ein solches Vorgehen würde sein Selbstbestimmungsrecht faktisch zunichte machen. (Wenige) **Ausnahmen** von diesem Grundsatz läßt das Gesetz nur dann zu, wenn „keine Anhaltspunkte dafür bestehen, daß überwiegende schutzwürdige Interessen des Betroffenen beeinträchtigt werden" (§ 67 a II SGB X).

Erhebung durch Befragung

Die Erhebung „beim Betroffenen" erfolgt durch seine schriftliche oder mündliche Befragung. Erhebung durch Nachfragen bei anderen (Ehepartner, Kinder, Behörden usw.) ist damit in der Regel ausgeschlossen.

Angabe des Erhebungszweckes

Werden Sozialdaten beim Betroffenen erhoben, so ist der Erhebungszweck ihm gegenüber anzugeben. Werden sie beim Betroffenen auf Grund einer Rechtsvorschrift erhoben, die zur Auskunft verpflichtet, so ist der Betroffene auf diese **Rechtsvorschrift** und die **Folgen** der Verweigerung von Angaben, sonst auf die **Freiwilligkeit** seiner Angaben hinzuweisen (§ 67 a SGB X).

Hinweispflicht

Erhebung bei nichtöffentlichen Stellen

Nicht selten kommt es vor, daß Mitarbeiter in Einrichtungen freier Träger von Krankenkassen, Rentenversicherungsträgern oder Sozialämtern (telefonisch) um Auskünfte über Betreute gebeten werden. Auch wenn es sich vermeintlich um Harmlosigkeiten handelt: Die Leistungsträger haben die **Pflicht**, auf die **Rechtsvorschrift**, die zur Auskunft verpflichtet, sonst auf die **Freiwilligkeit** der Angaben **hinzuweisen** (§ 67 a IV SGB X).

Zulässigkeit der Datenverarbeitung und -nutzung

Die Verarbeitung von Sozialdaten und deren Nutzung sind **nur zulässig**, soweit eine **Rechtsvorschrift** im SGB es erlaubt oder anordnet oder soweit der Betroffene **eingewilligt** hat (§ 67 b SGB X).

Adressaten: Leistungsträger

Wie bereits ausgeführt, richten sich diese Rechtsvorschriften primär an Sozialleistungsträger. Für in Einrichtungen tätige Heilpädagogen macht dies einmal mehr die Notwendigkeit von **Vereinbarungen** mit dem Betroffenen deutlich.

Speichern, Verändern, Nutzen

Das Speichern, Verändern oder Nutzen von Sozialdaten **ist zulässig, wenn** es zur **Erfüllung** der in der Zuständigkeit der speichernden Stelle liegenden **Aufgaben** nach dem SGB **erforderlich** ist und es für die **Zwecke** erfolgt, für die die Daten erhoben worden sind (§ 67 c SGB X).

Zweckbindungsgrundsatz

Dieser Grundsatz der Zweckbindung soll verhindern, daß Daten zweckentfremdet werden. Wäre z.B. die Nutzung auch für andere Zwecke erlaubt, würde das Selbstbestimmungsrecht des Betroffenen ins Leere laufen.

Eine Übermittlung von Sozialdaten ist nur **zulässig**, soweit eine **gesetzliche Befugnis** vorliegt. Die Verantwortung für die Zulässigkeit der Übermittlung trägt die übermittelnde Stelle (§ 67 d SGB X).

Übermittlungsgrundsätze

Eine Übermittlung von Sozialdaten ist z.B. zulässig, soweit sie für die Erfüllung sozialer Aufgaben **erforderlich** ist (§ 69 SGB X). Diese Vorschrift ist für den Datenschutz der Sozialleistungsträger untereinander bedeutsam und soll dem Einzelnen soweit wie möglich eine mehrfache Mitwirkung oder Untersuchung ersparen. Sie gestattet aber auch, daß Sozialleistungsträger zur Erfüllung ihrer gesetzlichen Aufgaben anderen Stellen Mitteilungen machen. In diesem Rahmen darf z.B. das Jugendamt **Sozialdaten eines Kindes an die betreuende Einrichtung** übermitteln. Andererseits ist es neuerdings zulässig, daß z.B. das Sozialamt der **Polizei** auf Ersuchen den derzeitigen oder zukünftigen Aufenthalt eines Verdächtigen bekannt gibt, solange dessen „schutzwürdige Interessen" nicht beeinträchtigt werden (§ 68 SGB X). Nach der **Gesetzesbegründung** werden solche Interessen in der Regel beeinträchtigt, wenn der Betroffene ein aus seiner Sicht berechtigtes Interesse an der Geheimhaltung hat.

Übermittlung für die Erfüllung sozialer Aufgaben

Übermittlung für Aufgaben der Polizei

Ist jemand (z.B. der von einem Heilpädagogen Betreute) der Ansicht, bei der Erhebung, Verarbeitung oder Nutzung seiner personenbezogenen Sozialdaten in seinen Rechten verletzt worden zu sein, kann er sich an den **Datenschutzbeauftragten** des Bundes oder des Landes wenden (§ 81 SGB X).

Rechte des Einzelnen, Datenschutzbeauftragte

Wer wissen möchte, was Sozialleistungsträger über ihn wissen, dem hilft § 83 SGB X: Dem Betroffenen ist auf Antrag **Auskunft** zu erteilen über die zu seiner Person gespeicherten Sozialdaten und den Zweck der Speicherung. Die Auskunft ist **unentgeltlich**. Wird ihm (ausnahmsweise) keine Auskunft erteilt, kann er sich an den Datenschutzbeauftragten wenden (§ 83 SGB X).

Auskunft an den Betroffenen

Sozialdaten sind zu berichtigen, wenn sie unrichtig sind.

Berichtigung

Sozialdaten sind zu löschen, wenn ihre Speicherung unzulässig ist. Sie sind auch zu löschen, wenn ihre **Kenntnis** für die speichernde Stelle zur Erfüllung der in ihrer Zuständigkeit liegenden Aufgaben **nicht mehr erforderlich** ist **und** kein Grund zu der Annahme besteht, daß durch die Löschung schutzwürdige **Interessen des Betroffenen** beeinträchtigt werden (§ 84 SGB X).

Löschung von Sozialdaten

Fall

Eine Heilpädagogin hat einer jungen Volljährigen in einer betreuten Wohnform Hilfe geleistet (§§ 41, 34 SGB VIII). Die Fortsetzung der

Hilfe über ihren 21. Geburtstag hinaus hat das zuständige Jugendamt (zu Recht) abgelehnt.
Nach Beendigung der Hilfe wünscht die junge Frau, daß das Jugendamt alle sie betreffenden Daten vernichtet, da sie mit dem Jugendamt nichts mehr zu tun haben möchte.

Lösung

Wegfall der Aufgabe

Die Heilpädagogin kann der jungen Frau folgende Auskunft geben:

Aufgaben des Jugendamtes sind hier nicht mehr ersichtlich. Seine Aufgabe war die Erfüllung einer gesetzlichen Leistungsverpflichtung. Es hat die Leistung erbracht und die Hilfe zu Recht beendet. Zwar soll die junge Volljährige auch nach Beendigung der Hilfe beraten und unterstützt werden (§ 41 SGB VIII). Diese **Aufgabe** ist jedoch **entfallen**, da die junge Frau die Mitwirkung verweigert.

Kenntnis der Daten ist nicht mehr erforderlich

Das Vorhandensein einer Aufgabe ist stets die erste Voraussetzung dafür, daß Sozialdaten überhaupt erhoben werden dürfen. Die zweite Voraussetzung hierfür ist, daß ohne das jeweilige Sozialdatum die Aufgabe nicht erfüllt werden könnte. Das gilt auch umgekehrt: Wo schon die ganze Aufgabe weggefallen ist, es also nichts mehr zu erfüllen gibt, ist die **Kenntnis der Sozialdaten** überflüssig geworden und damit „**nicht mehr erforderlich**".

Interessen der Betroffenen durch Datenlöschung nicht beeinträchtigt

Das Jugendamt dürfte auch nicht annehmen, daß durch die Datenlöschung „schutzwürdige Interessen" der jungen Frau beeinträchtigt werden. Eine solche **Beeinträchtigung** ist beispielsweise dann zu bejahen, wenn zu erwarten ist, daß in zukünftigen Leistungsfällen auf die zwar aktuell nicht mehr benötigten, später aber nur noch schwer zu rekonstruierenden Daten zurückgegriffen werden muß. Diese Erwartung läßt sich hier schon deshalb ausschließen, weil das Jugendamt auf Grund des zunehmenden Alters sachlich nicht mehr zuständig sein wird.

Selbstbestimmung bricht amtsinterne Aufbewahrungsfristen

Im übrigen hat die junge Frau ihr Interesse an der Löschung der Daten eindeutig bekundet. Die Löschung würde also ihr Interesse gerade nicht beeinträchtigen, sondern beachten. Die gesetzlichen Voraussetzungen für das Unkenntlichmachen der Daten liegen somit vor. Die Löschung dürfte daher nicht mit dem Hinweis auf beim Jugendamt übliche mehrjährige **Aufbewahrungsfristen** hinausgeschoben werden.

12.6.3 Kinder- und Jugendhilfe (SGB VIII)

Für den Schutz von Sozialdaten in der Kinder- und Jugendhilfe gelten zusätzliche Vorschriften. Sie binden alle Stellen der Träger der **öffentlichen** Jugendhilfe unmittelbar (§ 61 I SGB VIII). Werden Einrichtungen und Dienste der Träger der **freien** Jugendhilfe in Anspruch genommen, so ist sicherzustellen, daß der Schutz von Sozialdaten bei ihrer Erhebung, Verarbeitung und Nutzung in entsprechender Weise gewährleistet ist (§ 61 IV SGB VIII). Der Gesetzgeber will also ein **einheitliches Datenschutzniveau bei allen Jugendhilfeträgern**.

Anwendungsbereich

Der besondere Charakter der Jugendhilfe zeigt sich bereits bei der Datenerhebung. Sozialdaten sind grundsätzlich **beim Betroffenen** zu erheben; schließlich handelt es sich um Angaben über seine (persönlichen) Verhältnisse. Der Betroffene ist aber **nicht immer zugleich der Betreute**.

Datenerhebung

Beispiel

Eine Betreute berichtet über Konflikte mit ihrem Freund. Dieser ist rechtlich hinsichtlich seiner Daten als Betroffener anzusehen und müßte folglich bei Rückfragen (Datenerhebung) einbezogen werden.

Das Gesetz will diese Konsequenz nicht zur Pflicht machen und erlaubt deshalb in solchen Fällen die Rückfrage auch direkt bei den leistungsberechtigten Betreuten. Es genügt, daß die **Kenntnis** der (noch zu erhebenden) Daten für die Gewährung der Jugendhilfeleistung notwendig ist (§ 62 IV SGB VIII).

Erhebung auch beim Leistungsberechtigten

Unzulässig ist es, eine Datenerhebung **über die Betroffenen hinweg** durch sogenannte Betreuungsberichte (Heimberichte, Entwicklungsberichte, Erziehungsberichte) zu veranlassen. Solche **Berichte**, in denen z.B. Angaben enthalten sind über das soziale Verhalten der Minderjährigen (zu anderen Minderjährigen, zu Fachkräften, in der Schule, in der Erziehungsgemeinschaft, im Außenleben usw.), besondere Auffälligkeiten, Vorkommnisse, ihre Phantasie, ihr Antrieb, ihre Stimmungslage, ihr Erscheinungsbild, ihr Auftreten, ihr Verhältnis zu den Eltern, Geschwistern oder anderen Personen, haben keine gesetzliche Grundlage. Die Feststellung der Voraussetzungen für die Fortführung, Änderung oder Einstellung einer **Leistung zur Erziehung** muß vielmehr im Rahmen des **Hilfeplanverfahrens** erfolgen (§ 36 II SGB VIII). Zwar hat das Jugendamt Anspruch darauf, die für die Leistung erheblichen Tatsachen zu erfahren. Dieser Anspruch richtet sich aber nicht gegen die die Leistung

Datenerhebung durch Berichte der Leistungserbringer

erbringende Einrichtung, sondern gegen die Leistungsberechtigten; das sind im Regelfall die Eltern. Diese haben auf Verlangen des Jugendamtes auch „der Erteilung der erforderlichen Auskünfte durch Dritte zuzustimmen“ (§ 60 I Nr. 1 SGB I). Nur soweit eine solche **Zustimmung** vorliegt, darf die Einrichtung (als Dritte) die erforderlichen Auskünfte in Berichtsform erteilen. Alles, was darin aufgenommen wird, muß aber mit den Berechtigten **abgestimmt** sein. Ohne diese Abstimmung handelt es sich um **unzulässige Datenerhebung „ohne Mitwirkung des Betroffenen“** (§ 62 III SGB VIII).

Datenübermittlung

Die Übermittlung von Sozialdaten (aus Akten oder aus sonstigen Datenträgern) für die Erfüllung anderer sozialer Aufgaben ist nur zulässig, soweit dadurch der **Erfolg** einer zu gewährenden Jugendhilfeleistung **nicht in Frage gestellt** wird (§ 64 II SGB VIII). Damit scheidet eine Übermittlung gegen den Willen eines Betroffenen aus, wenn die Wirksamkeit einer Jugendhilfeleistung von seiner Akzeptanz abhängt.

Besonderer Vertrauensschutz

Wesentlich für die Kinder- und Jugendhilfe ist der durch § 65 SGB VIII auferlegte besondere Vertrauensschutz: Sozialdaten, die **dem Mitarbeiter** eines Trägers der Jugendhilfe zum Zweck persönlicher und erzieherischer Hilfe **anvertraut worden sind**, dürfen von diesem **nur** weitergegeben werden

1. mit der **Einwilligung** dessen, der die Daten anvertraut hat, oder

Voraussetzung für die Weitergabe von Sozialdaten

2. dem Vormundschafts- oder dem Familiengericht, wenn es vom Jugendamt zur Abwendung einer Gefährdung des Wohls des Kindes oder des Jugendlichen angerufen wurde (Voraussetzung: Das **Gericht** kann ohne die Mitteilung keine Entscheidung treffen, die für die Gewährung von Leistungen notwendig ist.) oder

3. unter den Voraussetzungen, unter denen eine der in § 203 I oder III des StGB genannten Personen dazu befugt wäre (vgl. IX. 12.5.4).

Weitergabe des Empfängers

Gibt der Mitarbeiter anvertraute Sozialdaten weiter, so dürfen sie vom Empfänger nur zu dem Zweck weitergegeben werden, zu dem er diese befugt erhalten hat.

12.6.4 Strafgesetzbuch

Das Strafgesetzbuch droht bei bestimmten Verletzungen des persönlichen Lebens- und Geheimbereichs Bestrafung an. Hervorzuheben ist der Tatbestand des § 203 StGB.

Verletzung von Privatgeheimnissen

Diese Vorschrift verbietet den Angehörigen bestimmter **Berufe** die Verletzung von Privatgeheimnissen. Auch für die Schweigeverpflichtung der in der **Jugend- und Behindertenhilfe** tätigen Fachkräfte ist diese Norm maßgeblich. Hilfesuchende sollen sich darauf verlassen können, daß ihr Geheimnis im vertraulichen Beziehungsrahmen verbleibt und der Schutz ihrer Privatsphäre dauerhaft garantiert ist. Die Vorschrift dient aber auch dem allgemeinen Interesse an einer funktionsfähigen Jugend- und Behindertenhilfe, die ohne ein **vertrauensvolles Verhältnis** zwischen Hilfesuchenden und Helfern nicht möglich ist. Der Tatbestand lautet etwas verkürzt:

Gesetzlicher Tatbestand

„Abs. 1: Wer **unbefugt** ein fremdes Geheimnis, namentlich ein zum persönlichen Lebensbereich gehörendes **Geheimnis offenbart**, das ihm als

Berufsgruppen

1. Arzt oder Angehörigen eines anderen Heilberufs, der für die Berufsausübung oder die Führung der Berufsbezeichnung eine staatlich geregelte Ausbildung erfordert,

2. Berufspsychologen mit staatlich anerkannter wissenschaftlicher Abschlußprüfung,

3. ...,

4. Ehe-, Familien-, Erziehungs- oder Jugendberater sowie Berater für Suchtfragen in einer anerkannten Beratungsstelle,

4. a) ...,

5. Staatlich anerkanntem Sozialarbeiter oder staatlich anerkanntem Sozialpädagogen **anvertraut worden oder sonst bekannt geworden ist**, wird mit Freiheitsstrafe bis zu einem Jahr oder mit Geldstrafe bestraft.

Abs. 2: ....

Strafbarkeit der „Gehilfen"

Abs. 3: Den in Absatz 1 Genannten stehen ihre **berufsmäßig tätigen Gehilfen** und die Personen gleich, die bei ihnen zur Vorbereitung auf den Beruf tätig sind."

Heilpädagogen können im Rahmen des Absatzes 1 nur unter **Nr. 4** fallen. Der Nr. 1 werden sie gemeinhin nicht zugerechnet.

Abgeleitete Schweigepflicht

In Betracht kommt jedoch eine Strafbarkeit nach **Abs. 3**. Für die Gehilfeneigenschaft ist aber immer eine konkrete, **nachgeordnete** Mit- oder Zusammenarbeit gefordert (sogenannte abgeleitete Schweigepflicht). Für den öffentlichen Dienst verpflichtete Heilpädagogen haben eine Schweigepflicht nach § 203 II StGB.

Begriff des Geheimnisses

Geheimnisse sind **Tatsachen**, die nur einem beschränkten Personenkreis bekannt sind und an deren Geheimhaltung derjenige, den sie betreffen (sogenannter **Geheimnisträger**), ein von seinem Standpunkt aus sachlich begründetes Interesse hat. Dabei kann es sich um Tatsachen **beliebiger** Art handeln.

Kenntnis vom Geheimnis

Das Geheimnis muß dem Heilpädagogen in seiner Eigenschaft **als** Angehöriger der vom Gesetz ausdrücklich genannten Personengruppen anvertraut oder sonst bekannt geworden sein. „**Anvertraut**" ist ein Geheimnis, wenn es unter Umständen mitgeteilt worden ist, aus denen sich

Zusammenhang mit der Berufsausübung

die Anforderung des Geheimhaltens ergibt. „**Sonst bekannt geworden**" ist das Geheimnis dem Heilpädagogen, wenn er es auf andere Weise, jedoch gleichfalls in innerem Zusammenhang mit der Ausübung seines Berufs erfahren hat. Es genügt, wenn die Berufsausübung die Möglichkeit der Kenntnisnahme verschafft hat. Unter dieser Voraussetzung können auch Beobachtungen oder mitgehörte Gespräche von Familienangehörigen der Schweigepflicht unterliegen.

Offenbarung des Geheimnisses

Offenbart ist ein Geheimnis, wenn es in irgendeiner Weise an einen anderen gelangt ist. Auch wer nur ein Gerücht in Umlauf setzt, kann dadurch ein Geheimnis offenbaren. Um ein Offenbaren handelt es sich nur, wenn auch hervorgeht, um welche Person es sich handelt. Auch die Offenbarung eines Geheimnisses gegenüber einem selbst Schweigepflichtigen erfüllt den Tatbestand des § 203 I StGB (**Supervision**!).

Befugnis zur Offenbarung

„Befugt" ist eine Offenbarung zunächst dann, wenn sie **mit Zustimmung des Geheimnisträgers** erfolgt. Für die Wirksamkeit des Einverständnisses ist die natürliche Einsichts- und Urteilsfähigkeit ausreichend (vgl. IX. 12.2). Befugt ist die Offenbarung ferner, wenn ein sogenannter Rechtfertigungsgrund vorliegt. In Betracht kommen

Rechtfertigungsgründe

Mutmaßliche Einwilligung

- Die **mutmaßliche Einwilligung**. Diese wird angenommen, wenn der Betreute nicht gefragt werden kann (oder will) und der Heilpädagoge in seinem vermeintlichen Interesse bzw. Einverständnis zu handeln glaubt.

Gesetzliche Verpflichtung

- Die Verpflichtung zur Offenbarung auf Grund gesetzlicher Vorschriften (vgl. z.B. IX. 13.: Zeugnisverweigerungsrecht).

Rechtfertigender Notstand

- Der Notstand gem. § 34 StGB: Ein Heilpädagoge, der in einer gegenwärtigen, nicht anders abwendbaren Gefahr für Leben, Leib, Freiheit, Ehre, Eigentum oder ein anderes Rechtsgut ein Geheimnis offenbart, um die Gefahr von sich oder einem anderen abzuwenden, handelt nicht rechtswidrig, „wenn bei **Abwägung** der widerstreitenden Interessen das geschützte Interesse das beeinträchtigte **wesentlich überwiegt**." Dies gilt jedoch nur, soweit die Tat ein **angemessenes Mittel** ist, die Gefahr abzuwenden. Der Notstand erlaubt die Offenbarung, verpflichtet aber nicht dazu (vgl. IX. 14.6).

Beispiel

Der Heilpädagoge darf erforderlichenfalls Angehörige warnen oder den zuständigen Behörden von **epileptischen Anfällen** seines Betreuten beim Autofahren berichten oder andere die Fahrtüchtigkeit aufhebende Krankheiten melden.

- Auch die Wahrung eigener Interessen des Heilpädagogen kann die Offenbarung nach § 34 StGB rechtfertigen, wenn z.B. sein **berufliches Ansehen** durch unwahre Behauptungen beeinträchtigt wird. Dagegen rechtfertigt das Strafverfolgungsinteresse bzgl. bereits begangener Delikte die Verletzung der Schweigepflicht grundsätzlich nicht.

Wahrung eigener Interessen

Strafbar ist nur der vorsätzlich begangene Geheimnisbruch (§ 15 StGB). Die Tat wird nur verfolgt, wenn der Geheimnisträger dies beantragt (sogenannter **Strafantrag** (§§ 205, 77ff. StGB).

Vorsatz, Strafantrag

Neben der Schweigepflicht schützt das StGB auch die Vertraulichkeit des nichtöffentlich gesprochenen Wortes (§ 201StGB) sowie das Briefgeheimnis (§ 202 StGB).

Weitere Straftatbestände

13. Zeugnisverweigerungsrecht

13.1 Das Zeugnisverbot des Sozialgesetzbuches

§ 35 SGB I bestimmt: „Soweit eine Übermittlung nicht zulässig ist, besteht keine Auskunftspflicht, keine Zeugnispflicht und keine Pflicht zur Vorlegung oder Auslieferung von Schriftstücken, Akten und Dateien." Zwar verpflichtet diese Vorschrift ausschließlich die Leistungsträger. Dies heißt jedoch gleichzeitig, daß deren Beschäftigte – z.B. **Heilpädagogen bei einem Jugendamt** – dadurch auch **persönlich** zum Sozialdatenschutz verpflichtet sind. Im Übrigen dürfen Angehörige des **öffentlichen Dienstes** ohne Aussagegenehmigung weder vor Gericht noch außergerichtlich aussagen oder Erklärungen über Angelegenheiten abgeben, die der arbeitsrechtlichen Schweigepflicht unterliegen (vgl. § 9 II BAT). Eine solche Aussagegenehmigung entbindet aber nicht von der persönlichen Pflicht zur Wahrung fremder Geheimnisse nach § 203 StGB.

Aussagegenehmigung

13.2 Zeugnisverweigerungsrecht vor den Zivilgerichten

Vor den Zivilgerichten geht es um bürgerlich-rechtliche Streitigkeiten. Ist das Gericht von der Wahrheit einer Tatsachenbehauptung nicht überzeugt, muß es Beweise erheben. **Beweismittel** sind u.a. Zeugen. Im Prinzip besteht Zeugnispflicht: Der Zeuge muß erscheinen und **zur Sache aussagen**. Erspart wird dies nur solchen Zeugen, denen die Zivilprozeßordnung (ZPO) – auch für Vormundschafts-, Familien- und Betreuungssachen (§ 15 FGG) – aus persönlichen Gründen ein Zeugnisverweigerungsrecht zubilligt. Nach § 383 I Nr. 6 ZPO haben dieses Recht „Per-

Beweiserhebung

Zeugnispflicht

Zeugnisverweigerungsrecht aus persönlichen Gründen

sonen, denen kraft ihres Amtes, Standes oder Gewerbes **Tatsachen anvertraut** sind, deren **Geheimhaltung** durch ihre Natur oder durch gesetzliche Vorschrift geboten ist, in betreff der Tatsachen, auf welche die Verpflichtung zur Verschwiegenheit sich bezieht."

Keine Festlegung auf bestimmte Berufe

Es fällt auf, daß hier die durch eine berufliche Tätigkeit begründete **Vertrauenssphäre** ohne Eingrenzung auf bestimmte Berufsgruppen geschützt wird. Dementsprechend ist anerkannt, daß dieses Zeugnisverweigerungsrecht den Angehörigen aller Berufe zusteht, deren Ausübung die Kenntnis schutzwürdiger Geheimnisse Dritter bedingt. Dies dürfte bei **Heilpädagogen** kaum noch bestritten werden. Sie dürfen das Zeugnis aber dann nicht verweigern, wenn sie von der Verpflichtung zur Verschwiegenheit entbunden sind (§ 385 II ZPO).

13.3 Zeugnisverweigerungsrecht im Strafprozeß

Zeugniszwang

Die allgemeine staatsbürgerliche Pflicht, auf Ladung des Strafgerichtes oder der Staatsanwaltschaft in einem Strafverfahren auszusagen, gilt auch für die Fachkräfte in der Jugend- und Behindertenhilfe. Trotz zunehmender Kritik gibt es bis heute **keine Ausnahmen** für Psychologen, Sozialpädagogen und **Heilpädagogen**, es sei denn, sie arbeiten in anerkannten Beratungsstellen nach dem Schwangerschaftskonfliktgesetz oder für Fragen der Betäubungsmittelabhängigkeit.

Zeugnisverweigerung der „Berufshelfer"

Denkbar wäre auch ein Zeugnisverweigerungsrecht des Heilpädagogen, der als „Hilfsperson" eines Arztes oder eines Psychotherapeuten angesehen werden kann (§ 53 a StPO). Ansonsten rechtfertigt der **Zeugniszwang** die Preisgabe von **Geheimnissen**. Man muß es klar sagen: Der Gesetzgeber bewertet die Wahrheitsfindung in Strafsachen höher als Vertrauensbeziehungen in der Jugend- und Behindertenhilfe.

Zeugniszwang rechtfertigt Geheimnisbruch

Obwohl § 53 StPO ein Zeugnisverweigerungsrecht für Heilpädagogen nicht vorsieht, kann es sich – in Einzelfällen – direkt aus der Verfassung ergeben. Ein unbeschränkter Zeugniszwang berührt die **Grundrechte der Heilpädagogen und ihrer Betreuten** aus Art. 2 I GG. Daß die im Hilfeprozeß gewonnene Vertraulichkeit auch von staatlichen Stellen respektiert wird, ist auch ein Belang der im Gemeinwohlinteresse erforderlichen und am Sozialstaatsprinzip anknüpfenden Jugend- und Behindertenfürsorge. Gerichtliche Entscheidungen, die deshalb ein Zeugnisverweigerungsrecht unmittelbar aus dem Grundgesetz ableiten, sind aber bisher selten (so Landgericht Freiburg, NJW 1997, S. 813).

Zeugniszwang und Grundrechte

14. Strafrechtliche Aspekte

14.1 Einführung

Vielzahl an Strafnormen

Berufliches Handeln ist nicht frei von strafrechtlichen Risiken. Diese vollständig aufzuzählen würde den Rahmen dieses Buches sprengen. Das liegt schlicht am Umfang des **Strafgesetzbuches** (derzeit 358 Paragraphen). Hinzu kommt, daß viele Einzelgesetze (meist am Schluß) weitere Straf- und Bußgeldvorschriften enthalten, nach denen verbotene Verhaltensweisen geahndet werden können.

Sinn und Zweck des Strafens

Straftheorien

Die Frage, was Strafe(n) überhaupt soll, hat im Laufe der Zeit in der Pädagogik wie in der Rechtswissenschaft **unterschiedliche Antworten** hervorgerufen. Letztere hat die heute vorherrschenden „relativen (zweckorientierten) Straftheorien" entwickelt. Danach dient Strafe dem Zweck, eine Wiederholung der Straftat zu verhindern

- durch Einwirkung auf den Täter (Individual- oder Spezialprävention)
- durch Einwirkung auf Täter und Opfer mit dem Ziel des Ausgleichs (Täter-Opfer-Ausgleich)
- durch Einwirkung auf die Allgemeinheit (Generalprävention)

Aufgabe des Strafrechts

Sicherung des „ethischen Minimums"

Aufgabe des Strafrechts ist es gleichwohl nicht, die Menschen zu (ver)bessern. Unerlaubte Handlungen verpflichten, wie mehrmals dargestellt, zwar zum Schadenersatz. Dem Interesse der staatlichen Gemeinschaft an der Erhaltung ihrer Grundwerte und an der Bewahrung des Rechtsfriedens innerhalb der Gesellschaft kann aber wohl nur dadurch Rechnung getragen werden, daß die Rechtsordnung bestimmte **sozialschädliche Verhaltensweisen** bei Strafe verbietet. Strafrecht will also (nur) das „ethische Minimum" einer Gesellschaft sichern. Deshalb ist **nicht alles**, was nicht strafbar ist, deswegen schon (moralisch bzw. ethisch) **erlaubt**.

Keine Strafe ohne Gesetz

Eine Tat kann nur bestraft werden, wenn die Strafbarkeit gesetzlich bestimmt war, bevor die Tat begangen wurde (§ 1 StGB). Ob jedoch ein Mensch für ein bestimmtes Verhalten bestraft werden kann, richtet sich nach dem Ergebnis einer **dreistufigen** Prüfung:

Aufbauschema

- Liegt eine „Handlung" im Sinne des StGB vor, die mit den einzelnen Merkmalen eines gesetzlichen Tatbestands übereinstimmt (Tatbestandsmäßigkeit)?
- Ist diese Handlung rechtswidrig (Rechtswidrigkeit)?
- Hat der Täter schuldhaft gehandelt?

Nur wenn **alle drei Fragen bejaht** werden können (bzw. müssen), ist Strafbarkeit gegeben.

Vorsatz und Fahrlässigkeit

Strafbar ist nur vorsätzliches Handeln, wenn nicht das Gesetz fahrlässiges Handeln ausdrücklich mit Strafe bedroht (§ 15 StGB).

Strafbarkeit des Versuchs

Der Versuch eines **Verbrechens** (das sind Taten, die im Mindestmaß mit Freiheitsstrafe von einem Jahr oder darüber bedroht sind; § 12 I StGB) ist stets strafbar, der Versuch eines **Vergehens** nur dann, wenn das Gesetz es ausdrücklich bestimmt (§ 23 I StGB).

14.2 Tatbestand

Sachverhalt

Der Tatbestand darf **nicht** mit dem Sachverhalt **verwechselt** werden. Sachverhalt ist das, was sich ereignet hat. (Beispiel: Eine Heilpädagogin hat ein Kind verletzt; eine Behinderte konnte ihr Zimmer nicht verlassen, weil eine Heilpädagogin die Türe abgeschlossen hatte.)

Tatbestand

Tatbestand ist die **gesetzliche Umschreibung einer Straftat** mit ihren äußeren und ggf. inneren (den Täter selbst betreffenden) Merkmalen. Diese Sätze beginnen meistens mit „wer ..." und enden mit „... bestraft".

Beispiel: Nötigung

Die Tatbestandsmäßigkeit muß stets sorgfältig geprüft werden. **Wort für Wort** ist „unter die Lupe zu nehmen". Der **Tatbestand** der Nötigung (§ 240 StGB) soll als Beispiel dienen: „Wer einen anderen rechtswidrig mit Gewalt oder durch Drohung mit einem empfindlichen Übel zu einer Handlung, Duldung oder Unterlassung nötigt, wird mit Freiheitsstrafe bis zu drei Jahren oder mit Geldstrafe bestraft."

Gewaltbegriff

Allein die Frage, was unter Gewalt zu verstehen ist, hat schon oft für Zündstoff gesorgt (Beispiel: „Sitzblockaden"; bedrängendes Auffahren im Straßenverkehr bei gleichzeitigem Hupen). Die **Kurzdefinition** („Gewalt ist der physisch vermittelte Zwang zur Überwindung eines geleisteten oder erwarteten Widerstandes") löst auch nicht jedes Problem.

Drohung mit einem empfindlichen Übel

Mit einem empfindlichen Übel wird gedroht, wenn der in Aussicht gestellte **Nachteil** von einer Erheblichkeit ist, daß seine Ankündigung geeignet erscheint, den Bedrohten **im Sinne des Täterverlangens zu motivieren**, es sei denn, daß gerade von diesem Bedrohten in seiner Lage erwartet werden kann, daß er der Drohung in besonnener Selbstbehauptung standhält (Bundesgerichtshof).

Beispiele

In diesem Sinne ausreichend dürfte sein, wenn einem **Betreuten** die Entlassung aus der Einrichtung oder die Veröffentlichung unwahrer Berichte über sein Privatleben angedroht wird. Ebenso könnte von einem **verhaltensauffälligen Jugendlichen** kaum erwartet werden, daß er der Drohung, er werde bei einem bestimmten Verhalten in einen Isolationsraum eingesperrt, „in besonnener Selbstbehauptung standhält". (Nochmal: **Tatbestandsmäßigkeit bedeutet noch nicht Strafbarkeit**.)

Andere für **Heilpädagogen** möglicherweise bedeutsame Tatbestände lassen ebenfalls Auslegungsspielraum:

Einige andere Tatbestände

Förderung sexueller Handlungen Minderjähriger

- „Sexuellen Handlungen eines Dritten an einer Person unter 16 Jahren durch Gewähren oder Verschaffen von Gelegenheit **Vorschub leisten**" (§ 180 I StGB) bedeutet nicht, daß der betreuende Heilpädagoge die ganze Nacht kein Auge zumachen darf. Wenn sich allerdings konkrete Hinweise auf sexuelle Handlungen ergeben, besteht eine Rechtspflicht zum Handeln. **Sexuelle Handlungen** sind „nur solche, die im Hinblick auf das jeweils geschützte Rechtsgut von einiger Erheblichkeit sind" (§ 184 c StGB).

Freiheitsberaubung

- Einen Menschen der Freiheit berauben (§ 239 StGB) kann nicht nur durch Einsperren geschehen. **Freiheitsverlust kann auch eintreten**, wenn der Betreute in seinem Bett festgebunden, durch ein Bettgitter am Verlassen des Bettes gehindert oder gezielt durch Schlafmittel oder andere Medikamente am Verlassen der Einrichtung gehindert wird.

Körperverletzung

- Eine körperliche Mißhandlung (§ 223 StGB) ist ein übles, unangemessenes Behandeln, das entweder das körperliche Wohlbefinden oder die körperliche Unversehrtheit nicht nur unerheblich beeinträchtigt. Es muß kein **Faustschlag** ins Gesicht sein; eine **Ohrfeige** kann genügen.

14.3 Rechtswidrigkeit

Die Strafrechtler sagen, daß eine tatbestandsmäßige Handlung die Rechtswidrigkeit „indiziert". Das heißt, daß diese Handlung rechtswidrig ist, falls nicht **ausnahmsweise ein Rechtfertigungsgrund** vorliegt. Die wichtigsten Rechtfertigungsgründe sind (vgl. IX. 12.2):

Notwehr

- Notwehr (§ 32 StGB). Notwehr ist die Verteidigung, die **erforderlich** ist, um einen **gegenwärtigen rechtswidrigen Angriff** von sich oder einem anderen abzuwenden. **Gegenwärtig** heißt, daß der Angriff (z.B. eines Jugendlichen auf eine Heilpädagogin) unmittelbar bevorsteht, begonnen hat oder noch fortdauert. Die Verteidigung ist **erforderlich**, wenn sie objektiv geeignet ist, Angriff und Rechtsgutverletzung abzuwenden oder abzumildern. Von mehreren wirksamen Mitteln ist dasjenige zu wählen, das den **geringsten Schaden** anrichtet. Die Verteidigung ist nicht geboten, wenn ein Ausweichen vor schuldlos Handelnden (Kinder, ggf. psychisch Kranke, Behinderte) zumutbar ist oder zwischen dem drohenden Schaden und den Folgen der Verteidigungshandlung ein besonders auffallendes Mißverhältnis besteht. Die Berufung auf Notwehr wäre dann wegen **Rechtsmißbrauchs** unzulässig.

Rechtfertigender Notstand

- Rechtfertigender Notstand (§ 34 StGB; vgl. IX. 12.6.4).

Einwilligung

- Einwilligung (vgl. IX. 12.3). Sie rechtfertigt nicht nur die Weitergabe von Sozialdaten oder Geheimnissen, sondern auch **Eingriffe in Rechtsgüter** wie die körperliche Unversehrtheit. Ärztliches Handeln erfüllt in vielen Fällen den Tatbestand der Körperverletzung; ohne Einwilligung des Patienten ist sie rechtswidrig.

Rechtfertigende Pflichtenkollision

- Rechtfertigende Pflichtenkollision (vgl. IX. 9.1 – Fall)

Fall

Tatbestand

In einer Einrichtung ist Feuer ausgebrochen. Es entwickelt sich starker Rauch. Eine Heilpädagogin tut ihr Bestes und bringt die Kinder ihrer Gruppe nacheinander ins Freie. **Das letzte Kind** erleidet eine Rauchvergiftung.

Lösung

Die Rauchvergiftung ist eine Schädigung „an der Gesundheit“, die wie eine Körperverletzung bestraft wird (§ 223 StGB). **Ursache** war, daß die Heilpädagogin dieses Kind länger als die anderen Kinder im Gefahrenbereich belassen hat. Dabei hatte sie die Pflicht, (auch) dieses Kind schnellstmöglich in Sicherheit zu bringen. Wer eine solche Pflicht nicht befolgt, ist für die Folgen ebenso verantwortlich, als wenn er sie aktiv herbeigeführt hätte. Das Verhalten der Heilpädagogin erfüllt den Tatbestand der **Körperverletzung durch Unterlassen** (der rechtzeitigen Rettung; §§ 223, 13 StGB).

Rechtfertigungsgründe

§ 34 StGB greift **nicht** ein, weil eine Güterabwägung wegen der Gleichwertigkeit von menschlicher Gesundheit zu keinem Ergebnis führt. Für solche Fälle haben die Gerichte den Rechtfertigungsgrund der „rechtfertigenden Pflichtenkollision“ entwickelt. Da die Heilpädagogin nicht alle Kinder zugleich retten konnte, hatte sie die Wahl, welcher der **gleichwertigen Rettungspflichten** sie nachkommen wollte. (Bei rangverschiedenen Handlungspflichten entfällt das Wahlrecht.) Da die Heilpädagogin sich der nicht befriedigend lösbaren Kollisionslage bewußt war, handelte sie nicht rechtswidrig – und kann nicht bestraft werden.

Gelegentlich erläutert das **Gesetz** im Zusammenhang mit einem Tatbestand, wann eine Tat (nicht) **rechtswidrig** ist. So wurde bei der oben (IX. 14.2) dargestellten Nötigung verfahren. Die Nötigung ist **(nur dann) rechtswidrig**, „wenn die Anwendung der Gewalt oder die Androhung des Übels zu dem angestrebten Zweck als **verwerflich** anzusehen ist“ (§ 240 II StGB). Zum oben genannten Beispiel: Die Drohung mit dem „empfindlichen Übel“ des Verbringens in einen sogenannten Isolationsraum ist dann nicht als verwerflich anzusehen, wenn damit die Abwendung einer von dem Jugendlichen ausgehenden Selbst- oder Fremdgefährdung angestrebt wird (**Zweck-Mittel-Relation**). Das Ergebnis wäre: Tatbestand erfüllt; Rechtswidrigkeit verneint; Straflosigkeit.

Spezielle Rechtswidrigkeitsregel

Beispiel: Nötigung

14.4 Schuld

Schuld bedeutet Vorwerfbarkeit. Sie kommt, wie im Zivilrecht, in zwei Formen vor: Vorsatz und Fahrlässigkeit.

Vorwerfbarkeit

Fahrlässigkeit und Vorsatz			
	Wesen	Täter denkt sich	Stichwort
Unbewußte Fahrlässigkeit	Täter sieht Erfolg nicht voraus	Täter denkt gar nichts	Unwissend - leichtsinnig
Bewußte Fahrlässigkeit	Täter sieht Möglichkeit des Erfolges voraus, vertraut aber darauf, daß er nicht eintritt	Es wird schon gut gehen	Wissend - leichtsinnig
Bedingter Vorsatz	Täter sieht Möglichkeit des Erfolges voraus, nimmt ihn für den Fall seines Eintritts billigend in Kauf	Na wenn schon	Wissend - gleichgültig
Direkter (= unbedingter Vorsatz)	Täter weiß, daß er alle Tatbestandsmerkmale erfüllen wird	So mach ich's	Wissend - planmäßig
Absicht	Täter kommt es auf den Erfolg an	Das will ich	Wissend - planmäßig
(aus: Schwind/Hassenpflug/Nawratil, Strafrecht - leicht gemacht, 12. Auflage, Berlin 1997)			

Unterschiede bei der Fahrlässigkeit

Während der Begriff der Fahrlässigkeit im **Zivilrecht** nur auf die objektiv erforderliche Sorgfalt abstellt, tritt im **Strafrecht** eine persönliche Komponente hinzu: Die Sorgfalt muß dem Täter auch subjektiv möglich sein.

Verbotsirrtum

Die Volksweisheit „Unwissenheit schützt vor Strafe nicht" wird übrigens durch das StGB relativiert: „Fehlt dem Täter bei Begehung der Tat die Einsicht, Unrecht zu tun, so handelt er **ohne Schuld**, wenn er diesen **Irrtum nicht vermeiden konnte**" (§ 17 StGB). Konnte er den Irrtum dagegen vermeiden, z.B. durch Anruf bei der Rechtsabteilung des Einrichtungsträgers, so kann die Strafe gemildert werden.

14.5 Garantenstellung

Begehen durch Unterlassen

Seit einigen Jahren sorgt das Schlagwort „Garantenstellung" für Unruhe auch unter Heilpädagogen. Die (verständliche) Aufregung hat ihren rechtlichen Grund in § 13 StGB: „Wer es unterläßt, einen Erfolg abzuwenden, der zum Tatbestand eines Strafgesetzes gehört, ist ... nur dann strafbar, wenn er rechtlich dafür einzustehen hat, daß der Erfolg nicht eintritt, **und** wenn das Unterlassen der Verwirklichung des gesetzlichen Tatbestandes durch ein Tun entspricht."

Heilpädagogen als „Beschützergaranten"

Es geht also zunächst um die Frage, ob Heilpädagogen „rechtlich dafür einzustehen" haben, daß die von ihnen zu betreuenden Menschen keine Schäden erleiden. Diese Frage ist zu bejahen (vgl. IX. 4.1; IX. 9.2). In Einrichtungen tätige Heilpädagogen haben als sogenannte Beschützergaranten **Obhutspflichten** gegenüber den dort untergebrachten Menschen (infolge des Arbeitsvertrages) **freiwillig übernommen**.

Herleitung der Garantenstellung

Auch aus Gesetzen kann sich eine Garantenstellung ergeben. In Betracht kommt diesbezüglich z.B. § 1 III Nr. 3 SGB VIII, wonach die Jugendhilfe „**Kinder und Jugendliche vor Gefahren für ihr Wohl schützen**" soll. Nach Ansicht des Oberlandesgerichts Stuttgart (Beschluß vom 28.05.1998; NJW 1998, S. 3131) enthält diese Bestimmung jedoch „eher einen Programmsatz als eine gesetzliche Garantenpflicht". Das OLG hat aber dann betont, es sei für die soziale Arbeit (im Aufgabenbereich des Jugendamts) kennzeichnend, daß der für eine Problemfamilie zuständige Sozialarbeiter im Rahmen eines längerfristigen Arbeits- und Betreuungszusammenhangs **tatsächlich** den Schutz der (mit)betreuten Kinder **übernimmt**. Ihm erwachse daher aus der eigenen Aufgabenerfüllung eine Garantenpflicht aus tatsächlicher Schutzübernahme. Daraus ergäbe sich, daß trotz des Elternrechts (Art. 6 II GG) die öffentliche Jugendhilfe oder der von ihr beauftragte Träger der freien Jugendhilfe auf Grund des Wächteramts des Staates **verpflichtet** ist, das körperliche, geistige und

Garantenpflicht aus tatsächlicher Schutzübernahme

seelische Wohl von (mit)betreuten Kindern **auch vor rechtsgutverletzendem Verhalten der Eltern zu schützen**.

Möglichkeit zur Veränderung

Die Garantenstellung allein sagt aber noch nichts über die Strafbarkeit aus. Der Garant (Heilpädagoge) muß die Möglichkeit zur Verhinderung des Schadens haben. Die **Handlung**, die von ihm zu fordern war und zu der er die Möglichkeit hatte, **müßte** mit an Sicherheit grenzender Wahrscheinlichkeit **den Schaden verhindert haben**. Die Handlung muß dem Heilpädagogen auch zumutbar sein; hierbei kommt es auf die Lage und die Fähigkeiten des Heilpädagogen sowie auf das Ausmaß der Gefahr für den Betreuten an. **Selbstgefährdung** ist in der Regel nicht zumutbar.

Zumutbarkeit

Strafbarkeit des Unterlassens

Strafbar ist das Unterlassen, wenn es im konkreten Fall dem gesamten Unrechtsgehalt aktiver Tatbestandsverwirklichung zumindest sehr nahe kommt. (Da hier wertende Betrachtungen angestellt werden, kann es manchmal strittig sein, wann ein **Unterlassen einem Tun „entspricht“**.)

„Die lebensmüde Betreute“

Fall

Eine Betreute hat sich zur Verwirklichung ihrer Suizidabsicht eine große Menge Schlaftabletten beschafft. Sie hat die als Gruppenleiterin verantwortliche **Heilpädagogin** in ihre konkreten Pläne eingeweiht. Die Heilpädagogin weiß, wo sich die Tabletten befinden und kennt sogar den für deren Einnahme vorgesehenen Zeitpunkt. Sie unternimmt aber nichts. Die Betreute stirbt.

Lösung

Handeln durch Unterlassen

Die Heilpädagogin hat die Pflicht übernommen, das Leben und die körperliche Unversehrtheit der Betreuten zu schützen. Sie ist **Beschützergarantin**. Die Verhinderung der Selbsttötung war ihr möglich und zumutbar. Stattdessen hat sie die Lebensrettung unterlassen. Das darin liegende Unrecht wiegt annähernd so schwer wie im Falle einer (gedachten) aktiven Tötungshandlung. Die Heilpädagogin muß damit rechnen, wegen **Totschlags durch Unterlassen** verurteilt zu werden (§§ 212, 13 StGB).

14.6 Anzeigepflicht und Strafvereitelung

Heilpädagogen erfahren mitunter von Straftaten zu Lasten ihrer Betreuten. Eine Pflicht, diese Taten (bei der Polizei oder der Staatsanwaltschaft) anzuzeigen, besteht dann nicht, wenn ihre Begehung **abgeschlossen** ist. Dies gilt für Straftaten aller Art.

Nichtanzeige geplanter Straftaten

Anders ist es, wenn der Heilpädagoge von der Straftat zu einer Zeit (glaubhaft) erfährt, zu der die Ausführung oder der Schaden noch abgewendet werden kann. **In diesem Fall** besteht Anzeigepflicht – aber nur bei einer Reihe von besonders schweren Straftaten, die in § 138 StGB **ausdrücklich aufgeführt** sind (z.B. bei Raub, aber nicht bei Sexualstraftaten).

Strafanzeige und Geheimnisbruch

Wo keine Pflicht zur Strafanzeige besteht, kann der Heilpädagoge **zur Anzeige berechtigt** sein. Da eine Straftat ein Geheimnis zwischen Täter und Opfer sein kann, stellt sich die Frage, ob die mit der Anzeige verbundene Offenbarung (an die Strafverfolgungsbehörde) befugt ist. Sie ist es, wenn die im Rahmen des § 34 StGB vorzunehmende **Interessenabwägung** ergibt, daß das vom Heilpädagogen zu schützende Wohl des

Prognose

Betreuten ohne die Strafanzeige gefährdet wäre. Es muß also prognostiziert werden, ob dem Betreuten besser mit oder ohne Anzeige geholfen ist.

Strafvereitelung

Das bloße **Unterlassen einer Strafanzeige** ist auch keine (strafbare) Strafvereitelung im Sinne von § 258 StGB. Diese Vorschrift droht demjenigen Strafe an, der absichtlich oder wissentlich ganz oder zum Teil vereitelt, daß ein anderer dem Strafgesetz gemäß wegen einer rechtswidrigen Tat bestraft wird. Vereitelung bedeutet jede Besserstellung des Täters in dieser Hinsicht. Tathandlungen sind u.a. begünstigende Falschaussagen, auch die **wahrheitswidrige Angabe vor der Polizei**, nichts zu wissen; ferner die unberechtigte Zeugnisverweigerung.

15. Die Beendigung des Arbeitsverhältnisses

15.1 Allgemeines

Das Arbeitsverhältnis endet meistens aus einem der folgenden Gründe:

- Aufhebungsvertrag (= Auflösungsvertrag)
- Befristung
- Kündigung

Aufhebungsvertrag

Durch Vertrag (ab dem 01.05.2000 nur noch schriftlich; § 623 BGB) kann das Arbeitsverhältnis **jederzeit** aufgehoben werden. Betriebsrat, Personalvertretung oder Mitarbeitervertretung müssen nicht beteiligt werden. Der Arbeitgeber kann dem Arbeitnehmer die Zahlung einer Abfindung anbieten, damit dieser das Aufhebungsangebot annimmt.

Der **Anspruch auf Arbeitslosengeld ruht**, wenn der Arbeitnehmer wegen Beendigung des Arbeitsverhältnisses eine Abfindung erhalten oder zu beanspruchen hat und darin Arbeitsentgelt enthalten ist. Dies ist dann der Fall, wenn das Arbeitsverhältnis **ohne Einhaltung der ordentlichen Kündigungsfrist beendet** wurde. Das Ruhen des Anspruchs auf Arbeitslosengeld gilt für die Dauer der nicht eingehaltenen Kündigungsfrist (längstens 1 Jahr). Je nach Höhe der Abfindung und gesetzlicher Freibeträge kann sich der Ruhenszeitraum verkürzen (§ 143 a SGB III). Die Einzelheiten sind knifflig, so daß vor Abschluß eines Vertrages **Beratung durch das Arbeitsamt** in Anspruch genommen werden sollte.

Sozialversicherungsrechtliche Folgen

Befristete Arbeitsverhältnisse **enden ohne Kündigung** mit Ablauf der vereinbarten Zeit. Ist ein Heilpädagoge der Ansicht, die Befristung sei – aus welchem Grund auch immer – rechtlich unzulässig, so muß er innerhalb von drei Wochen nach dem vereinbarten Ende des befristeten Arbeitsvertrages Klage beim Arbeitsgericht erheben und dabei die **Feststellung beantragen**, daß das Arbeitsverhältnis auf Grund der Befristung nicht beendet ist (§ 1 V BeschFG).

Arbeitsverhältnis bestimmter Dauer

15.2 Die Kündigungserklärung

Bei einer Kündigung **erklärt** ein Partner des Arbeitsvertrags **einseitig** die Auflösung des Arbeitsverhältnisses. Die Kündigung braucht von der anderen Partei nicht „angenommen" zu werden, um wirksam zu sein. Der **Zugang** der Kündigungserklärung reicht aus. Das Recht der Kündigung steht beiden Vertragsparteien zu. Für den Arbeitgeber gelten jedoch sehr viel strengere Voraussetzungen.

Einseitige Willenserklärung

Die Kündigung muß deutlich und zweifelsfrei sein. Unklarheiten gehen zu Lasten des Kündigenden. Der Zeitpunkt, zu dem das Arbeitsverhältnis enden soll, muß eindeutig angegeben werden. Ansonsten ist von einer ordentlichen Kündigung **zum nächstmöglichen Termin** auszugehen.

Inhalt der Erklärung

BAT und AVR lassen seit jeher nur schriftliche Kündigungen gelten. Seit 01.05.2000 verlangt auch das Gesetz die Schriftform (§ 623 BGB).

Schriftform

Die Kündigung wird erst wirksam, wenn sie dem Gekündigten zugeht (§ 130 BGB): Einem Abwesenden geht die Kündigung erst zu, wenn sie so in den Einflußbereich des Empfängers gelangt ist, daß er unter normalen Verhältnissen von ihr **Kenntnis nehmen kann**. Einschreibebriefe z.B. gehen erst mit der Aushändigung durch die Post zu. Eine Verzögerung wird nicht anerkannt, wenn der Empfänger den Zugang verhindert. Auch **Urlaub** wird nicht als Grund für eine Verzögerung berücksichtigt.

Wirksamwerden der Erklärung

Die Rücknahme der Kündigung kann **nicht einseitig** erfolgen. Erklärt sich jedoch der Kündigungsempfänger damit einverstanden, wird das

„Rücknahme" der Kündigung

Arbeitsverhältnis erneuert oder fortgesetzt. Kündigt der Arbeitgeber, soll er nach BAT (§ 57) und AVR **den Grund angeben**.

15.3 Ordentliche Kündigung – Kündigungsschutz

Die ordentliche Kündigung ist bereits **vor Arbeitsaufnahme** zulässig. Sie ist an Fristen und/oder Termine gebunden. Sie kann ausgeschlossen werden, so z.B. durch § 53 III BAT nach einer Beschäftigungszeit von 15 Jahren, frühestens jedoch nach Vollendung des 40. Lebensjahres.

Eine **Teilkündigung** ist **unzulässig**. Einzelne Bestimmungen des Arbeitsvertrages dürfen nicht gekündigt werden. Dafür bedarf es einer Änderungskündigung: Sie bezweckt die **Änderung einzelner Arbeitsbedingungen**, führt aber zur Beendigung des gesamten Arbeitsverhältnisses, wenn der Kündigungsempfänger der angebotenen Änderung nicht zustimmt. Änderungskündigungen des Arbeitgebers unterliegen den Vorschriften des **Kündigungsschutzgesetzes** (dort vor allem § 2).

Änderungskündigung

Gesetzliche Kündigungsfristen

Die Kündigungsfrist während einer vereinbarten **Probezeit**, längstens für die Dauer von 6 Monaten, beträgt mindestens zwei Wochen. Die **Grundkündigungsfrist**, die Arbeitgeber und Arbeitnehmer einzuhalten haben, beträgt vier Wochen zum 15. des Monats oder zum Monatsende (§ 622 I BGB).

Wegfall fester Kündigungstermine

In Einrichtungen, in denen in der Regel nicht mehr als 20 Mitarbeiter beschäftigt sind, kann **einzelvertraglich** eine vierwöchige Grundkündigungsfrist **ohne festen Kündigungstermin** vereinbart werden (§ 622 V BGB).

Verlängerte Kündigungsfristen

Je nach Dauer des bestehenden Beschäftigungsverhältnisses hat der **Arbeitgeber** bei seiner Kündigung **verlängerte Fristen** einzuhalten (§ 622 II BGB). Demgegenüber verlängern BAT und AVR die Fristen für **beide Seiten**. Die Frist darf für den Arbeitnehmer aber in keinem Fall länger sein als für den Arbeitgeber (§ 622 VI BGB).

Geltungsbereich des Kündigungsschutzgesetzes

Der allgemeine Kündigungsschutz gilt für alle Arbeitnehmer (auch in kirchlichen Einrichtungen), die unter den Geltungsbereich des Kündigungsschutzgesetzes (KSchG) fallen. Hierzu ist erforderlich, daß das Arbeitsverhältnis ohne Unterbrechung **länger als 6 Monate** bestanden hat und im Betrieb in der Regel **mehr als 5 Arbeitnehmer** beschäftigt sind. Teilzeitbeschäftigte werden mindestens mit 0,5 berücksichtigt (§ 23 KSchG). Hat ein Träger **mehrere** räumlich getrennte Einrichtungen, kommt es auf die **Gesamtzahl der Mitarbeiter** an, wenn die Arbeitgeberfunktionen von derselben institutionellen Leitung ausgeübt werden (BAG; Entscheidung vom 23. 4.98).

Kündigungen sind sozial ungerechtfertigt, wenn sie nicht durch bestimmte **Gründe** bedingt sind. Sozial gerechtfertigt ist eine Kündigung nur, wenn ihr Grund

Sozial ungerechtfertigte Kündigung

1. in der **Person** des Arbeitnehmers oder
2. in dem **Verhalten** des Arbeitnehmers liegt oder

wenn sie durch dringende betriebliche Erfordernisse bedingt ist (§ 1 KSchG).

15.3.1 Gründe in der Person des Arbeitnehmers

Bei der personenbedingten Kündigung müssen objektive Gründe in der Person des Arbeitnehmers vorliegen: **z.B.** ein unverhältnismäßiges Nachlassen der Leistungsfähigkeit, mangelnde Eignung oder mangelnde Anpassungsfähigkeit.

Der häufigste Fall der personenbedingten Kündigung ist die Krankheit des Arbeitnehmers. An die soziale Rechtfertigung einer Kündigung wegen Krankheit werden **strenge Anforderungen** gestellt. Eine Kündigung wegen Krankheit (Dauererkrankung) ist nur zulässig, wenn die krankheitsbedingte Minderung der Leistungsfähigkeit **unzumutbare betriebliche und wirtschaftliche Belastungen** zur Folge hat. Bei der ordentlichen Kündigung wegen Dauererkrankung ist der auch im Kündigungsschutzrecht geltende Grundsatz der Verhältnismäßigkeit zu beachten. Der Arbeitgeber muß zunächst durch zumutbare anderweitige Maßnahmen die Zeit eines krankheitsbedingten Arbeitsausfalls **überbrücken**. Wie lange dem Arbeitgeber solche Überbrückungsmaßnahmen zumutbar sind, läßt sich nur anhand der konkreten Umstände des Einzelfalls bestimmen.

Kündigung wegen Krankheit

Dauererkrankung

Auch Alkoholabhängigkeit oder sonstige Suchtkrankheiten sind Krankheiten, die eine Kündigung rechtfertigen können. Auch hier ist die Kündigung nur zulässig, wenn durch die Erkrankung die betrieblichen Interessen unzumutbar beeinträchtigt werden.

Suchtkrankheiten

15.3.2 Gründe im Verhalten des Arbeitnehmers

Insbesondere Vertragsverletzungen des Arbeitnehmers können eine verhaltensbedingte Kündigung begründen. Die Kündigung ist das **letzte, äußerste Mittel** zur Regelung eines Interessenkonfliktes. Der Grundsatz der Verhältnismäßigkeit verbietet eine Kündigung, wenn mildere Mittel zur Wahrung der Interessen des Arbeitgebers ausreichend sind. Vor Ausspruch einer Kündigung hat der Arbeitgeber daher grundsätzlich zunächst **abzumahnen**, das vertragswidrige Verhalten zu bezeichnen und Rechtsfolgen anzudrohen (**Dokumentations- und Warnfunktion** der Abmahnung).

Verletzung arbeitsvertraglicher Pflichten

Grundsatz der Verhältnismäßigkeit

Abmahnung

Eine Abmahnung ist stets dann **erforderlich, wenn** es sich um steuerbares Verhalten handelt, das bisherige Verhalten noch keine klare Negativprognose zuläßt und deswegen die Möglichkeit einer künftigen vertragskonformen Beziehung besteht. Dagegen ist eine Abmahnung entbehrlich, wenn es sich nicht um steuerbare Verhaltensweisen handelt. Sie ist als **Kündigungsvoraussetzung** entbehrlich, wenn sie nicht zumutbar ist, keinen Erfolg verspricht oder die Vertragspflichtverletzung das Arbeitsverhältnis grundlegend erschüttert hat. Letzteres ist die typische Folge eines Fehlverhaltens im **Vertrauensbereich** (z.B. Diebstahl).

Entbehrlichkeit der Abmahnung

Fortsetzung des vertragswidrigen Verhaltens

Der Arbeitnehmer, der trotz rechtmäßiger Abmahnung weiterhin gegen seine arbeitsvertraglichen Pflichten verstößt, gibt dadurch im Regelfall einen Grund zur verhaltensbedingten Kündigung. Das BAG verlangt, daß der Kündigungssachverhalt einen **gleichartigen Wiederholungsfall** des Abmahnungssachverhalts darstellt.

15.3.3 Kündigung aus dringenden betrieblichen Erfordernissen

Auch dringende betriebliche Erfordernisse, die einer Weiterbeschäftigung des Arbeitnehmers in diesem Betrieb entgegenstehen, können eine Kündigung sozial rechtfertigen (§ 1 II KSchG). Es kann sich um trägerinterne Umstände (z.B. **Organisationsänderung**) oder externe Umstände (**z.B. Rückgang der Belegung; Verkürzung der Verweildauer**) handeln. Die Gründe sind dringend, wenn die Kündigung wegen der wirtschaftlichen Lage des Betriebes unvermeidbar ist. Im Streitfall muß der **Arbeitgeber** die inner- und außerbetrieblichen Gründe für die Kündigung nachweisen.

Darlegung und Beweis

Beschränkte gerichtliche Nachprüfung

Die Entscheidung des Arbeitgebers, den **Personalbestand auf Dauer zu reduzieren**, gehört jedoch zu den sogenannten unternehmerischen Maßnahmen, die zum Wegfall von Arbeitsplätzen führen und damit den entsprechenden Beschäftigungsbedarf entfallen lassen können. Eine solche Unternehmerentscheidung ist zu verdeutlichen, damit das Gericht u.a. prüfen kann, ob sie **nicht offensichtlich unsachlich, unvernünftig oder willkürlich** ist (BAG; Urteil vom 17.06.99).

Soziale Auswahl

Bei einer Kündigung aus dringenden betrieblichen Gründen muß der Arbeitgeber eine soziale Auswahl treffen. Das heißt: Bei der Auswahl unter mehreren Arbeitnehmern muß er **herausfinden, welcher Arbeitnehmer am wenigsten auf den Erhalt des Arbeitsplatzes angewiesen ist**.

Soziale Gesichtspunkte

Als Gesichtspunkte für die soziale Auswahl werden hauptsächlich die **Dauer der Betriebszugehörigkeit**, das **Lebensalter** und die **Unterhaltspflichten** des Arbeitnehmers herangezogen. Wenn berechtigte betriebliche Bedürfnisse die Weiterbeschäftigung eines bestimmten Arbeitnehmers bedingen, muß **dieser nicht** mit den anderen konkurrieren (§ 1 III S 2 KSchG).

Beispiel

Eine Heilpädagogische Tagesstätte muß von 4 auf 3 Gruppen verkleinert werden. Überdurchschnittlich viele Kinder kommen infolge der örtlichen Gegebenheiten aus Familien, in denen Deutsch Zweitsprache ist. Eine Heilpädagogin, erst seit 8 Monaten dort beschäftigt, 26 Jahre jung und niemandem Unterhalt schuldend, beherrscht zur Freude der Kinder zwei „einschlägige" **Fremdsprachen**. Wenn ihr Arbeitgeber den letzten Umstand als **betriebliches Bedürfnis** betrachtet, wird sie ihren Arbeitsplatz behalten. Gekündigt wird statt dessen der seit 13 Jahren beschäftigten, 43jährigen Kollegin (verheiratet, 2 Kinder), obwohl diese anhand der üblichen Kriterien als sozial schwächer anzusehen ist.

„Die besonders qualifizierte Heilpädagogin"

15.3.4 Besonderheiten in kirchlichen Einrichtungen

Loyalitätsobliegenheiten

Verfassungsrechtliche Begründung

Bei Arbeitsverhältnissen mit kirchlichen Einrichtungsträgern sind besondere „Loyalitätsobliegenheiten" zu beachten, die mit der **Eigenart des kirchlichen Dienstes** begründet werden. Das Bundesverfassungsgericht hat dazu mit Beschluß vom 04.06.1985 wegweisend Stellung genommen: „Welche kirchlichen Grundverpflichtungen als Gegenstand des Arbeitsverhältnisses bedeutsam sein können richtet sich nach den von der verfaßten Kirche anerkannten Maßstäben. Im Streitfall haben die Arbeitsgerichte die **vorgegebenen kirchlichen Maßstäbe** für die Bewertung vertraglicher Loyalitätspflichten **zugrunde zu legen** ... Es bleibt danach grundsätzlich den verfaßten Kirchen überlassen, **verbindlich zu bestimmen**, was „die Glaubwürdigkeit der Kirche und ihrer Verkündigung erfordert", was „spezifisch kirchliche Aufgaben" sind, was „Nähe" zu ihnen bedeutet, welches die **„wesentlichen Grundsätze der Glaubens- und Sittenlehre"** sind und was als – ggf. schwerer – Verstoß gegen diese anzusehen ist.

Kirchliches Selbstbestimmungsrecht

Arbeitsgerichtliche Überprüfung

Auch die Entscheidung darüber, ob und wie innerhalb der im kirchlichen Dienst tätigen Mitarbeiter eine **„Abstufung" der Loyalitätspflichten** eingreifen soll, ist grundsätzlich eine dem kirchlichen Selbstbestimmungsrecht unterliegende Angelegenheit. Liegt eine Verletzung von Loyalitätspflichten vor, so ist die **weitere Frage, ob** sie eine Kündigung des kirchlichen Arbeitsverhältnisses sachlich rechtfertigt, nach den **kün-**

digungsschutzrechtlichen Vorschriften ... zu beantworten. Diese unterliegen ... umfassender arbeitsgerichtlicher Anwendungskompetenz."

15.4 Außerordentliche Kündigung

Für jede außerordentliche Kündigung ist ein **wichtiger Grund** erforderlich. Anerkannt werden nur solche Gründe, die dem Kündigenden die Fortsetzung des Arbeitsverhältnisses unzumutbar machen (§ 626 BGB). **Beispiele** für wichtige Gründe aus Sicht des Arbeitgebers:

Wichtige Gründe aus Arbeitgebersicht

- Eine **beharrliche Arbeitsverweigerung** rechtfertigt grundsätzlich eine fristlose Kündigung.
- Das **außerdienstliche Verhalten** eines Arbeitnehmers kommt nur dann als wichtiger Grund in Betracht, wenn hierdurch das Arbeitsverhältnis konkret beeinträchtigt wird.
- Bei **Beleidigung** von Vorgesetzten kommt es darauf an, ob dem Arbeitgeber die Fortsetzung des Arbeitsverhältnisses noch zuzumuten ist.
- Konkrete Störungen des Betriebsfriedens, auch diverse Erscheinungsformen des sogenannten **Mobbings** kommen in Betracht.
- Art und Dauer einer **Erkrankung** können nur ausnahmsweise einen wichtigen Grund bilden.
- Arbeitnehmer, die **Zeiterfassungseinrichtungen** (z.B. Stempelkarten) in Täuschungsabsicht manipulieren, können fristlos entlassen werden.
- Vom Arbeitnehmer gegenüber dem Arbeitgeber begangene **Straftaten**, insbesondere Diebstähle oder sonstige Vermögensdelikte zum Nachteil des Arbeitgebers, rechtfertigen in der Regel eine außerordentliche Kündigung ohne Abmahnung. Das gilt auch bei einem bloßen Versuch. Bei Diebstählen kommt es nicht in erster Linie auf die Höhe des Schadens an.
- Bei massiver Bedrohung eines Vorgesetzten sowie bei schweren **Tätlichkeiten** kann schon ein einmaliger Vorfall einen wichtigen Grund darstellen.
- Ein Arbeitnehmer, der gegen den Willen des Arbeitgebers seinen **Urlaub** antritt, kann damit ebenfalls einen wichtigen Grund zur außerordentlichen Kündigung schaffen.

Kündigung als letztes Mittel

Die außerordentliche Kündigung muß die unausweichlich letzte Maßnahme für den Kündigenden sein, d.h. alle nach den Umständen milderen Mittel (z.B. Versetzung, Änderungskündigung, ordentliche Kündigung) erscheinen als Sanktion nicht ausreichend und sind deshalb dem Kündigenden unzumutbar.

Die Kündigung kann nur innerhalb von **zwei Wochen** erfolgen. Die Frist beginnt mit dem Zeitpunkt, in dem der Kündigungsberechtigte von den für die Kündigung maßgebenden Tatsachen Kenntnis erlangt. Der Kündigende muß dem anderen Teil auf Verlangen den **Kündigungsgrund** unverzüglich schriftlich mitteilen (§ 626 II BGB).

Kündigungsfrist

15.5 Verfahrensfragen

Eine betriebliche Mitbestimmung im wörtlichen Sinn gibt es bei Kündigungen nicht. Je nach Einrichtungsträger sind folgende Verfahren vorgeschrieben:

- Ein Betriebsrat ist **vor jeder Kündigung** zu hören. Der Arbeitgeber hat ihm die Gründe für die Kündigung mitzuteilen. Der Betriebsrat kann Bedenken mitteilen bzw. der Kündigung widersprechen. Eine ohne Anhörung des Betriebsrats ausgesprochene Kündigung ist unwirksam (§ 102 I BetrVG).

Betriebsrat

- Ein Personalrat „wirkt bei der ordentlichen Kündigung durch den Arbeitgeber mit“ und kann bestimmte Einwendungen erheben. Vor außerordentlichen Kündigungen ist er anzuhören und kann daraufhin Bedenken mitteilen.

Personalrat

- Einer Mitarbeitervertretung (die Angaben beziehen sich beispielhaft auf die katholische Kirche) sind vor jeder Kündigung **nach Ablauf der Probezeit** die Absicht der Kündigung und die Gründe hierfür mitzuteilen. Die MAV kann Einwendungen geltend machen.

Mitarbeitervertretung

Für alle Konstellationen kann zusammenfassend gesagt werden: Betriebsrat, Personalrat oder Mitarbeitervertretung müssen der Kündigung nicht zustimmen. Es genügt, wenn sie wie vorgeschrieben beteiligt werden; Fehler hierbei führen zur Unwirksamkeit der Kündigung.

Will sich ein Heilpädagoge mit einer Kündigung nicht abfinden, kann er sie gerichtlich überprüfen lassen. Er muß dann innerhalb von **drei Wochen nach Zugang der Kündigung** Klage beim Arbeitsgericht erheben (§ 4 KSchG). Egal wie der Prozeß ausgeht: In der ersten Instanz trägt jede Partei ihre Kosten selbst. Diese können durch Verzicht auf einen Rechtsanwalt gering gehalten werden. Endet der Rechtsstreit mit einem Vergleich, fallen keine Gerichtsgebühren an. Kommt eine gütliche Einigung nicht zustande, trifft das Gericht seine Entscheidung in allen Fällen nach **umfassender Abwägung der Interessen**.

Arbeitsgerichtliches Verfahren

(1) Welche (arbeitsrechtliche) Bedeutung hat eine „Öffnungsklausel“?

(2) Für wen gilt der Bundes-Angestelltentarifvertrag?

(3) Unter welcher Voraussetzung kann eine tarifliche Vorschrift für den Arbeitnehmer ungünstiger sein als das Gesetz?

(4) Wie kommt ein Arbeitsvertrag zustande?

(5) Welche Arbeitsbedingungen kann der Arbeitgeber kraft seines Weisungsrechts allein festlegen?

(6) Unter welchen Voraussetzungen darf ein Heilpädagoge mit demselben Arbeitgeber mehrere befristete Arbeitsverträge nacheinander abschließen?

(7) Welche Schadenersatzansprüche stehen ggf. dem Arbeitgeber gegen den Arbeitnehmer zu?

(8) Was verstehen Sie unter Tarifautomatik?

(9) Welche Rechtsquellen enthalten Bestimmungen über den Erholungsurlaub?

(10) An welchem Gesetz müssen sich tarifliche Arbeitszeitregelungen messen lassen?

(11) Welche Vorteile hat es für den Verletzten, wenn ein Unfall als Arbeitsunfall anerkannt wird?

(12) Welche finanziellen Auswirkungen hat ein Beschäftigungsverbot auf eine schwangere Arbeitnehmerin?

(13) Wovon hängt es ab, in welchem Umfang ein Minderjähriger zu beaufsichtigen ist?

(14) Warum ist der Satz „Eltern haften für ihre Kinder“ rechtlich falsch?

(15) In welchen Fällen kann ein Heilpädagoge, der einen Betreuten geschädigt hat, verlangen, daß sein Arbeitgeber den Schaden ersetzt?

(16) In welchem Umfang dürfen Heilpädagogen ihre Klienten rechtlich beraten?

(17) Wo liegt der rechtliche Ursprung des allgemeinen Persönlichkeitsrechts?

(18) Welchen Inhalt muß eine rechtswirksame Schweigepflichtentbindungserklärung haben?

(19) Was sind und welche Bedeutung haben „unbestimmte Rechtsbegriffe“?

(20) Für wen gelten die Datenschutzbestimmungen des Sozialgesetzbuches?

(21) Wo liegen die Unterschiede zwischen den Zeugnisverweigerungsrechten im Zivil- und im Strafprozeß?

(22) Was bedeutet: Garantenstellung des Heilpädagogen?

(23) Welche Straftaten muß ein Heilpädagoge anzeigen?

(24) Für welche Heilpädagogen gilt das Kündigungsschutzgesetz?

(25) Warum ist eine verhaltensbedingte Kündigung in aller Regel nur zulässig, wenn der Arbeitnehmer zuvor erfolglos abgemahnt wurde?

Weiterführende Literatur

Becker/Etzel u.a., Gemeinschaftskommentar zum Kündigungsschutzgesetz und zu sonstigen kündigungsschutzrechtlichen Vorschriften – KR – , 5. Auflage, Neuwied 1998Geigl, Der Haftpflichtprozess,22. Auflage, München 1997

Halbach/Paland/Schwedes/WlotzkeÜbersicht über das Arbeitsrecht, Herausgeber: Bundesministeirum für Arbeit und Sozialordnung, 5. Auflage, Berlin 1994

Hueck/v. Hoyningen-Huene, Kündigungsschutzgesetz, 12. Auflage, München 1997

Proksch, Sozialdatenschutz in der Jugendhilfe, 1. Auflage, Münster 1996

Richardi, Arbeitsrecht in der Kirche3. Auflage, München 2000

Claussen/Vent/KnappertsbuschAufsichtspflicht und Aufsichtspflichtverletzung unter besonderer Berücksichtigung von Einrichtungen der Jugendhilfe, Herausgeber: AFET, 3. Auflage, Hannover 1995

Schaub, Arbeitsrechts-Handbuch 9. Auflage, München 2000

Scheffen/Pardey, Schadenersatz bei Unfällen mit Kindern und Jugendlichen; NJW-Schriften 59, München 1995

Schellhorn, Sozialgesetzbuch Achtes Buch 2. Auflage, Neuwied 2000

Schwind/Hassenpflug/Nawratil, Strafrecht – leicht gemacht, 12. Auflage, Berlin 1997

Tröndle/Fischer, Strafgesetzbuch und Nebengesetze 49. Auflage, München 1999

Uttlinger/Breier/Kiefer/Hoffmann/Pühler, Bundes-Angestelltentarifvertrag, Loseblatt-Sammlung, München

X. Die heilpädagogische freie Praxis

1. Heilpädagogische Praxen

Die meisten Heilpädagogen arbeiten heute in Institutionen der Jugend- bzw. der Behindertenhilfe, die sowohl in freier als auch öffentlicher Trägerschaft stehen. Im ambulanten Bereich gibt es in Einzelfällen heilpädagogische Praxen.

2. Klientenkreis

In den freien Praxen werden vor allem Kinder und Jugendliche gefördert, welche z.B. Entwicklungsverzögerungen, Teilleistungsstörungen und Konzentrationsstörungen aufweisen. Dabei wird vor allem auf die Einbeziehung der Familie großer Wert gelegt, ebenso auf die Kooperation mit den beteiligten Institutionen wie z.B. Kindergarten, Schule.

3. Anerkennung der freien Praxen

Im Sinne der Qualitätssicherung besteht die Möglichkeit, aber nicht die Verpflichtung, eine freie Praxis im Rahmen eines Anerkennungsverfahrens anerkennen zu lassen. Dies verschafft eine zusätzliche Legitimation gegenüber den Klienten bzw. deren Eltern als auch gegenüber den Kostenträgern. Ein solches Anerkennungsverfahren bieten sowohl der Deutsche Berufsverband für Sozialarbeit, Sozialpädagogik und Heilpädagogik e.V. (DBSH) als auch der Berufsverband der Heilpädagogen e.V. (BHP) an.

4. Kosten

Die Kosten für eine Beratungs- bzw. Behandlungseinheit orientieren sich an den für den Betrieb der Praxis anfallenden Kosten (z.B. Personal, Praxisräume, Verwaltung, Versicherungen, Materialkosten). Als Kostenträger kommen die Jugendämter (§§ 27, 35 a SGB VIII) und die Sozialämter (§§ 39ff. BSHG) in Betracht, aber auch die Krankenkassen (§§ 27ff., 37 a, 43 a SGB V). Erstrebenswert für die freien Praxen sind

Leistungsvereinbarungen mit den Kostenträgern der Jugend- und Sozialhilfe (§§ 78 a ff. SGB VIII, 93ff. BSHG).

5. Weiterführende Literatur

Leitfaden zur Eröffnung einer heilpädagogischen Praxis (BHP Berufsverband der Heilpädagogen e.V.)

Freipraktizierende Heilpädagogen/innen im DBSH (Deutscher Berufsverband für Sozialarbeit, Sozialpädagogik und Heilpädagogik e.V.)

Sachregister

A

B

D

E

F

G

R

S

Sch

Die Autoren

Gotthard Schneck, Diplom-Rechtspfleger (FH), war nach seiner Tätigkeit bei verschiedenen Gerichten leitender Mitarbeiter eines großen Verbandes der Jugend- und Behindertenhilfe und Dozent für das Fach „Rechtskunde“ an einer Fachakademie für Heilpädagogik.

Friedemann Senge, Volljurist, arbeitete als Rechtsanwalt und bei Versicherungsgesellschaften; seit 1994 Rechtsreferent der Katholischen Jugendfürsorge der Diözese Augsburg e.V. und Dozent für das Fach „Rechtskunde“ an der Fachakademie für Heilpädagogik in Augsburg.